사람,
장소,
환대

현대의 지성 159
사람, 장소, 환대

제1판 제 1쇄 2015년 3월 31일
제1판 제32쇄 2024년 10월 22일

지은이 김현경
펴낸이 이광호
펴낸곳 ㈜**문학과지성사**
등록번호 제1993-000098호
주소 04034 서울 마포구 잔다리로7길 18(서교동 377-20)
전화 02)338-7224
팩스 02)323-4180(편집) 02)338-7221(영업)
전자우편 moonji@moonji.com
홈페이지 www.moonji.com

© 김현경, 2015. Printed in Seoul, Korea
ISBN 978-89-320-2726-5

사람,
장소,
환대

김현경 지음

현대의 지성 159

문학과지성사

차례

그림자를 판 사나이

독자들은 『그림자를 판 사나이』[1]에 대해 들어본 적이 있을 것이다. 아델베르트 폰 샤미소 원작의 이 소설은 1824년에 '페터 슐레밀의 기이한 이야기Peter Schlemihls wundersame Geschichte'라는 제목으로 출판되었다. 샤미소는 프랑스의 귀족 가문에서 태어났는데, 프랑스대혁명 당시 아홉 살의 나이로 독일에 망명하여, 그 후 계속 독일에서 살면서 독일어로 글을 썼다. 이런 개인적 이력은 이 소설의 주제와도 무관하지 않은 것 같다.

소설의 구조는 그리 복잡하지 않다. 우선 이야기에 그럴듯함을 더해주려는 장치로서, 저자가 편집자에게 보내는 편지 형식의 서문이 있다.

---

1) 아델베르트 폰 샤미소, 『그림자를 판 사나이』, 최문규 옮김, 열림원, 2002.

여기서 주인공 페터 슐레밀은 그들이 알고 지냈던 실존 인물로 그려진다. 그는 키가 크고 늘 검은 재킷을 걸쳤으며 어수룩하고 굼뜬 데가 있었다. 그는 몇 년간 행방이 묘연하였다. 그러다가 비가 부슬부슬 내리는 어느 날, 장화 위에 슬리퍼를 신은 괴상한 차림으로 저자를 방문하여 수기 한 편을 놓고 간 것이다. 그들은 이제 이것을 세상에 공개하는 게 좋을지 어떨지 망설이는 중이다……

그러고 나서 일인칭시점으로 이야기가 전개된다. '나'는 힘든 항해 끝에 어떤 항구도시(옮긴이주에 따르면 함부르크)에 내린다. 그리고 제일 좋은 옷으로 갈아입은 후 추천장을 품에 넣고 그 도시의 이름난 부자인 토마스 존의 저택을 찾아간다(저자는 주인공이 곤궁에 빠져 있으며 추천장에 한 가닥 희망을 걸고 여기까지 왔음을 암시한다). 마침 저택의 정원에서는 파티가 열리고 있다. 존은 '나'를 친절하게 맞이하지만 다른 손님들을 접대하느라 바빠서 거의 눈길을 주지 않는다. '나'는 사람들 틈에 끼어 정원을 산책한다. 그런데 그 자리에는 회색 옷을 입은, 정체를 알 수 없는 남자가 있다. 놀랍게도 그 남자는 외투 안주머니에서 손님들이 청하는 대로 온갖 물건을 꺼낸다. 망원경, 양탄자, 천막, 나중에는 안장을 갖춘 세 마리의 경주마까지. 더욱 놀라운 것은 집주인을 포함하여 참석자 중 누구도 이것을 이상하게 여기지 않는다는 것이다. '나'는 두려움을 느끼며 파티장을 빠져나간다. 하지만 어느새 따라왔는지 회색 옷의 사나이가 말을 건다. 아무 면식도 없는데 이렇게 다가와 무례한 부탁을 하는 것을 용서해달라고, 다름 아니라 조금 전 정원을 거닐 때 햇빛 아래 펼쳐진 당신의 멋진 그림자를 보았노라고, 그 그림자가 몹시 마음에 드는데 자기에게 그걸 주지 않겠느냐고, 대신 이 주머니 안에 있는 신기한 보물을 마음대로 골라 가지라고. '나'는 유혹을 이기지 못하고, 금을 무한하게 만들어내는 '행운의 자루'와 그림자를 바꾼다. 회색 옷의 사나이는 그림자를 풀밭에서 살짝 거둬들여 둘둘 말더니 주머니 안에 집어넣는다.

　이 소설에 발단-전개-위기-절정-결말이라는 고전적인 구분을 적용해도 좋다면, 여기까지가 발단에 해당한다. 그다음 단계 또는 국면은 슐레밀이 그림자를 판 후 예상치 않은 문제에 직면하는 것이다. '나'는 더 이상 마음 놓고 대낮의 길거리를 걸을 수 없다. 가는 곳마다 손가락질을 당하기 때문이다("성문에 도착했을 때 다시금 어느 문지기의 목소리가 들렸다. '아니 당신은 그림자를 어디다 두고 오셨소?' 마찬가지로 몇 명의 아낙네 목소리도 들렸다. '하느님 맙소사! 저 불쌍한 인간에겐 그림자가 없네!' 그 말을 듣자 몹시 역겨운 기분이 들기 시작했다. 나는 태양 아래에서 걷는 것을 조심스럽게 피했다. 그러나 태양을 받지 않고 다닐 수 있는 곳은 아무 데도 없었다"). 그림자의 중요성을 뒤늦게 깨달은 '나'는 후회에 휩싸인다. 그리하여 회색 옷을 입은 남자를 만나 거래를 취소하려고 한다. 하지만 그 남자는 몇 년 몇 날이 지나면 다시 오겠다는 말만 남기고 어디론가 사라진 뒤이다. '나'는 솜씨 좋은 화가를 불러 가짜 그림자를 그려달라고 부탁하기도 한다. 그러나 화가는 '나'의 청을 거절하면서 "그림자가 없는 사람은 차라리 햇빛 아래에서 걸어 다니지 말아야 한다"고 충고한다. 악마와의 거래 덕택에 슐레밀은 산더미 같은 금화를 얻었지만, "보물을 지키는 파프너(니벨룽겐의 보물을 지키는 용)처럼" 고독한 신세가 된다.

　세번째 단계는 자신의 정체를 숨긴 채 제2의 인생을 살아가려는 주인공의 노력이 파국으로 끝나는 것이다. '나'는 충실한 하인 벤델의 도움을 받아 가까운 휴양지로 이사한다. 그리고 멋진 집을 짓고 저녁마다 파티를 열어 손님들에게 선물을 나누어준다. 마을 사람들은 '나'를 '페터 백작'이라고 부르며 칭송한다. '나'는 미나라는 청순한 소녀와 사랑에 빠진다. 마침 회색 옷의 사나이가 약속한 날짜가 다가오고 있기에, '나'는 그림자를 곧 되찾을 수 있으리라고 기대하면서 미나에게 청혼을 하러 가겠다고 말한다. 하지만 회색 옷의 사나이는 끝내 나타나지 않고(사실은 슐레밀이 날짜를 잘못 계산한 것이었지만), 자포자기한 '나'는 미나와 그녀의 부모 앞에서 자신의 정체를 밝힌다. 미나의 부모는 화를 내면서 딸을 다른 남자와 결혼시키기로 한다.

네번째 단계는 슐레밀과 악마의 동행이다. 절망에 빠진 '나' 앞에 회색 옷을 입은 악마가 나타난다. 악마는 '나'에게 그림자를 돌려줄 테니 죽은 뒤의 영혼을 달라고 한다. '나'는 단호하게 거절한다. 하지만 악마는 '나'를 귀찮게 따라다니면서 자신의 제안을 다시 생각해보라고 한다 ("질문을 해도 괜찮다면, 도대체 당신의 영혼이란 어떤 물건입니까? 그것을 본 적이나 있습니까? 언젠가 죽을 때 그 영혼을 가지고 무엇을 할 작정이십니까? 오히려 저 같은 수집가를 만난 것을 기뻐하십시오. 저는 당신에게 X라는 덩어리, 즉 전기가 흐르고 양극 전자장을 지닌 몸 덩어리—그 외에 이 쓸모없는 덩어리는 무엇이겠습니까마는—가 남긴 영혼에 대해 실제적인 대가를 지불하려는 것입니다. 당신의 생기 있는 그림자 말입니다"). 악마는 '나'의 마음을 돌리기 위해 그림자를 빌려주기까지 한다. 일시적이나마 다시 그림자를 갖게 된 '나'는 악마가 이끄는 대로 세상을 돌아다니며 인생의 온갖 편안함과 화려함을 즐긴다("비록 빌린 그림자였지만 나는 자유롭고 가볍게 움직일 수 있었고, 도처에서 돈이 가져다주는 존경심을 누렸다"). 파우스트와 메피스토펠레스의 동행을 연상시키는 이 대목은 소설 전체의 클라이맥스라고 할 수 있는데, 왜냐하면 주인공은 여기서 영혼을 상실할지도 모르는 위험에 처하기 때문이다. 그림자가 영혼과 비슷한 어떤 것이 아니라 오히려 그것과 대립하는, 외적이고 현세적인 무엇이라는 점도 이 대목에서 분명해진다.

그런데 악마가 슐레밀한테 계속 붙어 있을 수 있었던 것은 슐레밀이 여전히 '행운의 자루'를 포기하지 않았기 때문이다. 헤어질 것을 요구하는 '나'의 말에 악마는 이렇게 대답한다. "알겠습니다. 가지요. 그런데 가기 전에 알려드릴 것은, 만약 이 비천한 하인 녀석을 찾고 싶다는 생각이 드실 경우 어떻게 제게 신호를 줄 수 있는지에 대해서입니다. 그럴 경우 당신은 그저 자루를 흔들기만 하면 됩니다. 그러면 수많은 금화가 쏟아질 것이고 그 금화 소리가 순식간에 저를 불러낼 것입니다." 자루를 깊은 물 속에 던져버린 후에야 슐레밀은 악마로부터 해방된다.

결말에 해당하는 마지막 단계는 돈도 그림자도 없어진 슐레밀이 정처 없이 방황하다가 우연히 한 걸음에 칠십 리를 가는 전설의 장화를 얻게 되는 것이다. 이것은 그의 운명을 다시 한 번 바꾸어놓는다. 지구 여기저기를 내키는 대로 돌아다닐 수 있게 된 그는 자연을 마음껏 연구하면서 살기로 한다. 그는 장화를 신을 발이 제멋대로 날아가는 것을 막기 위해 슬리퍼를 덧신는다. 그리고 시계와 나침반과 책 등을 마련한다. "나는 이내 모든 것을 준비했고, 즉시 개인적인 학자로서의 새로운 인생을 꾸려나갔다. 먼저 대지 위를 살펴보면서 다녔다. 때로는 산 정상을, 때로는 수온과 대기 온도를 재기도 했고, 때로는 동물이나 식물을 관찰하고 조사하기도 했다. 나는 에콰도르에서 폴란드까지 가기도 했고, 세계의 구석구석을 다니기도 했으며, 많은 경험을 서로 비교하기도 했다. 아프리카의 타조알과 북쪽 지방의 해조알, 열매들, 특히 열대 지방의 야자나무 열매와 바나나를 일상 음식으로 먹었다." 그는 연구에

열중한 나머지 과로로 쓰러져서 자선병원(다름 아닌 벤델이 옛 주인을 기리기 위해 세운 병원이었다)에 실려 갔다가 벤델과 미나의 모습을 다시 보기도 한다(하지만 자신의 존재를 알리지 않고 그곳을 빠져나온다).

슐레밀은 자신이 여러 권의 중요한 책을 썼고, 죽기 전에 원고가 베를린대학에서 출판되기를 기대한다고 한 뒤에, 다음과 같은 말로 수기를 끝맺는다. "사랑하는 벗 샤미소, 나의 환상적인 이야기를 간직해줄 사람으로 다름 아닌 자네를 선택했네. 물론 내가 죽고 나면 이 이야기가 많은 이들에게 유용한 가르침을 줄 수 있을 거라는 목적에서 말일세. 벗이여, 만약 사람들과 함께 살고 싶어 하는 이들이라면 부디 무엇보다도 그림자를 중시하고, 그다음에 돈을 중시하라고 가르쳐주게나."

이 이야기의 주제는 무엇일까? 그리고 그림자는 무엇의 알레고리일까? 어떤 사람은 이 이야기가 "돈만 중시하는 시민사회를 비판한 것"이라고 한다. 하지만 이 말은 이상하게 들린다. 슐레밀은 돈이 아주 많은데도 그림자가 없다는 이유로 배척을 당하기 때문이다. 차라리 "돈보다 그림자를 더 중시하는 사회" 또는 "돈도 중시하지만 그림자는 더욱 중시하는 사회"에 대한 비판이라고 해야 옳지 않을까? 주인공 역시 수기의 마지막에서 분명히 말하고 있지 않은가. 사람들과 함께 살고 싶어 하는 이는 먼저 그림자를 중시하고 그다음에 돈을 중시해야 한다고(이 충고는 제사의 형식으로 소설의 첫머리에 인용되어 있기도 하다). 그림자는 **사람들 사이에서 살기 위해** 갖추어야 할 조건이다. **구원을 위한 조건은** 아니다. 영혼을 잃은 사람도 그림자만 있다면 잘 살아갈 수 있다. 악마가 슐레밀을 유혹하기 위해 그림자를 빌려주고 현세의 향락을 맛보게 하는 대목은 실제로 많은 사람들이 악마에게 남몰래 영혼을 저당잡힌 채 빌린 그림자로 행세하면서 살아간다는 듯한 여운을 남긴다.

그러므로 그림자의 상실을 영혼 상실의 전초 단계로 보는 해석들, 즉 그것을 구원의 가능성을 결정적으로 상실하지는 않았지만, 부분적으로 상실하는 사건으로 파악하는 해석들은 모두 방향을 잘못 잡은 것이다. 보드리야르의 해석이 그러한 예이다. 『소비의 사회』 말미에서 그는 이 소설을 1930년대 독일 무성 영화 「프라하의 학생」[2]과 나란히 놓으면서, 두 작품이 모두 상품 사회에서의 인간소외를 그리고 있지만 전자는 후자에 비해 "우화로서의 일관성이 부족하다"고 평가한다.[3]

「프라하의 학생」에서 주인공은 거울에 비친 자기 모습을 악마에게 팔아넘긴다. 그 결과 그는 거울에서 자신이 배제된 세계만을 보는데, 보드리야르는 이것이 세계와 주체의 관계가 투명성을 상실한다는 의미라고 말한다. 세계는 낯설어지며, 주체의 자기 인식은 더 이상 불가능해진다. 보드리야르는 학생의 상(像)이 우연히 분실되거나 파괴된 것이 아니라 팔린 것임을 강조한다. "악마가 이 상을 하나의 사물로서 주머니에 넣는 장면은 상품이 물신화되는 실제 과정의 환상적인 묘사이다. 우리의 노동과 행위는 우리의 손을 벗어나 객체화되고 문자 그대로 악마의 손으로 넘어가버린다." 악마는 거울에서 떼어낸 이미지에 혼을 불어넣어 주인공 행세를 하며 돌아다니게 한다. 자신의 분신이 어디에서나 자신을 앞지르며 방해하기 때문에 주인공은 그를 없애려고 총을 쏜다. 하지만 분신이 사라지는 것과 동시에 주인공 자신도 방바닥에 쓰러진다.

---

2) 1913년 스텔란 리 감독이 연출하고 파울 베게너가 주연을 맡은 「프라하의 학생」은 독일 무성 영화의 고전으로 평가받는다. 1926년에 헨리크 갈렌 감독이, 1935년에 아르투르 로빈손 감독이 리메이크하였다.

3) 장 보드리야르, 『소비의 사회』, 이상률 옮김, 문예출판사, 1991, pp. 317~34.

그는 죽어가면서 깨어진 거울에 비친 자신의 모습을 본다. 이러한 결말은 죽음 외에는 소외를 피할 방법이 없다는 것을 암시한다.

보드리야르는 『그림자를 판 사나이』가 「프라하의 학생」과 동일한 주제를 형상화하고 있다고 본다. "두 작품의 알레고리는 같다. 거울 속의 상이든 그림자이든, 그것이 파괴될 때에는 자기 자신 및 세계와의 관계의 투명성이 파괴되며, 따라서 삶 그 자체도 의미를 잃어버린다." 하지만 『그림자를 판 사나이』는 "그림자에서 물질로의 변용 과정을 철저히 밀고 나가지 않았기 때문에" 이러한 메시지를 분명하게 전달하는 데 실패한다. 이 소설에서 그림자는 사물처럼 분리되어 악마의 주머니에 들어간 후에도 여전히 주인공에게 친숙한 것으로 남아 있다. 주인공은 자신의 그림자를 알아보며, 악마는 그것을 주인공에게 다시 붙여주기도 한다. 게다가 주인공은 그림자를 판 뒤에도 여전히 영혼을 갖고 있다. 즉 그는 변하지 않은 채 자기동일성을 유지한다. 하지만 "소외된 인간이란 쇠약하고 가난한, 그렇지만 그 본질은 변하지 않은 인간이 아니라, 자기 자신에 대해 악이 되고 적으로 변한 인간이다." 보드리야르가 보기에 「프라하의 학생」의 뛰어난 점은 이 진실을 극명하게 드러내었다는 데 있다. 반면에 『그림자를 판 사나이』에서는 "소외가 외관상으로만 사회적 갈등을 초래할 뿐이어서, 슐레밀은 사회적으로 스스로를 고립시키는 것으로 이 갈등을 추상적으로 극복할 수 있었다."

보드리야르는 이 소설이 우화로서 일관성을 가지려면, 그림자가 영혼의 알레고리**여야 한다**고 믿는 듯하다. 소외란 결국 영혼의 상실을 의미하기 때문이다. 만일 샤미소가 그림자와 영혼을 굳이 구분하지 않았다면 그러한 해석이 가능했을 것이다. 하지만 샤미소는 둘을 나눈다. 그에 따라 악마와의 거래도 두 차례로 나뉜다. 주인공은 첫번째 거래에서 손실을 입은 뒤에도 다음 기회를 갖게 되는 것이다. 「프라하의 학생」의 경우에는 두번째 거래가 없고, 첫번째 거래의 **논리적** 귀결로서 냉혹한 죽음을 어쩔 수 없이 당하게 된다. 이 차이에서 알 수 있듯이 샤미소에게 있어서는 자신의 그림자를 팔아도, 즉 개개의 행동에 있어서는 소외되었어도 **혼을 구하는 것**이 가능하였다"(강조는 원문). 하지만 개개의 행동에서 소외된 인간이 어떻게 혼을 구할 수 있겠는가? '개개의 행동에서 소외되었지만, 아직 혼을 잃지는 않았다'는 것은 소외된 인간 자신의 착각(또는 주관적이고 관념적인 "소외의 극복")이 아니겠는가? "소외를 관념적으로 극복하고자 하는 모든 시도는 좌절될 수밖에 없다. 소외의 극복은 불가능하다. 왜냐하면 소외는 **악마와의 거래의 구조 그 자체**, 상품 사회의 구조 그 자체이기 때문이다"(강조는 원문). 다시 말해 상품 사회에서 인간은 영혼 상실의 운명을 피할 수 없다는 것이 보드리야르의 주장이다.

하지만 문제는 『그림자를 판 사나이』를 상품 사회에 대한 비판으로 단정지을 수 있느냐는 것이다. 상품 사회는 화폐의 논리가 전면화되는 사회이다. 상품 사회에서 모든 것은 화폐가치로 환산되어 사고 팔린다(즉 상품이 된다). 그런데 악마에게 그림자를 판 뒤에 슐레밀이 직면하는 현실은 그와 정반대이다. 그는 돈이 전부가 아니며, 이 세상에는 돈을 가지고 살 수 없는 것이 많다는 사실을 깨닫는다. 그의 엄청난 재물은 사랑하는 여인과 결혼하는 데 아무런 도움이 되지 못한다. 그는 가는 곳마다 금화를 뿌리지만, 자신을 보고 수군거리는 사람들의 입을 막지 못한다. 솜씨 좋은 화가에게 많은 돈을 주면서 가짜 그림자를 만들어달라고 부탁해보지만, 돌아오는 것은 차가운 거절뿐이다. 심지어 그는 하인에게조차 서비스를 거부당한다. 그의 정체를 눈치챈 하인 라스

칼은 "하인이란 본래 충실하지만, 그림자 없는 주인을 섬기지는 않는 법"이라면서 자기를 해고해달라고 말한다. 만일 그림자가 영혼의 알레고리라면, 슐레밀은 돈보다 영혼을 더 중시하는 사회에 살고 있는 셈이다. 물론 이 소설에서 그림자는 영혼처럼 고상한 무엇이 아니다. 오히려 그것은 지극히 세속적인 어떤 것, 이 세상을 살아가는 데 반드시 필요한, 특수한 성격의 재산처럼 그려진다. 이는 딸의 혼사를 두고 미나의 양친이 주고받는 대화에서도 드러난다. 미나의 어머니가 라스칼은 하인 출신이라서 사윗감으로 부적당하다고 말하자, 아버지는 이렇게 대꾸한다. "하지만 그 녀석은 아무도 탓할 수 없는 그림자를 갖고 있잖아." 라스칼처럼 비천하고 사악한 인간도 그림자가 멀쩡하다는 이유로 사위의 자격을 얻는 것이다. 이 대화는 그림자의 소유 여부가 신분이나 계급과는 별개라는 것도 알려준다. 실로 이 소설에 등장하는 사람들은 주인공을 제외하면 다들 그림자를 갖고 있는 것 같아 보인다. 그림자가 조금 희미하거나 남보다 작을 수는 있겠지만(휴양지에서 만난 한 상인에 대해 슐레밀은 이렇게 회고한다. "한 번 파산한 적이 있지만 다시 재산을 모은 그 남자는 사람들로부터 존경을 받는, 약간 희미하지만 커다란 그림자를 갖고 있는 이였다").

이처럼, 이 작품을 찬찬히 읽을수록 우리는 그것이 "상품 사회에서의 인간소외"를 그린 것이라는 생각에서 멀어지게 된다. 그러므로 우리는 보드리야르의 해석에 거리를 두면서, 처음의 질문으로 돌아갈 것이다. 그림자는 무엇을 의미하는가?

나는 슐레밀에게 그림자의 상실이 일종의 스티그마stigma[4]로 작용한다는 사실에 주목하고 싶다. 그림자가 없는 그의 모습은 어디서나 남들의 시선을 끌며, 이어서 외면하게 만든다. 사람들은 더럽고 역겨운 것을 보았을 때처럼 그를 멀리한다. 슐레밀의 행동 역시 스티그마를 지닌 사람들에게서 전형적으로 나타나는 것이다. 그는 하루 종일 집 안에 틀어박혀 지내고, 밤과 그늘의 도움을 빌려서만 남들과 교제한다. 이는 그림자가 사람의 수행(또는 사람 연기performing person)과 관련 있는 어떤 것임을 시사한다. 스티그마란 어떤 사람의 사람자격personhood에 가해진 손상을 의미하기 때문이다.

그림자가 없다는 것은, 말하자면 코가 없는 것과 비슷하다. 코라고 불리는 얼굴 한가운데 돌출된 부분이 없는 사람은 냄새를 맡을 수 있느냐와는 별개로, 신체적으로 불완전하다고 여겨지며, 그 때문에 다른 사람들 앞에서 스스로를 한 명의 사람으로 자연스럽게 제시하는 데 어려움을 느낀다.[5] 그는 다양한 방식으로 이 결함이 눈에 띄지 않게 하려고 애쓴다. 또는 결함을 가진 존재로서 스스로를 눈에 띄지 않게 하려고 애쓴다. 이러한 비가시화 전략이 성공하는 한에서 그는 성공적으로 사람을 연기할 수 있다. 다시 말해서 사람답게 보이고 사람대접을 받을 수 있다.

그림자는 물론 몸과 다르다. 하지만 몸이 아니면서도 몸의 일부인 것처럼 몸을 따라다니며 몸의 연기를 돕는 물건들이 많이 있다. 가발이나 지팡이나 틀니처럼 말이다. 이런 소품들은 개인에게 신체적인 완전성을 부여하며 그가 공공장소에("대낮의 햇빛 아래") 오점 없는 모습으로 나타날 수 있게 해준다. 사실 일상의 연극은 언제나 분장을 요구하기 때문

---

4) 스티그마에 대한 자세한 논의는 이 책 pp. 120~21 참조.
5) 어빙 고프먼은 『스티그마』(윤선길·정기현 옮김, 한신대학교출판부, 2009)의 첫머리에 코가 없는 소녀가 보낸 상담편지를 인용한다.

에, 자연적인 몸과 인공적 부속물(또는 훼손되지 않은 순수한 몸과 인공적 부속물들을 필요로 하는 불완전한 몸)을 구별하려는 시도는 부질없는 것이다.[6] 공공장소에서 나체의 전시가 금지되어 있다는 단순한 사실이 말해주듯, 순수한 몸 그 자체는 언제나 불완전하다.[7]

아니면 그림자는 표정이나 몸짓이나 자세처럼, 몸과 구별되지만 몸에서 분리될 수 없고, 무의지적으로 드러나는 것 같지만 의식적 조작을 허용하며, 개인의 가장 깊숙한 특질을 반영한다고 여겨지지만 본디 익명적이고 모방 가능한, 어떤 **신체적인 것**의 은유일지도 모른다. 사람됨 personality은 이러한 신체적인 것 속에서 표현되며, 구체화된다. 그리하여 이 신체적인 것의 상실은 사람됨의 상실과 동일시되곤 한다.

주인공이 영혼을 잃지 않았다 해도 인간다움을 표현하는 능력을 잃었기 때문에 인간 세상에서 배척당하는 이야기가 많이 있다. 「눈물의

---

6) 그레고리 베이트슨은 시각장애자의 지팡이를 신체의 일부로 볼 수 있느냐는 질문을 던진 적이 있다. 지팡이가 신체의 외부에, 그것과 분리되어 존재한다는 사실은 그에게 중요하지 않다. 상실된 신체 기능을 보완한다는 점에서 지팡이는 틀니(몸에 삽입되지만 탈착이 가능하다)나 인공심장(몸에 삽입되며 탈착이 불가능하다)과 본질적인 차이가 없기 때문이다. 틀니나 인공심장이 신체의 일부라면 지팡이 역시 그럴 것이다. 이런 관점에서 우리는 그림자를 신체의 일부 또는 연장으로 볼 수도 있으리라. 이 소설에서 그림자는 아무런 생리적인 기능을 수행하지 않지만, 신체의 사회적 기능, 즉 사람의 수행을 위한 일차적 도구로서의 기능을 나누어 갖기 때문이다.

7) 주디스 버틀러는 젠더에 선행하며 "젠더를 걸치는" 사람의 존재를 가정하는 것을 비판한다. "사람의 일관성과 연속성은 그 사람됨의 논리적이거나 분석적인 특질이 아니다. 그보다는 사회적으로 구성되고 유지되는 인식 가능성의 규범들"이며, 정체성이 섹스, 젠더, 섹슈얼리티라는 견고한 개념을 통해 확보되는 한, 젠더 규범을 따르지 않는 인간 존재는 사람처럼 보이더라도 결국 사람으로 정의되는 데 실패할 것이기 때문이다(주디스 버틀러, 『젠더 트러블』, 조현준 옮김, 문학동네, 2008, pp. 114~15). 버틀러가 옳을 것이다. "아무것도 걸치지 않은" 순수한 몸은 사람의 몸이 아니다. 몸이 '사람'으로 인식되려면 문화적 기호들을 입어야 한다. 다시 말해 문화가 제공하는 다양한 (젠더화된) 소품과 도구로 몸을 보완하고 변형하여 전시 가능하게 만들어야 한다.

진주』[8]는 요술 할머니를 만나 눈물을 진주 목걸이로 바꾸는 소녀의 이야기이다. 목걸이를 걸고 무도회에 나간 소녀는 쾌활하고 사랑스러운 웃음소리로 임금님의 마음을 사로잡아 왕비가 되지만, 슬픈 일이 있어도 웃기만 하기 때문에 곧 마녀로 몰리고 만다. 이야기의 결말은 웃음소리의 원천인 진주 목걸이가 끊어지면서 소녀가 다시 울 수 있게 된다는 것이다. 유사한 테마를 다룬 동화로, 현대 독일 작가가 쓴 『팔아버린 팀의 웃음』[9]이 있는데, 여기서는 팀이라는 가난한 소년이 악마에게 웃음을 팔고 대신 어떤 내기를 해도 이기는 능력을 얻는다. 팀은 경마에 계속 돈을 걸어 부자가 된다. 하지만 더 이상 웃을 수 없기 때문에 친구들을 잃고 외톨이가 된다. 뒤늦게 자기가 팔아버린 것의 가치를 깨달은 팀은 악마를 찾아 나선다. 그리고 자기가 웃음을 되찾을 수 있다는 내기를 걸어서 악마를 궁지에 몰아넣는다. 이런 이야기들에서 주인공은 인간다운 감정을 여전히 간직하고 있다. 주인공이 상실한 것은 다만 그것을 표현하는 수단이다.

이러한 접근은 그림자와 영혼의 차이를 뚜렷하게 부각시킨다. 그림자는 영혼보다 오히려 육체의 편에 있다. 그림자는 눈에 보이지만 영혼은 보이지 않는다. 영혼이 내면성의 영역, 표현되지 않은 진실의 영역에 속한다면, 그림자는 눈물이나 웃음이 그렇듯이 외면성의 영역, 표현되고 연기되는 것의 영역에 속한다. 이는 사람이 된다는 것과 영혼을 갖는다는 것이 별개의 문제임을 뜻한다(슐레밀은 끝까지 자신의 영혼을 지켰지만, 더 이상 사람들 속에서 그들 중 한 명으로 살아갈 수 없었다).

---

8) 스웨덴 작가 안나 발렌베리가 쓴 이 동화는 지금은 절판된 계몽사 소년소녀세계문학전집 32권 『북유럽 동화집』에 실려 있다.
9) 제임스 크뤼스, 『팔아버린 팀의 웃음』, 차경아 옮김, 범조사, 1988.

한편 우리는 그림자를 사람의 수행/연기에 필수적인 어떤 요소——그 것이 없으면 사람의 수행이 어려워지며, 그리하여 사람자격의 유지에도 타격이 가해지는——가 아니라, 사람자격 자체로 생각할 수도 있다. 즉 그림자가 없기 때문에 사람답게 보일 수 없고 사람대접을 받지 못하는 게 아니라, 사람대접을 받지 못한다는 사실이 그림자의 상실이라는 알 레고리를 통해 형상화된다고 말이다.

이러한 해석은 우리에게 낙인의 가시성에 대한 이해를 재고하게 만든 다. 낙인의 가시성은 구부러진 코나 검은 피부같이 육체에 부착된 기호 의 가시성이 아닐 수 있다. 카스트의 경우를 생각해보면 쉽게 알 수 있 는데, (카스트의 분포에 종족적인 편차가 존재하는 것은 사실이지만) 달리 트Dalit가 신체적으로 언제나 식별 가능한 것은 아니다. 낙인의 존재는 여기서 낙인찍힌 사람과 정상적인 사람 간의 상호작용을 통해서 비로 소 드러난다. 즉 낙인의 가시성은 상호작용의 가시성이다. 그 경우 낙인 의 비가시화는 낙인을 재생산하는 상호작용으로부터 벗어나는 것, 구 체적으로 자신을 낙인찍은 사람들로부터 도망치는 것을 통해 비로소 이루어질 수 있다. 달리트는 그를 알아보고, 그에게 특정한 방식으로 말을 걸고, 또 그가 주어진 코드에 따라 반응하기를 바라는 사람들(그 에게 굴욕을 주면서 복종의 몸짓을 요구하는 사람들)에게서 벗어날 때만 스티그마를 비가시화할 수 있다. 도시로의 이주는 달리트에게 해방을 가져온다. 물론 지배계급은 어디서나 연결되어 있고, 차별당해 마땅한 사람들에 대한 정보를 서로 주고받으므로, 이런 도피는 한계를 갖기 마 련이다. 사실상 차별의 상징체계를 전복할 힘이 없는 개인이 스티그마 에서 벗어나는 가장 효과적인 방식은 주어진 장소로부터 벗어나는 것 이다.[10]

이렇게 해서 우리는 칠십 리 장화라는 상징에 도달한다. 샤미소는 중세의 민담에서 빌려온 이 상상의 도구를 근대성의 엠블럼으로 변형한다. 어디든 갈 수 있고, 어디서나 살아갈 수 있으며, 모든 것을 알 수 있다는 것은 실로 근대적 환상의 핵심이다. 근대는 공간을 압축하고, 거리를 말소하며, 장소를 파괴한다. 그리하여 베스트셀러의 제목을 빌리자면, 지구를 '평평하게' 만든다. '평평하다'는 말은 여기서 두 가지 의미로 이해 가능하다. 하나는 '울퉁불퉁하지 않다'는 것, 즉 모든 장소가 균질적이며 따라서 단일한 척도(예를 들면 임금수준이나 지대 — 다국적 기업이 체인망을 늘리거나 공장을 옮길 때 고려하는 요소들)로 평가될 수 있다는 것이고, 다른 하나는 '저 너머'가 없다는 것, 모든 정보가 지평선 안에 들어와 있다는 것이다(지구가 둥글다면 언제나 보이지 않는 '저 너머'가 있기 마련이다). 이 평평한 지구 위에서 사람들은 장기판 위의 말처럼 가볍게 들어 올려져서 한 지점에서 다른 지점으로 옮겨진다. 그들과 이 장소들 사이에는 본래 아무런 연관도 존재하지 않는다는 듯이.

슐레밀이 그림자가 없는 인간의 괴로움에서 벗어나는 것은 바로 이러한 **비장소화**를 통해서이다. 칠십 리 장화 덕분에 그는 원하는 곳이면 어디든 한달음에 갈 수 있고, 세계의 구석구석을 자기 집처럼 친숙하게 돌아볼 수 있다. 그의 시야는 지구 전체로 확장되며, 인식의 지평 역시 그러하다. 그림자가 없다는 사실은 이제 그에게 더 이상 문제가 아니다. 그는 어디에도 속하지 않으면서 인류 전체에 속하는 방법을 발견했기

---

10) 낙인찍힌 속성을 감춘다는 의미에서의 혹은 낙인을 지닌 개인이 스스로를 되도록 눈에 띄지 않게 한다는 의미에서의 비가시화는 이러한 해방을 가져올 수 없다. 왜냐하면 이런 의미의 비가시화는 낙인찍힌 개인이 택할 수 있는 전략일 뿐 아니라, 사회가 그에게 강요하는 규범이기도 하기 때문이다. 낙인을 비가시화하라는 명령(백인 구역에 나타나지 말아라, 보기 흉한 신체 부위를 드러내지 말아라)은 낙인을 재생산하는 사회적 과정의 일부이다.

때문이다 ── 자신의 모든 시간을, 여생 전체를 글자들과 맞바꿈으로써. 얼굴 없는 저자가 되어 자기가 쓴 책들의 배후로 사라짐으로써.

코즈모폴리터니즘은 **인식에 바쳐진 삶** 또는 **글쓰기에 바쳐진 삶**이라는 이상과 내밀하게 결합되어 있다. 그런데 문학제도 혹은 전통에 깊이 각인된 이 이상은 공간과의 관계 못지않게 시간과의 관계에도 관여한다. "사람들 속에서 살아가기"를 단념하고 순수하게 관조적인 삶의 방식을 택한 다음부터, 슐레밀의 인생은 어떤 의미에서 텅 비어버린다. 그의 삶의 매시간은 현실적인 내용이 제거된 채, 불멸의 작품을 만드는 데 소모되어야 하는 동질적인 단위들로 바뀐다.[11]

이제 우리는 이 근대적 우화의 뼈대를 이루는 기본적인 대립들을 이해할 수 있다. 이를 도식적으로 나타낸다면 다음과 같다.

그림자	영혼
가시성	비가시성
표현/연기	내면성(표현되지 않은 진실)
장소성	비장소성

---

11) 무한히 긴 삶에 대한 욕구는 무한한 인식에 대한 욕구이기도 하다. 시몬 드 보부아르의 소설 『모든 인간은 죽는다』의 주인공은 불사不死의 삶이라는 가능성 앞에서 주저하는데, 그때 그의 마음을 움직이는 것은 그와 같은 삶이 무한한 배움을 가능하게 하리라는 사실이다. 실로, 무한히 오래 사는 사람은 이 세상에 존재하는 모든 언어와, 그 언어들로 전승되고 기록된 인류가 쌓아 올린 지식 전체를 배울 수 있을 것이고, 그것을 종합하여 단 한 권의 최종적인 책을 쓸 수 있을 것이다. 그 책은 전 세계의 도서관을 합친 것과 맞먹을 것이며, 우주와 자기 자신을 향한 인류의 기나긴 탐구의 여정에 종지부를 찍을 것이다. 이는 절대정신이 자신의 기원이자 목표로 귀환함을, 그리하여 거대한 자연사적·세계사적 원운동을 완성함을 의미한다.

우화의 저자는 망명의 삶을 살았던 사람답게 전자에 맞서 후자를 옹호한다. 눈에 보이는 인간다움의 표시보다는 표현되지 않은 내면의 진실을, 사람들 속에서 살아갈 권리보다는 어디에도 속하지 않을 자유를, 그림자보다 영혼을, 장소보다 비장소를 혹은 유토피아를.[12]

이는 보드리야르도 마찬가지이다. 『소비의 사회』에서 그가 그리는 세계는 상품들로 가득 찬 거대한 미로와 같다. 주체는 그 안에 빠져나올 수 없게 유폐되어 있다, 영혼이 육신 속에 갇혀 있듯이. 근대는 영혼이 인식의 힘을 통해 자신을 가둔 감옥의 한계를 넘어설 수 있음을 약속한다. 하지만 보드리야르는 주체가 영원히 그러한 인식에 도달하지 못할 거라고 (우수 어린 목소리로) 단언한다. 그가 갇힌 미로는 내부가 거울로 되어 있어서, 만화경처럼 이미지들을 무한히 증식시키고 왜곡하면서 진짜와 가짜의 구별을 더 이상 불가능하게 만들기 때문이다.

보드리야르의 비전은 새롭지 않다. 우리는 심지어 그것을 카프카의 세계와 비교할 수도 있을 것이다. 성城의 부름을 받은 측량사가 기약 없

---

12) 영혼이란 육체의 추함을 잊기 위해 발명된 유토피아라고 푸코는 말한다. "내 몸은 나에게 강요된, 벗어날 수 없는 장소이다. 결국 우리는 이 장소에 맞서서, 이 장소를 잊기 위해서, 그 모든 유토피아들을 탄생시킨 것이라고 나는 생각한다." "몸의 서글픈 위상학을 잊게 해주는 유토피아 중에서도 가장 강력하고 생명력이 강한 것은 아마 영혼이라는 거대한 신화이리라. 서구 역사가 정초된 이래 우리에게 유토피아를 제공하고 있는 영혼은 우리 몸 안에서 아주 경이로운 방식으로 기능한다. 영혼은 물론 몸에 거한다. 하지만 거기서 빠져나갈 줄 안다. 영혼은 내 눈의 창을 통해 사물을 보기 위해 내 몸에서 빠져나간다. 내가 자고 있을 때는 꿈꾸기 위해, 내가 죽을 때는 살아남기 위해. 내 영혼은 희고 순수하고 아름답다. 오물 투성이의 — 어쨌든 그리 깨끗하지 않은 — 내 몸이 영혼을 더럽힌다 해도 어떤 효능이, 위력이, 무수히 신성한 제스처들이 본래의 순수함을 복원시킬 것이다. 내 영혼은 오래갈 것이다. 내 낡은 몸이 썩을지언정 영혼은 그대로이리라. 내 영혼 만세! 내 영혼은 빛나고 말끔하고 건강하고 날렵하고 생기에 넘치고 따스하고 신선한 내 몸이다. 매끄럽고 거세되고 비누거품처럼 둥그런 내 몸이다"(Michel Foucault, "Le corps utopique," *Le corps utopique/Les hétérotopies*, Paris: Nouvelles éditions lignes, 2009: 한국어판은 미셸 푸코, 「유토피아적인 몸」, 『헤테로토피아』, 이상길 옮김, 문학과지성사, 2014, pp. 29~31 참조).

이 머무르는 낯선 마을과 말이다. 측량사는 냉담하고 심술궂은 마을 사람들 틈에 고립된 채, 자기가 왜 여기에 있어야 하는지 알고자 한다. 하지만 성과 접촉하려는 그의 노력은 번번이 좌절된다. 성으로 이어지는 것처럼 보이는 길은 마을 언저리를 맴돌 뿐이고, 성과 마을을 연결하는 전화에서는 잡음만 들린다. 벤야민은 이 마을의 이웃에 다른 마을 — 탈무드의 전설에 나오는 마을 — 이 있다고 상상하였다. 그 전설은 어떤 공주에 관한 것이다. "그 공주는 유배의 길을 떠나 고향에서 멀리 떨어진 어느 마을에 이르는데, 그 마을의 언어를 알아듣지도 못하는 그녀는 유배의 고통에 시달리게 된다. 이 공주에게 어느 날 한 통의 편지가 날아온다. 그 편지는 그녀를 아직 잊지 않고 있는 약혼자로부터 온 것이었다. 약혼자는 그녀를 뒤따라 길을 떠났으며 그녀에게로 오고 있는 중이라고 하였다. 랍비의 말에 의하면 약혼자는 메시아이고 공주는 영혼이며 그녀가 유배되어 있는 마을은 육체라고 한다." 벤야민은 이렇게 덧붙인다. "탈무드에 나오는 이 마을과 함께 우리는 바로 카프카의 세계의 한가운데 있는 셈인데, 왜냐하면 마치 K가 성이 있는 산기슭의 마을에 살고 있듯이 현대인은 자신의 육신 속에 갇혀 살기 때문이다. 그 육체는 현대인으로부터 벗어나 있고, 또 현대인에 대해 적대적이다. 그래서 한 사람이 어느 날 아침 잠에서 깨어나 자신이 갑충으로 변신해 있는 것을 보게 되는 일이 일어날 수가 있는 것이다."[13]

결국 보드리야르와 샤미소는 영혼과 육체를 대립시키고 영혼의 편을 든다는 점에서 일치한다. 차이가 있다면 보드리야르는 영혼의 운명

---

13) 발터 벤야민, 「프란츠 카프카」, 『발터 벤야민의 문예이론』, 반성완 옮김, 민음사, 1983, pp. 79~80.

에 대해 좀더 비관적이라는 것이다. 두 사람 모두 그림자의 중요성을 축소한다는 점도 같다. 보드리야르는 그림자가 영혼과 동일하거나 영혼의 부속물이라고 생각한다. 그림자와 영혼이 동일하다면, 그림자는 독자적인 의미를 갖지 못할 것이다. 그림자가 영혼의 부속물이라면, 그래서 본격적인 거래에 앞서 시험적으로 떼어내어 팔 수 있는 것이라면, 이는 줄거리를 쓸데없이 복잡하게 만들 뿐이다. 샤미소의 경우, 그림자는 영혼과 전혀 다르며 심지어 대립하는 어떤 것이다. 그림자와 영혼의 대립이 이야기의 핵심이므로, 보드리야르가 바라듯이 악마와의 두 차례의 거래를 한 번으로 줄이는 것은 가능하지 않다. 하지만 샤미소 역시 인간이 그림자 없이 살아갈 수 있다고 주장함으로써, 그림자의 의미를 결정적으로 축소한다. 칠십 리 장화를 손에 넣을 수 있다면, 그래서 지구 곳곳을 마음대로 날아다니며 무한히 지식을 추구할 수 있다면(한마디로 현존재의 시간성을 부정할 수 있다면) 그림자 따위는 아무래도 좋다는 것이다. 우리가 물어야 할 것은 바로 이 점이다. 그림자는 육체의 부속물이거나 영혼의 부속물이어서 그 자체로는 의미가 없는 것일까? 인간이 그림자 없이도 살아갈 수 있다는 게 과연 사실일까?

이 책은 영혼과 육체의 대립 속에서 간과되어온 그림자의 문제, 다시 말해 '사람'의 문제를 다룬다. 우리는 어떻게 이 세상에 들어오고, 사람이 되는가? 우리가 사람이기 때문에 이 세상에 받아들여진 것인가 아니면 이 세상에 받아들여졌기 때문에 사람이 된 것인가? 다시 말해서 '사람'이라는 것은 지위인가 아니면 조건인가? ('자격'이라는 단어는 지위를 가리키기도 하고 조건을 가리키기도 한다.) 조건부의 환대 역시 환대라고 할 수 있을까? 우리에게 주어진 환대가 언제라도 철회될 수 있다면,

우리는 진정한 의미에서 환대되지 않은 게 아닐까? 이것이 이 책이 제기하는 질문들이다.

이 책의 키워드는 사람, 장소, 그리고 환대이다. 이 세 개념은 맞물려서 서로를 지탱한다. 우리는 환대에 의해 사회 안에 들어가며 사람이 된다. 사람이 된다는 것은 자리/장소를 갖는다는 것이다. 환대는 자리를 주는 행위이다(1~3장). 사람과 장소를 근원적으로 연관된 개념으로 본다는 점에서 이러한 접근은 아렌트와 유사하다. 인권의 종말에 대해 논의하면서 아렌트는 장소의 박탈과 법적 인격의 박탈(그리고 그에 따른 일체의 법적 권리의 상실)을 연결시킨다.[14] 하지만 아렌트의 관심이 주로 정치적, 법적 문제에 맞추어져 있다면, 이 책은 공동체와 주체를 구성하는 상징적이고 의례적인 층위로 시야를 확장한다. 사람은 법적 주체일 뿐 아니라, 일상의 의례를 통해 재생산되는 성스러운 대상이기도 하다.

상호작용 질서에 대한 고프먼의 연구는 이러한 확장에 결정적인 도움을 준다. 4~5장은 상호작용 질서 대 사회구조라는 고프먼의 이분법을 따르면서, 상호작용 질서에서의 형식적 평등과 구조 안에서의 실질적 불평등이 어떻게 현대 사회 특유의 긴장을 가져오는지 설명한다. 현대 사회는 우리가 잘살건 못살건 배웠건 못 배웠건 모두 사람으로서 평등하다고 선언한다. 하지만 우리를 사람으로 만들어주는 것은 추상적인 관념이 아니라 우리가 매일매일 다른 사람들로부터 받는 대접이다. 사람행세를 하고 사람대접을 받는 데 물질적인 조건들은 여전히 중요하

---

14) "인권의 근본적인 박탈은 무엇보다 세상에서 거주할 수 있는 장소, 자신의 견해를 의미 있는 견해로, 행위를 효과적 행위로 만드는 그런 장소의 박탈로 표현되고 있다"(한나 아렌트, 『전체주의의 기원 1』, 이진우·박미애 옮김, 한길사, 2006, p. 532).

게 작용한다.

이 책은 또한 환대의 개념이 내포하는 어떤 역설을 해결하려고 노력한다. 칸트에게 있어서 환대의 권리는 우리가 (특정한 공동체의 구성원으로서가 아니라) 사람으로서 갖는 권리이다. 하지만 우리가 환대를 통해 비로소 사람이 된다면, 우리를 사람으로 대우하지 않는 사람들에게 환대를 요구하는 일이 어떻게 가능한가? 6~7장은 이 질문에 대한 대답이다. 나는 여기서 일종의 귀류법을 사용하여 — 즉 절대적 환대 없이는 사회가 생겨날 수 없음을 보임으로써 — 절대적 환대의 필요성을 증명하려 하였다.

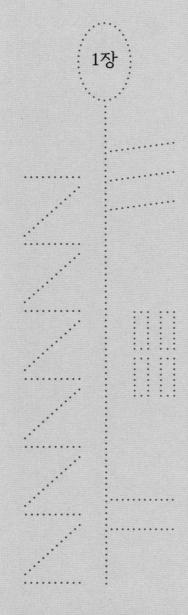

1장

사람의 개념

사람이라는 것은 어떤 보이지 않는 공동체 —— **도덕적** 공동체 —— 안에서 성원권을 갖는다는 뜻이다. 즉 사람임은 일종의 자격이며, 타인의 인정을 필요로 한다. 이것이 사람과 인간의 다른 점이다. 이 두 단어는 종종 혼용되지만, 그 외연과 내포가 결코 같지 않다. 인간이라는 것은 자연적 사실의 문제이지, 사회적 인정의 문제가 아니다. 어떤 개체가 인간이라면, 그 개체는 우리와의 관계 바깥에서도 인간일 것이다. 즉 우리가 그것을 보기 전에도, 이름을 부르기 전에도 그 고유한 특성에 의해 이미 인간일 것이다. 반면에 어떤 개체가 사람이 되기 위해서는 **사회** 안으로 들어가야 한다. **사회**가 그의 이름을 불러주어야 하며, 그에게 자리를 만들어주어야 한다.

태아

태아의 경우를 예로 들어보자. 인간의 태아는 분명히 인간이지만, 사회 안에 들어오지 않았기에 사람으로 여겨지지 않는다. 이는 법적으로나 관습적으로나 그러하다. 법은 인간 생명이 출생과 더불어 사람의 지위를 얻는다고 명시한다. 출생이란 태아가 어머니의 자궁 바깥으로 나와서 모체와 분리되는 것을 말한다. 그 전까지 태아는 모체의 일부로 간주된다. 이는 태아를 죽이는 행위가 살인죄를 구성하지 않음을 함축한다.[1] 관습은 태아의 지위에 대한 법의 이 같은 판단을 지지한다. 유산된 태아를 위해 아무런 애도의 의례를 행하지 않는다는 사실이 그 증거이다. 태아의 시신은 특수한 폐기물로 취급되며, 산모와 그 가족은 이 폐기물에 대해 유족이 망자의 시신에 대해 갖는 의례상의 권리들을 주장하지 못한다. 실로 죽은 태아에 대해 애도의 의례를 행해야 한다면, 낙태가 논리적으로, 그리고 심리적으로 불가능해질 것이다. 이는 "소개받은 상대는 자를 수 없는" 것과 같은 이치이다. 마셜 살린즈는 미국인들이 개와 말을 먹지 않는 것은 소나 돼지와 달리 개와 말에게는 이름을 붙여주고 말을 걸기 때문이라고 지적하면서, 『거울나라의 앨리스』의 한 대목을 상기시킨다. 앨리스가 붉은 여왕의 식탁에 초대되었다. 양고기가 나오자 여왕이 말한다. "쑥스러워하지 말아요. 내가 소개하죠.

---

1) 드워킨은 낙태에 대한 처벌이 곧 태아가 사람임을 함축하지는 않는다면서, 완고한 낙태반대론자라도 강간에 의한 임신의 경우 낙태에 찬성한다는 점을 그 근거로 들었다. 만일 태아가 사람이라면, 이는 강간에 의해 잉태된 사람은 살 권리가 없다고 말하는 셈이다(로널드 드워킨, 『생명의 지배영역』, 박경신·김지미 옮김, 이화여자대학교 생명의료법연구소, 2008, p. 104).

앨리스, 이쪽은 양고기예요. 양고기야, 이쪽은 앨리스란다." 그러고 나서 앨리스가 양고기를 자르려 하자 여왕은 소리친다. "안 돼요! 소개받은 상대를 자르는 것은 예의가 아니에요!"[2]

신생아와 태아의 도덕적 지위가 전혀 다르다는 사실은 간과되기 쉬운데, 신생아가 사회 속으로 들어올 때 더 이상 아무런 통과의례를 거치지 않기에 더욱 그러하다. 전통적인 사회에서는 출생과 사회적 환대 사이에 시간적 간격이 있었고, 그 기간 동안 아기는 아직 사람이 아닌 것으로 간주되었다. 아기에게 이름을 지어주지 않는다든가 배내옷을 입히는 것 등은 아기가 이 세상에 들어오지 못하고 문지방 단계에 있음을 표시한다. 이 기간이 끝나면 아기는 통과의례(세례, 백일잔치)를 거쳐 사람이 되는데, 그 전에 죽을 경우 태아와 마찬가지로 장례식을 치르지 않고 매장되었다. 사회에 따라 이 기간에 영아 살해가 행해지기도 했다. 젖을 주지 않고 윗목에 엎어놓거나 인적이 드문 곳에 버리는 것 같은 단순한 방법이 많이 사용되었는데, 집안 식구들의 암묵적인 동의 아래 이루어지는 이런 행위는 살인으로 여겨지지 않았다. 이와 달리 오늘날에는 아기가 태어나는 즉시 국가가 개입한다. 아기는 출생과 동시에 사람으로 인지되며, 사람으로서 보호된다. 말하자면 출생이라는 사건이 통

---

2) 마샬 살린즈, 『문화와 실용논리』, 김성례 옮김, 나남, 1991, pp. 215~25. 미국인의 음식 금기에 대한 이 예리한 분석에서 살린즈의 요점은 먹을 수 없는 것과 먹을 수 있는 것의 구별 밑에 사람/물건의 대립이 있다는 것이다. 먹는다는 것은 소비한다는 것이다. 그리고 물건만이 소비될 수 있다. 소비의 대상으로, 즉 물건으로 분류된 동물은 의인화되지 않으며, 얼굴과 이름이 없는 모습으로 우리의 상징 세계 속에 등장한다. 소나 돼지가 해체되어 부위별로 팔리는 것이 그러한 예이다. 반면 반려동물이나, 이야기 속에서 자주 의인화되는 야생동물은 먹을 수 없는 대상으로 분류된다(야생동물을 사냥하여 고기를 먹는다는 생각에 점점 더 많은 사람들이 거부감을 느끼는데, 이는 동물의 머리를 식탁 위에 올리는 일이 점점 더 금기시되는 것과 비슷하다). 태아의 경우에도 유사한 상징 조작이 나타난다. 낙태를 원하는 산모는 태아에게 이름을 붙이지도, 말을 걸지도 않는다.

과의례를 대신하는 것이다. 문지방 단계는 사라지며, 과거의 의례들은 본래의 기능을 상실한다. 여전히 백일이나 세례 같은 의식들이 중시되지만, 가족적 행사로서 그러할 뿐 통과의례로서 그러한 것은 아니다. 다시 말해 이런 의례들은 신생아의 지위에 영향을 미치지 못한다.

현대 사회에서 출산이 아무런 의례적 장치 없이 순수하게 의료적인 합리성에 따라 진행되는 까닭에, 사람들은 태아가 모체의 바깥으로 나오는 순간 어떤 상징적인 경계선을 통과한다는 사실을 놓치곤 한다. 그리하여 신생아가 사람인 이유는 사회적으로 그렇게 인지되어서가 아니라, 생물학적으로 그러해서라고 믿어버린다. 이러한 믿음은 출생이라는 기준의 자의성에 대한 비판으로 이어지는데, 생물학적인 관점에서 본다면 사실 태아와 신생아 사이에 어떤 불연속성도 존재하지 않기 때문이다. "낙태는 살인이다" 같은 구호가 여기서 나온다. 사람의 기준에 미달하는 신생아는 죽이는 게 낫다는 몇몇 공리주의자들의 주장 역시 — 얼핏 들으면 낙태반대론과 정반대인 것 같지만 — 동일한 생각에서 비롯된다. 사회적인 삶의 상징적인 차원에 대해 어떠한 실재성도 인정하지 않는다는 것이 이 생각의 핵심이다. 7장에서 우리는 이 생각이 내포하는 문제점들을 검토할 것이다.

노예

통과의례는 의례를 통과한 집단과 아직 통과하지 못한 집단을 갈라놓는 게 아니라, 의례를 거치는 집단과 거치지 않는 집단을 갈라놓는다고 부르디외는 지적하였다.[3] 이런 각도에서 본다면, 신생아와 태아의 차이보다 더 본질적인 것은 보통 사람과 노예의 차이라고 할 수 있다. 노예는 일생 동안 사회 속으로 들어가지 못한 채, 비유하자면 태아의 상태에 머무르기 때문이다. "노예는 태아와 같다"는 투아레그Tuareg의 격언이 있다. 노예는 한번도 태어나지 않은 것과 마찬가지이다. 그런 까닭에 죽었을 때도 아무런 의례를 거치지 않고, 다만 "그 장소에서 치워진다."[4]

노예가 사회 바깥에 있다는 말을 우리는 어느 정도는 물리적인 의미로 받아들일 수 있다. 많은 사회에서 노예의 대다수가 실제로 포로로 잡히거나 납치되어 고향과 친족을 잃어버린 사람들이기 때문이다. 다시 말해 노예는 그가 원래 있었던 사회의 입장에서 보면 실종자이다. 실종자는 일정 기간이 경과하면 법적으로 사망한 것으로 간주된다. 프랑스 민법에 따르면 "사람이 아무 연락 없이 그의 집이나 거처에 더 이상 나타나지 않으면" 후견판사에게 실종을 신고해야 하는데, 이때부터 실종추정기간이 시작되며, 판사가 지정한 사람이 그의 재산을 관리한다. 실종추정기간은 실종자가 귀가하거나, 죽었다는 증거가 나타나거나, 실종신고로부터 10년이 지나면 종료된다.[5] 실종의 추정은 몸이 없는 상태에서도 그 사람을 존재하게 한다. 반대로 이 기간이 끝나면, 실종자는 실제로 어딘가에 살아 있더라도 죽었다고 여겨진다.[6] 이 같은 법적

---

3) 피에르 부르디외, 『언어와 상징권력』, 김현경 옮김, 나남, 2014, pp. 153~55.

4) Luc Boltanski, *La condition fœtale*, Paris: Gallimard, 2004, p. 66.

5) 대한민국 민법에는 이 기간이 일반실종 5년, 특별실종 1년으로 되어 있다.

6) Marcela Iacub, *Penser les droits de la naissance*, Paris: PUF, 2002, p. 93. 이아퀴브는 실종자의 인격이 몸이 없는 상태에서도 존재한다는 사실로부터, 인격이란 비어 있는 자리라는 결론을 끌어낸다. 나아가 몸을 이 자리가 소유한 재산으로 볼 수 있는지 묻는다. 이것은 생명윤리의료법과 관련하여 풍부한 함의를 지닌 흥미로운 질문이지만, 이 책이 다루는 범위를 넘어선다. 나는 이 문제에 대한 논의를 다른 기회로 미루려 한다.

허구는 로마 시대로 거슬러 올라간다. 적에게 잡혀 포로가 된 로마인은 로마 시민으로서의 모든 권리 주장을 상실하며, 그의 아이들은 아버지가 사망했을 때와 마찬가지로 완전한 행위능력sui juris을 인정받는다. 하지만 그가 탈출하여 고향으로 돌아오면, 원상회복의 원칙principle of postliminium이 적용되어 원래의 지위를 회복한다.[7] 실종자로서 법적 인격legal personality을 잃은 노예는 그가 도착한 사회에서 성원권을 얻지 않는 한, 비인격nonperson으로 남게 된다.

하지만 노예가 범죄자나 고아처럼 '내부에서' 왔더라도——사회로부터 추방되었거나, 버림받은 경우라 해도——결과는 마찬가지이다. 노예는 법적으로나 의례적으로나 (온전한) 사람이 아니다. 그는 얼굴을 가질 수 없고, 온전한 이름을 가질 수 없으며, 권리와 의무의 주체가 될 수 없다.

노예에게 얼굴이 없다는 것은 그에게 지켜야 할 체면face 또는 명예honor가 없다는 것, 타인을 대함에 있어서 얼굴 유지face-work를 하지 않아도 된다는 것이다. 또한 상대편에서 노예의 얼굴을 고려할 필요가 없음을 뜻한다. 노예는 고프먼이 분석한 '상호작용 의례'——그 핵심은 상대방이 사람임을 인정하는 것이다——에서 제외된다. 다른 말로 하자면, 노예는 사회적으로 **보이지 않는다.**[8] 그는 타인 앞에 현상할 수 없고, 타인은 그의 앞에 현상하지 않는다.[9]

---

7) Orlando Patterson, *Slavery and Social Death*, Cambridge/Massachusetts: Harvard University Press, 1982, p. 40.
8) 노예는 사회적 공연에 배우로도 관객으로도 참여하지 않으며, 그런 의미에서 비인격이다 (Erving Goffman, *The Presentation of Self in Everyday Life*, New York: Anchor Books, 1959, p. 151). 비인격의 이러한 용법에 대해서는 뒤에서 다시 논의할 것이다.
9) "폴리스는 가장 폭넓은 의미에서 현상의 공간이다. 이 공간에서 나는 타인에게, 타인은 나에

한편, 노예에게 온전한 이름이 없다는 것(그의 이름에는 혈통과 출신지를 표시하는 부분 — 성family name — 이 없다)은 그가 태생적으로 소외된 존재임을 알린다.[10] 그는 출생에서 기인하는 권리들을 주장할 수 없는데, 그러한 주장을 들어주고 인정해줄 친족 집단이 없기 때문이다. 올랜도 패터슨은 노예의 신분이 자동적으로 세습된다는 통념을 비판하면서, 채무로 인해 노예로 전락한 자가 제삼자 — 친족 — 에게 자기 아이를 맡길 수 있으면, 그 아이는 자유인으로 남게 된다고 지적한다. 하지만 그러한 제삼자가 없어서 그가 자기 손으로 아이를 키워야 한다면, 아이도 따라서 노예가 된다. 아이를 부양하는 데 든 비용이 모두 주인에게서 나온 것으로 간주되며, 아이가 주인에게 진 빚으로 계산되는 까닭이다. 즉 노예의 신분이 세습되는 것은 노예가 친족이 없는 자라는 사실과 관련이 있다. 노예로 태어난 자는 태생적 권리가 없기에 그것을 자식들에게 물려줄 수도 없다.[11]

게 현상한다"(한나 아렌트, 『인간의 조건』, 이진우·태정호 옮김, 한길사, 1996, p. 261).

10) 성이 없다는 사실은 어떤 사람이 노예임을 나타내는 가장 확실한 표지이다. 적어도 이집트, 근동, 중국의 경우 그러하다. 하지만 성이 있다고 해서 모두 자유인은 아니다. 많은 지역에서 노예는 주인의 성을 따르게 된다. 실제로는 친족의 권리를 갖지 못하면서 유사친족이 되는 것이다. 하지만 어느 경우이든 노예는 원래의 성을 잃는다(Orlando Patterson, 같은 책, p. 55).

11) Orlando Patterson, 같은 책, p. 9. 유교적 가부장 사회에서 기혼 여성은 친족이 없는 kinless 존재라는 점에서 노예와 비슷하다. 조선 시대에 기혼 여성에게 적용되었던 출가외인出嫁外人이라는 말은 여자들이 혼인과 동시에 부계 친족 집단에서 영구히 성원권을 상실한다는 사실을 나타낸다. 출가한 여자는 부모의 제사에 참여할 수 없고, 재산을 물려받을 수도 없다. 그리고 친정 일에 관심을 가져서도 안 된다(출가외인이라는 표현은 여자가 친정 일에 개입하려 할 때 이를 저지하기 위해 주로 사용되었다). 무엇보다 그녀는 시집에서 쫓겨나도 친정으로 돌아올 수 없음을 알아야 한다. 하지만 친정에 대해서 '외인外人,' 즉 아웃사이더가 되었다고 해서, 그녀가 남편의 친족 집단에서 그에 상응하는 자리를 얻은 것은 아니다. 그녀는 시집의 족보에 이름이 오르지도 않고, 제사에 참여하지도 않는다. 그녀는 두 집단 중 어느 쪽에서도 성원권을 갖지 못하는 것이다. 시집살이가 종살이와 비슷하게 체험되는 이유가

마지막으로, 노예는 법적 인격을 갖지 못하므로 법률 행위의 주체가 될 수 없다. 로마법은 노예가 사람persona이 아니라 물건res이라고 규정하는데, 이는 단지 노예가 물건처럼 사고 팔린다는 사실을 가리키는 데 그치지 않는다. 이 규정은 또한, 주인을 대리하는 경우를 제외하면 노예가 법적으로 유효한 행위를 할 수 없음을 뜻한다. 로마법에 따르면, 노예는 자기만의 재산을 가질 수 없고(노예의 재산은 주인의 재산으로 간주된다), 결혼하여 가정을 꾸릴 수도 없으며(배우자가 있더라도 결혼으로 인정되지 않으며, 동거 중 생긴 아이에 대해 부모로서 권한을 행사할 수 없다), 소송을 걸 수 없고, 심지어 피고의 자격도 없으며(노예가 잘못을 저질렀을 때 민사상의 배상책임을 주인이 진다), 법정에서의 증언 능력이 제한된다(노예의 증언은 고문을 통한 것이어야만 효력이 있다).[12]

패터슨은 "노예는 사람이 아니라 물건"이라는 로마법의 규정을 권력power의 관점에서 재해석한다. 로마법에서 사람, 물건, 지배dominium는 서로 연결된 개념으로, 노예제의 확대와 절대적 소유권의 확립이라는, 거의 동시적으로 나타난 두 역사적 현상 속에서 그 의미가 확정되었다. 로마인들에게 '물건'은 무엇보다 노예를 가리켰으며, '지배'는 일차적으로 주인과 노예의 관계를 지시하였다.[13] 절대적 소유권, 즉 배타적인 지

여기에 있다. 친족이 없다는 것은 자기를 위해 나서줄 제삼자가 없다는 것이다. 출가한 여자는 원래 자기가 속해 있던 친족 집단으로부터 버림받은 것이나 마찬가지이므로, 그녀의 운명은 이제 전적으로 시집 식구의 손에 달려 있다. 하지만 그녀와 노예의 공통점은 여기까지이다. 노예는 아무 명예도 갖지 않지만, 그녀에게는 명예가 중요하다. 또 그녀는 아들을 낳음으로써 시집과 혈연으로 이어지게 되며, 권력을 행사할 기회를 갖는다.

12) 김경현, 「서양 고대세계의 노예제」, 『노비·농노·노예』, 역사학회 엮음, 일조각, 1998, pp. 57~60; 모시스 핀리, 『고대 노예제도와 모던 이데올로기』, 송문현 옮김, 민음사, 1998, pp. 144~59.

13) Orlando Patterson, 같은 책, pp. 31~32.

배란 주인이 노예에게 어떤 짓을 해도 제삼자의 간섭을 받지 않는다는 것, 혹은 사회적으로 그 행위가 승인된다는 것, 다시 말해 노예의 완전한 고립과 무력함powerlessness을 함축한다. 패터슨이 올바르게 지적했듯이, 소유권이란 사람과 물건의 관계가 아니라 사람과 사람의 관계이다(사람과 물건이 '관계'를 맺는 것은 가능하지 않다). 정확히 말해서 소유권은 일종의 권력관계이며, 노예가 물건이라는 법적 허구는 이 관계 안에서 노예가 처하는 절대적으로 무력한 위치를 표현한다.

여기서 우리는 권력에 대한 아렌트의 논의를 참조해도 좋을 것이다. 아렌트가 주인과 노예의 관계에 대해 이야기할 때, 주인은 언제나 복수형으로, 즉 '주인들'로 나타난다. 다른 말로 하면, 아렌트에게 주인과 노예의 관계는 2자적인 관계가 아니라 3자적인 관계이다. 주인과 노예가 일대일로 대결하는 2자적인 관계에서는 결코 권력이 생겨나지 않기 때문이다. 권력이란 '우리'를 만드는 능력이자, 우리 속에서 생겨나는, 행동의 잠재적 가능성이다. 아렌트의 표현을 빌리면, "행위하고 말하는 사람들 사이의 잠재적 현상 공간인 공론 영역을 존재하게 하는 것이 권력이다." "권력은 함께 행위하는 사람들 사이에서 생겨나서 사람들이 흩어지는 순간 사라진다."[14] 주인들은 '우리'를 만들 줄 알았기에, 권력이 있고 지배할 수 있다. 반면 노예는 고립되어 있기에 무력하다. 노예는 기껏해야 주인들에게 폭력violence으로 맞설 수 있을 뿐이다. 주인과 노예의 관계의 기원에 있는 원초적 폭력은 이렇듯 주인들이 폴리스를 구성하고 노예를 그 바깥에 두는 순간, 폴리스의 경계에 감추어져 보이지 않게 된다.

---

14) 한나 아렌트, 같은 책, p. 262~63.

패터슨은 노예를 권력이 없고 친족이 없고 명예가 없는 자, 그런 의미에서 사회적으로 죽은 사람socially dead person이라고 정의한다. "노예는 태아와 같다"는 격언이 노예가 처음부터 사회 바깥에 있었음을, 즉 그의 태생적인 소외를 암시하는 데 비해, "사회적으로 죽은 사람"이라는 표현은 노예가 사회 바깥으로 쫓겨난 자 또는 실종자라는 점을 더 강하게 환기시킨다. 하지만 어느 쪽이든 말하려는 바는 같다. 노예는 상징적인 공간으로서의 사회 바깥에 있다. 그래서 비록 물리적인 공간으로서의 사회 안에 들어와 있더라도 노예는 다른 사람들의 눈앞에 동등한 **사람**으로서 **현상하지 않는다**.

군인

사람의 개념이 내포한 인정의 차원을 드러내는 세번째 예는 전쟁터의 병사이다. 현대전에서 병사는 사람이 아니라 물건이다. 이는 전시에 적군을 죽이는 것이 '인권 문제'를 일으키지 않는다는 사실에서 단적으로 드러난다. 인권 담론은 모든 인간에게 생명권이 있다고 엄숙하게 선언하면서도, 전쟁에 관해서만큼은 예외를 인정한다. 교전 상황에서 상대방을 죽이는 것은 살인도 아니고 전쟁범죄—이 단어는 전쟁 자체는 범죄가 아님을 함축한다—도 아니다. 인권 담론이 개입하는 것은 군대가 무장하지 않은 민간인을 공격했을 때처럼, 전쟁의 규칙을 위반한 경우에 한해서이다. 얼핏 보기에 이것은 정당방위의 논리—무장한 군인을 공격하는 것은 정당방위이지만 민간인을 공격하는 것은 그렇지 않다—로 쉽게 설명할 수 있을 것 같다. 하지만 군인에게 자신의 목숨을 지키기 위해 전쟁터를 벗어날 권리가 없다는 사실에서 알 수 있듯이, 현대전의 규칙은 정당방위 이론의 기초에 있는 개인들 각자의 생명에 대한 권리 주장과 무관하다.

　루소는 『사회계약론』의 노예제도에 대한 장에서 고대의 전쟁들과 구별되는 현대전의 새로운 규칙들을 분명하게 언급한다. 그중 하나는 무기를 들고 있지 않은 자를 죽여서는 안 된다는 것이다. "전쟁의 목적은 적국의 파괴에 있는 만큼, 우리는 그 방위병들이 손에 무기를 들고 있는 한은 그들을 죽일 권리가 있다. 그러나 그들이 무기를 버리고 항복하여 적 또는 적의 도구가 되기를 그만두자마자 이들은 단순히 인간으로 되돌아오며 우리는 더 이상 이들의 생명에 대한 권리를 갖지 않는다."[15] 이 구절을 통해 루소는 전쟁의 승자는 패자를 죽이거나 노예로 삼을 권리가 있다는 그로티우스의 주장 — 고대 그리스인과 로마인에게는 지극히 당연하게 들렸을 주장 — 을 반박하고자 한다. 그러므로 우리는 이 구절이 고대의 전사들은 알지 못했던 어떤 "인도주의적" 전쟁 원칙을 표현하고 있다고 보아도 좋을 것이다. 주목해야 할 것은 루소가 이 원칙을 지지하기 위해 제시하는 논거이다. 루소는 무기를 버린 적이 더 이상 적이 아닌 이유는 전쟁의 주체가 개인이 아닌 국가이기 때문이라고 설명한다. "전쟁은 인간 대 인간의 관계가 아니라 국가 대 국가의 관계이다. 전쟁 관계에서 개인이 서로 적이 되는 것은 우발적이며, **이때 개인은 인간도 아니고 심지어 시민도 아니며 단순한 병사일 뿐이다.** 조국의 구성원이 아니라 그 방위자일 뿐이다. 결국 국가는 적으로서 다른 국가만을 가질 수 있을 뿐 사람들을 적으로 삼을 수는 없다"(강조는 인용자).[16] 루

---

15) 장 자크 루소, 『사회계약론』, 이환 옮김, 서울대학교출판부, 1995, p. 14.

소는 여기서 병사를 시민이나 인간과 대립하는 개념으로 보고 있다. 실로 병사가 되는 순간 개인은 시민권의 정지를 경험한다. 그는 헌법이 더이상 적용되지 않는 예외 지대로 들어가며 — 물론 이 예외 지대의 존재 자체는 헌법에 규정되어 있지만 — 잘못을 저질렀을 때 형법이 아닌 군법에 따라 처벌받는다. 동시에 그의 인간으로서의 권리 역시 정지된다. 무엇보다 그는 우호hospitality의 권리 — 친교의 권리 — 를 갖지 못한다. 적을 인간으로 대하는 것은 병사가 결코 저질러서는 안 되는 중대한 죄이다.[17]

전쟁이라는 게임 속에서, 적대하는 두 국가는 각각 인구의 일정 부분을 차출하여 그들로부터 사람의 지위를 빼앗고, 총알이나 포탄과 같은 소모품으로 만들어버린다. 군인은 적에 의해서도 죽지만, 자기 편에 의해서도 죽는다(명령을 위반할 경우). 사실 군인이 적에 의해 죽는 것은 이미 자기 편에 의해서 언제든지 죽을 수 있는 존재로, 아니 어떤 의미에서 **죽어 있는** 존재로 강등되었기 때문이다.

---

16) 같은 책, pp. 13~14.
17) 군인에게 우호(또는 환대)의 권리가 없다는 것과 그가 물건처럼 소모된다는 사실은 서로 연결되어 있다. 환대는 사람의 권리이며, 환대를 통해 우리는 사람이 되기 때문이다. 미하엘 유르크스의 『크리스마스 휴전, 큰 전쟁을 멈춘 작은 평화』(김수은 옮김, 예지, 2005)는 이 점을 생생하게 보여준다. 이 책은 1914년 크리스마스에 서부전선 곳곳에서 일어났던 자발적인 휴전에 대한 기록이다. 크리스마스 하루만이라도 평화롭게 보내고 싶어 하는 병사들의 욕구를 장교들이 더 이상 통제할 수 없게 된 시점에서 일어난 이 '파업'은 양측 병사들의 공공연한 친교 행위로 이어졌다. 그들은 참호의 흉벽을 따라 촛불을 켜고 캐럴을 부르는 데서 시작하여, 상대방의 노래에 다른 노래로 화답하고, 서로 말을 건네고, 전우의 시체를 수습할 수 있도록 사격을 잠시 중지하자고 합의하기에 이르렀다. 이어서 그들은 중간의 무인 지대에서 만나 담배와 술을 교환하고, 함께 기념사진을 찍고, 축구를 하였다. 사령부는 당황하여 이 사건을 은폐하려고 하는 한편, 적과 친교 행위를 하는 자는 군법으로 다스리라고 엄명을 내렸다. 몇몇 장교들이 본보기로 처벌되었고, 병사들은 '업무'로 복귀하였다. 그들은 더 이상 싸울 마음이 없었지만, 서로 총을 쏘지 않으면 안 되었다. 그들 대부분은 죽어서야 전장을 떠날 수 있었다.

고프먼은 『수용소』에서 재소자의 인격에 가해지는 체계적인 모독의 테크닉을 자세히 기술한 바 있다.[18] 그 자체가 굴욕을 초래하는 입소의 의례들, 사적인 공간과 개인적인 물품들의 박탈, 다양한 형태의 신체적 침범, 신체적·도덕적으로 수치심을 유발하는 관행들, 특정한 자세나 동작의 강요, 획일적인 시간표, 체벌과 조롱…… 개인의 존엄을 침해하며 그의 자아 이미지를, 나아가 자아 자체를 왜곡시키는 이러한 테크닉들은 모든 종류의 '총체적 시설total institution'에서 공통적으로 나타나는데, 군대도 물론 그 가운데 하나이다. 군대에서 이런 과정은 훈련이라는 이름으로 합리성을 부여받고 있지만, 그 진정한 목적은 군인들의 인격을 부정하여 그들을 사물로, **사회적으로 죽은 사람**으로 만드는 데 있다.[19] 모독mortification의 어원에 죽음mort이 있는 것은 우연이 아니다.

그런데 군인들이 이렇게 인격을 박탈당하고 물건처럼 사용되는 동안에도 국가들 — '주권자들' — 사이에서는 인격적 관계가 유지된다(만일 그렇지 않다면 강화가 불가능할 것이다).[20] 국가들은 서로 전쟁을 벌이기도 하지만, 동맹을 맺고, 우의를 다짐하고, 돈을 꿔주거나 갚고, 축구 시합을 하기도 하는 인격체들이다. "전쟁은 다른 수단에 의한 정치"라

---

18) Erving Goffman, *Asylums*, New York: Anchor Books, 1961.

19) 고프먼과 동일한 관점에서 핀리는 다음과 같이 쓴다. "노예가 영혼을 가진 재산이요, 몰인격nonperson이지만, 그럼에도 불구하고 생물학적으로는 의심할 바 없는 인간이라면, 그의 인간성을 타락시키고 허물어서 그를 재산 아닌 인간으로부터 구별짓는 제도적 절차가 요청되는 것이 당연하다. 체벌과 고문은 그러한 절차의 하나이다"(모시스 핀리, 같은 책, p. 147).

20) 칸트는 전쟁 중에 자객의 고용, 항복 조약의 파기, 적국에서의 반역 선동 같은 "비열한 행위"를 하는 것을 비난하면서, "전쟁 중이라 하더라도 적의 성품에 대해 어떤 신뢰가 남아 있어야" 하며, "그렇지 않다면 어떠한 평화도 체결할 수 없게 되어, 적대 행위가 초토화 섬멸전이 될 것"이라고 경고한다(임마누엘 칸트, 『영원한 평화를 위하여』, 이한구 옮김, 서광사, 1992, p. 18).

는 클라우제비츠의 명언은 이 사실을 가리킨다. 이런 관점에서 본다면, 군인과 민간인을 구별하는 논리는 전쟁놀이를 할 때 각자 제일 아끼는 장난감은 건드리지 말기로 하자는 아이들의 약속과 비슷한 것이다.

노예권 — 즉 항복한 적을 노예로 삼을 권리 — 에 대한 루소의 반대는 그러므로 어떤 역설을 내포한다. 고대의 전사들은 자유인으로 전쟁터에 나가서, 잡히면 굴욕을 겪고 노예가 되었다. 그들은 나라를 위해서 싸웠을 뿐 아니라 그 자신의 명예를 위해서 싸웠다. 오늘날의 군인들은 전쟁터에 나갈 때 이미 노예와 다름없다. 그들은 명예를 위해 싸우는 대신 생존을 위해 싸운다. 왜냐하면 그들은 잃어버릴 명예 따위를 갖고 있지 않기 때문이다.

현대전이 총체전total war의 양상을 띠는 것은 명예의 관념이 사라진 것과 무관하지 않다. 이는 명예의 관념이 중요한 역할을 하는 싸움의 형태들, 예를 들어 결투나 '원시' 부족 간의 전쟁과 현대전을 비교해보면 분명해진다. 결투 — 모욕을 당한 사람이 자신의 용기를 입증함으로써 명예를 회복하고자 할 때, 그리고 모욕을 가한 상대방이 이를 받아들일 때 결투가 행해지는데 — 는 명예가 걸린 싸움이며, 오직 명예가 문제인 싸움이다. 그런 만큼 폭력이 고도로 양식화된 방식으로 나타나며, 또 최소한의 수준에서 그칠 수 있다. 사안이 심각할 때는 목숨을 걸고 싸우기도 하지만, 가벼운 모욕의 경우 한쪽이 피를 흘리면 결투가 끝나곤 한다. 상대방을 해치는 게 목적이 아니기 때문에, 상대방이 이쪽을 향해 돌아서기도 전에 총을 뽑아드는 식의 비겁한 행동은 하지 않는다. 그런 행동이 도리어 명예를 손상시키는 까닭이다.

결투는 귀족이나 신사같이 신분이 높은 사람들 사이에서 이루어진다. 하지만 이것이 신분이 낮은 사람들에게는 어떤 명예도 없다거나 그들이 결투와 유사한 형태의 싸움을 알지 못한다는 의미는 아니다. 뒷골목의 깡패들도 명예의 관념을 가지고 있으며, 패싸움을 할 때 나름의 규칙을 지킨다. 예를 들어 우두머리끼리 싸울 때 부하들은 거들지 않고 옆에서 지켜본다. 섣부른 개입은 우두머리의 위신을 손상시키기 때문이다. 어떤 명예도 가지지 못하는 것은 노예의 속성이다. 패터슨의 말을 빌리자면, "명예를 위해 싸우지 않는 자, 혹은 그러리라 기대되지 않는 자는 진정한 의미에서 사회질서의 바깥에 있다."[21]

전근대 비유럽 사회의 전쟁들, 특히 소규모 부족 간의 전쟁들은 전사들의 명예가 중시된다는 점, 그리고 전투가 의식화된ritualized 양상을 보인다는 점에서 패싸움과 비슷한 데가 있다. 주경철에 따르면, 비유럽 사회의 전통적인 전쟁은 포로를 많이 잡아서 노예로 팔거나 부려먹는 것을 목표로 삼았다. 따라서 전쟁이 의식화되기 쉬웠고, 결과적으로 인명 손실이 적었다.[22] 그는 동남아시아 지역을 예로 든다. "전쟁 초기에 양측은 가능한 한 많은 군사력을 동원하여 상대방에게 겁을 주어서 적의 균형을 깨려고 한다. 그리고 초기에 몇 차례 큰 성공을 거두어서 이 모든 일을 결정하는 신의 힘이 자기 편에 있다는 것을 보이려고 노력한다. 군대는 대부분 귀족들이 데리고 온 자기 휘하의 부하들인데, 귀족들은 전장에서 자신의 부하들을 잃는 것을 극구 피하려고 한다. 거느리는 사람 수가 많다는 것이 자신의 지위를 유지하는 데 결정적이어서 그들을 잃으면 안 되기 때문이다." 이러다 보니 전투의 규모에 비해 사상자가 많지 않았고, 승패는 흔히 몇 명의 용맹한 용사들에 의해 판가름났다.

---

21) Orlando Patterson, 같은 책, p. 79.
22) 주경철, 『대항해시대』, 서울대학교출판부, 2008, p. 227.

"전쟁은 일종의 신판神判, trial by ordeal이라고 믿기 때문에 용사들의 싸움에서 천상의 힘cosmic forces이 누구 편인지 드러난다고 생각한다. 그래서 선두에 나선 용사들이 쓰러지면 전쟁이 갑자기 종결되기도 한다."[23]

유사한 양상이 멕시코 인디언의 사례에서도 관찰된다. "전쟁이 신성한 대결인 만큼 이상적인 전투는 대표 선수 격인 용사들의 맞대결로 이루어졌다. 이 게임은 한쪽이 상대방을 포로로 잡아서 자신의 신에게 데려가서 보이는 행위를 하는 것으로 끝난다. 용사들은 페인팅, 홀 같은 것으로 치장하고 홀연히 먼지를 뚫고 나타나서 전투 구호를 부르짖음으로써 자신의 용맹성을 과시하며, 그래서 보통 사람들이 그것만으로도 놀라서 도망가게 만들어야 한다. 이에 맞서 상대방 용사도 굴하지 않고 나타나서 결투를 벌인다. 이때 뒤에서 칼을 꽂는 식의 행위는 있을 수 없는 일이다."[24]

주경철은 서구 열강이 비유럽 세계를 손쉽게 식민화할 수 있었던 것은 총포의 힘 덕택이라기보다 전쟁에 대한 사고방식의 차이에 기인한다고 주장한다. "유럽인들의 공통점은 더럽게 싸우고(즉 의식을 지키면서 싸우지 않고) 더 나쁜 것은 죽이기 위해 싸운다는 것이다."[25] 인디언들은 "백인들의 대포가 아무런 극적 요소 없이 전사나 민간인들을 그냥 죽인다는 것을 깨달았다."[26] 드라마틱한 싸움에 익숙해 있던 인디언들은 그들이 보기에 전투가 아니라 학살에 가까운 유럽인들의 폭력 앞에서 패배를 인정하는 수밖에 없었다.

---

23) 같은 책, pp. 228~29.
24) 같은 책, p. 231.
25) 같은 책, p. 236.
26) 같은 책, p. 232.

이러한 비교가 비유럽인이 유럽인보다 덜 폭력적이었음을 함축하는 것은 아니다. 포로의 손톱을 뽑고 머리 가죽을 벗기는 등, 비유럽인의 전투 관행에는 유럽인들을 놀라게 할 만큼 잔인한 측면이 있었다. 중요한 것은 이러한 잔인함이 과시적이고 의례적인 성격을 띠었다는 점이다. 그것은 적을 모욕하고 그에게서 사람으로서의 신성함을 박탈하는 것을 목표로 하였다. 이는 적이 패배하기 전에는 사람이었음을 뜻한다. 반면에 현대전에서는 병사들이 처음부터 어떤 명예도 신성함도 갖지 못한 벌거벗은 생명으로 나타난다. 이들에게는 빼앗길 것이 목숨뿐이기 때문에 전투의 목표 역시 상대방의 목숨을 빼앗는 것, 적을 최대한 물리적으로 파괴하는 것이 된다.

제1차 세계대전은 "종교적 의례, 문화적 가치 등을 완전히 벗어던지고 싸우는"[27] 총체전의 면모를 그 이전의 다른 어떤 전쟁보다 분명하게 드러내었다. 전쟁터에서 돌아온 군인들의 공허한 눈빛과 말을 잃은 듯한 침묵이 그것을 반영한다. 대부분의 사람들이 자기가 태어난 고장에서 한 발짝도 벗어나지 않고 일생을 보냈던 시절에, 참전은 넓은 세상으로 나가 모험을 할 흔치 않은 기회였다. 그래서 전쟁터에서 돌아온 군인은 오랜 항해를 마치고 온 선원과 마찬가지로, 먼 곳의 소식을 흥미진진한 일화와 함께 들려주는 이야기꾼이었다. 하지만 제1차 세계대전에서 돌아온 군인들은 아무런 이야깃거리도 갖고 있지 않았다. 진흙 구덩이 속에서 죽음과 싸우며 시간이 지나가기만 기다렸던 그들의 전쟁 경험 속에는 주체성을 증명할 아무것도, 서사를 구성할 어떤 단편도 존재하지 않았기 때문이다. "아직 말이 끄는 전차를 타고 학교에 다녔던 세대

---

27) 같은 책, p. 227.

가 벌판에, 구름 외에는 변치 않는 게 하나도 없는 풍경 속에 던져져 있었다. 독가스가 폭발하고 죽음이 흐르는 그곳에서 그들은 왜소하고 부서지기 쉬운 인간의 몸뚱이일 뿐이었다."[28]

사형수

사람임이 성원권의 일종임을 설명하기 위해, 끝으로 사형수의 예를 들고자 한다. 사회계약론의 전통에서 사형은 별도의 논의가 필요한 문제로 여겨졌다. 계약이 계약 당사자들의 주체성을 전제한다고 할 때, 주체의 소멸을 계약의 내용에 포함시킨다는 것은 모순처럼 보이기 때문이다. 루소의 주장처럼 스스로를 노예로 만드는 계약이 계약으로서 효력을 갖지 못한다면,[29] 자신의 목숨을 담보로 삼는 계약 역시 성립할 수 없을 것이다. 이러한 직관은 사형이 사회계약의 틀 안에서가 아니라, **그 바깥에서** 이루어진다는 결론으로 이어진다. 체사레 베카리아와 존 로크는 비록 한 사람은 사형제도에 반대하고 한 사람은 찬성하지만, 사형수가 사회 바깥에 있다고 본다는 점에서 일치한다.

체사레 베카리아는 사형이 사회계약에 포함될 수 없다고 주장한다. 사회계약의 목적이 개인의 재산과 자유와 안전을 지키는 데 있다고 할 때, 이러한 목적을 위해 자신의 생명을 타인에게 맡긴다는 것은 모순이기 때문이다. "법은 각 사람의 개인적 자유 중 최소한의 몫을 모은 것

---

28) Walter Benjamin, "Le Narrateur," *Écrits français*, Paris: Gallimard, 1991, p. 206.
29) 장 자크 루소, 같은 책, pp. 11~13.

이외의 어떤 것도 아니다. 법은 개개인의 특수의사의 총체인 일반의사를 대표한다. 그런데 자신의 생명을 빼앗을 권능을 타인에게 기꺼이 양도할 자가 세상에 있겠는가?"[30] 그런데 사실 합리적 계산이라는 관점에서 본다면, '목숨을 담보로 한 계약'이라는 관념이 완전히 부조리한 것은 아니다. 목숨을 잃을 확률이 매우 낮고 목숨을 건 대가로 얻게 될 이익이 매우 클 때 우리는 그런 계약에 서명할 수 있다. (아마도 첫번째 논거의 취약성을 의식하면서) 베카리아가 제시하는 두번째 논거는 생명은 개인이 마음대로 처분할 수 있는 재산이 아니라는 것이다. "인간이 자신을 죽일 권리가 없는 이상, 그 권리를 타인이나 일반 사회에 양도하는 것 역시 불가능하다."[31] 인간에게 자신을 죽일 권리가 없다는 것은 당시에 일반화된 종교적 견해였다. 자살은 범죄로 간주되었으며, 자살자 및 자살 미수자는 처벌을 받았다. 하지만 베카리아가 이 사실을 환기시키는 것은 자살이 범죄라는 생각에 동의해서가 아니다. 그는 여기서, 사회계약이 성립하려면 계약의 주체인 사람 자체는 계약의 대상에서 제외되어야 함을 말하고 있다. 사람은 신성한 것이며, 어떤 계약도 그것을 건드릴 수 없다. 이는 사람이 다른 사람과의 관계에 들어가기 전에 신과의 관계 속에 있다는 관념으로써 설명된다. 그러므로 "사형은 어떤 의미에서도 권리의 문제가 아니다. 사형은 한 사람의 시민에 대한 국가의 전쟁이다."[32]

흥미로운 것은 로크 역시 사형을 전쟁과 비교한다는 점이다. 하지만 이는 베카리아와 반대로 사형을 정당화하기 위해서이다. 로크는 우선

---

30) 체사레 베카리아, 『범죄와 형벌』, 한인섭 옮김, 박영사, 2006, p. 111.
31) 같은 책, p. 112.
32) 같은 곳.

인간이 평등하게 창조되었고, 모두 하나의 자연 공동체를 공유하므로, 인간들 사이에서는 서로를 죽일 수 있는 권한을 부여하는 이른바 어떠한 복종 관계도 상정될 수 없다고 전제한다. "자연 상태에는 그것을 지배하는 자연법이 있으며, 그 법은 모든 사람을 구속한다. 그리고 그 법인 이성은 조언을 구하는 모든 인류에게 인간은 모두 평등하고 독립된 존재이므로 어느 누구도 다른 사람의 생명, 건강, 자유 또는 소유물에 해를 가해서는 안 된다고 가르친다. 왜냐하면 모든 인간은 유일하고 전지전능한 조물주의 작품이기 때문이다. 〔……〕 인간은 〔조물주의〕 재산이자 작품으로서, 타인의 뜻이 아니라 그의 뜻이 지속되는 동안만 살도록 되어 있다."[33] 이어서 그는 자연법의 위반은 자연 공동체와의 유대를 파기한다고 주장한다. "자연법을 위반함으로써 공격자는 자신이 이성과 공통된 형평의 규칙이 아닌, 다른 규칙에 따라 살겠다고 선언한 셈이다. 그리하여 그는 인류에게 위험한 존재가 되며, 인간을 피해와 폭력으로부터 보호해주는 유대는 그에 의해서 무시되고 파기된다."[34] "그 범죄자는 이성, 곧 하나님이 인류에게 준 공통의 규칙과 척도를 포기하고, 그가 다른 사람에게 저지른 부당한 폭력과 살인으로 전 인류에 대해 전쟁을 선포한 셈이기 때문에, 호랑이나 사자처럼 살해되어 마땅하다. 인간은 이처럼 잔혹한 야수들과 더불어 한 사회를 이룰 수도 없고, 또한 안전을 보장할 수도 없기 때문이다."[35]

여기서 로크가 '사회'라는 말로 지칭하는 것은 자연 상태의 개인들이

33) 존 로크, 『통치론』, 강정인·문지영 옮김, 까치, 1996, p. 13; John Locke, *Two Treatises of Government*, Cambridge: Cambridge University Press, 1988, p. 271.

34) 같은 책, p. 15.

35) 같은 책, p. 17.

계약에 의해 가입한다고 여겨지는 정치적 단위로서, 사회학의 대상인 사회와 다르다. 로크가 말하는 사회(또는 시민사회)는 국가와 동일한 외연을 가지며, 사실상 국가의 수립과 동시에 그 내부에 설치된다. 반면에 사회학은 '사회계약' 이전에 존재하며 정치 공동체를 수립하는 행위를 가능하게 하는, 사람들 간의 기본적인 유대에 관심을 갖는다. 다시 말해 사회학의 대상인 사회는 로크의 '자연 공동체'에 해당한다. 하지만 사회학은 이 공동체를 '자연적'이라고 일컫지 않는데, 왜냐하면 사회학은 도덕의 기초에 '사회적인 것'이 있다고 보기 때문이다. 자연법의 존재에 대한 로크의 가정, 즉 인간이 자연 상태에서도 서로에게 도덕적인 의무를 진다는 가정은 모든 인간이 창조주에게 복종의 의무를 진다는 가정에 의지하고 있다. 인간들 간의 유대와 상호 의무는 창조주와 개별 인간의 관계에서 파생되는 것이다. 하지만 사회학은 근본적으로 무신론적이기에 이 설명을 거꾸로 세운다. 창조주에 대한 관념은 땅에서 인간들이 맺는 유대가 하늘에 투영된 것이다. 따라서 이 유대 자체는 별도의 설명을 요구한다(뒤르켐에게 사회학은 무엇보다 이 유대의 본질을 설명하는 학문으로 여겨졌다).

어쨌든 로크는 사회계약설을 주장하려면 '자연적' 공동체와 이 공동체를 다스리는 법칙(자연법)의 존재를 가정해야 한다는 점을 분명하게 의식하고 있었다. 자연 상태의 인간이 어떤 도덕적 공동체에도 속하지 않는다면, 약속을 지킬 의무 따위도 알지 못할 터이고, 따라서 계약을 통해 정치적 공동체를 설립하는 것 역시 불가능할 터이다.[36) 또한 로크

---

36) 로크가 말하는 '자연 상태'가 사회화 이전의 동물적 상태나, 개인들이 뿔뿔이 흩어져 각자의 삶을 영위하는 상태가 아니라, 일종의 '사회 상태'라는 점은 다음과 같은 언급 속에 잘 드러나 있다. "하나의 공동체에 함께 가입하여 하나의 정치체를 만들기로 서로 합의하는 종

는 범죄에 대한 처벌이 궁극적으로 이 자연적 공동체의 권위 및 공동체 안에서 성원들 각자가 갖는 권리에 기반해야 함을 깨닫고 있었다. 만일 범죄에 대한 처벌의 근거가 사회계약뿐이라면, 사회계약에 동의하지 않은 사람들, 예컨대 외국인의 범죄는 처벌할 수 없게 된다.[37]

　다른 사람의 생명, 자유, 재산을 침해한 자는 자연법을 위반했기에 자연적 공동체의 보호를 받을 권리를 잃는다고 로크는 말한다. 사형이 정당화되는 것은 이렇게 해서이다. 강조하는 의미에서 같은 문장을 다시 한 번 인용하면, 그는 "전 인류에 대해 전쟁을 선포한 셈이기 때문에, 호랑이나 사자처럼 살해되어 마땅하다." 이 말은 두 가지를 함축하는데, 하나는 사형수는 사람이 아니라는 것이다. 사형이 살인이 아닌 이유는, 사형수가 숨을 거두기 전에 이미 사람자격을 박탈당하고 물건의 지위로 떨어졌기 때문이다. 달리 말하면 인류의 '자연적 공동체'에서 추방되어, 한 가닥의 신성함도 걸치지 못한 벌거벗은 존재가 되었기 때문이다. 그가 사람으로서 지녔던 광휘는 온전히 이 공동체에서 빌려온 것이기에, 공동체로부터의 추방은 그를 도살장의 가축처럼 두려움 없이

　류의 협약만이 인간들 사이의 자연 상태를 종료시킨다. 그 밖의 다른 종류의 약속이나 협약 (예: 아메리카 삼림 속에서 이루어지는 스위스인과 인디언의 약정)은 〔……〕 당사자들을 구속하기는 하지만, 여전히 그들은 각각 상대방에 대해 전적으로 자연 상태에 놓여 있다. 왜냐하면 진실함과 약속을 지키는 것은 사회의 성원으로서가 아니라 인간으로서의, 인간에게 속하는 의무이기 때문이다"(같은 책, p. 20). 인간이 스스로가 인간임을 인지하고, 인간으로서의 의무를 자각하기 위해서는 어떤 식으로든 사회적인 것이 개입해야 한다. 로크는 인간과 신의 계약만으로 충분하다고 생각했던 것 같지만 말이다.

37) 자연법의 관념을 옹호하면서 로크는 다음과 같이 말한다. "〔이 교의가 이상하다고 생각하는 사람들은〕 이 교의를 비난하기에 앞서, 군주나 국가가 그들 나라에서 범죄를 저지른 외국인에게 어떠한 권리에 입각해서 사형이나 기타 처벌을 부과할 수 있는지를 내게 해명해주었으면 한다. 〔……〕 왜냐하면 외국인에 관한 한, 위정자는 모든 사람이 다른 사람에 대해서 자연적으로 가지는 것 이상의 권리를 가질 수 없기 때문이다"(같은 책, pp. 15~16).

죽일 수 있는 대상으로 만들어준다. 다른 하나는 범죄자의 처형이 전쟁터에서 적을 죽이는 행위와 비슷하다는 것이다.

여기서 우리는 전통적인 전쟁과 현대전을 비교했을 때와 같은 방식으로, 전통적인 사형과 오늘날의 사형을 비교할 수 있다. 전통 사회에서 사형은 그 자체가 하나의 성원권 박탈 의례를 구성하였다. 가설무대처럼 광장 한가운데 높게 세워진 처형대, 구름처럼 몰려든 군중, 사형수에 대한 공개적인 고문과 모욕은 사형의 의례적 성격을 분명하게 보여준다. 이와 달리 계몽된 현대 사회에서는 사형의 집행이 아무런 극적 장치 없이, 은밀하고 조용하게 이루어진다. 처형대는 공공장소에서 소수의 관계자들만이 접근 가능한 격리된 공간으로 옮겨졌으며, 보는 이들에게 충격과 공포를 주려는 목적으로 세심하게 고안되었던 다양한 처형 기술들은 사형수의 고통을 최소화하면서 신속하게 죽음을 가져오는 새로운 기술들로 대체되었다. 사형은 더 이상 구경거리가 아니다. 그렇기는커녕 사형이 언도되는 순간부터 사형수의 존재는 대중의 시야에서 사라진다. 그가 언제 죽는지, 어디서 죽는지, 대중은 알려고 하지 않으며, 신문에 나기 전에는 알 수도 없다. 요즘은 이런 종류의 뉴스가 단신으로 처리되기 때문에, 자기 나라에 사형수가 있다는 걸 모르는 사람도 많다. '본보기를 위한 처벌'이라는 사형존치론자들의 주장이 무색할 지경이다.

역설적이지만, 사형의 이 같은 비가시화와 '인간화'는 사형수가 벌거벗은 생명이 되었다는 징후로 해석할 수 있다. 『감시와 처벌』 첫머리에서 미셸 푸코는 국왕 시해 음모자 다미앵의 처형 장면을 상세하게 묘사하면서, 사형수의 고통받는 신체를 통해 스스로를 과시하는 권력에 대해 이야기한다. 하지만 범죄자의 신체를 극단적으로 사물화함으로써 그의 인격을 모독하려는 권력의 광기는 본의 아니게, 그 범죄자가 여전히 사람이라는 것을 증명한다. 다미앵의 사지를 찢으면서 권력은 그의 인격이 뿜어내는 힘 ─ 베버가 카리스마라고 부른 것 ─ 에 대한 두려움을 표현한다. 범죄 행위가 대담할수록 범죄자의 카리스마도 커지며, 그의 인격을 박탈하는 의례 또한 그만큼 화려해져야 하는 것이다. 현대의 사형제도는 이와 대조적으로, 범죄자를 격리된 장소로 끌고 가서 소수의 입회인이 지켜보는 가운데 조용히 안락사시키는 방법을 택한다. 범죄자가 이미 사회 바깥에 있다는 생각은 그를 좀더 '인간적으로' 대우하는 것을 가능하게 한다. 그는 사람이 아니라 단순한 생명에 불과하기에, 그의 고통은 어떤 상징적인 가치도 갖지 않으며, 그에 대한 마지막 배려 역시 '동물 복지'를 논할 때와 유사하게, 불필요한 고통을 줄이는 문제에 집중된다.

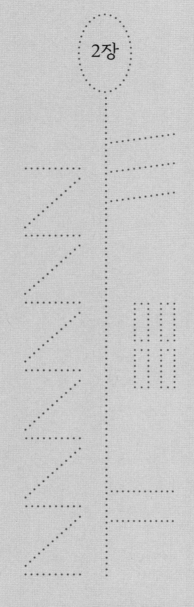

2장

성원권과 인정투쟁

태아, 노예, 군인, 그리고 사형수의 예는 사람의 개념에 내포된 인정의 차원을 드러낸다. 사람이라는 것은 사람으로 인정된다는 것, 다른 말로 하면 사회적 성원권을 인정받는다는 것이다. 물리적으로 말해서 사회는 하나의 장소이기 때문에, 사람의 개념은 또한 장소의존적이다. 실종자의 예에서 보았듯이 특정한 공간을 벗어나는 순간 우리는 사람의 지위를 상실할 수 있다. 구체적으로 말해서—동어반복적으로 들리겠지만—우리를 사람으로 인정하는 사람들이 있는 공간에서 벗어날 때, 우리는 더 이상 사람이 아니게 된다. 사회란 다름 아닌 이 공간을 가리키는 말이다.

아렌트의 표현을 빌리자면, 사회는 '현상 공간'이다. 이는 사회가 고정된 지리적 경계를 갖지 않음을 함축한다. 아렌트가 폴리스에 대해서 말한 것은 사회 — 아렌트는 이 단어를 싫어했지만 — 에도 해당된다.

폴리스는 지리적으로 자리 잡은 도시국가가 아니다. 폴리스는 사람들이 함께 행위하고 말함으로써 발생하는 사람들의 조직체이다. 그리고 폴리스의 참된 공간은, 그들이 어디에 있든지 간에 이 목적을 위해 함께 살아가는 사람들 사이에 존재한다. "네가 어디로 가든지 간에 너는 폴리스가 될 것이다." 이 유명한 말은 단순히 그리스의 식민화의 모토가 아니다. 행위와 말은 사람들 사이의 공간, 즉 언제 어디서든지 자신의 적당한 위치를 발견할 수 있는 공간을 창조할 수 있다는 확신을 이 말들은 표현하고 있다.[1]

그러므로 사회를 유기체나 시계, 또는 벌떼가 와글거리는 벌집에 비유하는 것은 잘못이다. 사회는 그와 같이 물리적으로 분명한 윤곽을 갖는 객관적 실체가 아니라, 각자의 앞에 상호주관적으로 존재하는 공간이기 때문이다. 다른 말로 하면, 사회는 각자의 앞에 펼쳐져 있는 잠재적인 상호작용의 지평이다. 우리는 이 지평 안에서 타인들과 조우하며, 서로의 존재를 인정한다는 신호를 주고받는다. 타인이 내게 '현상한다'는 말은 그가 나의 '상호작용의 지평 안에 있다'는 말과 같다. 따라서 타인의 존재를 알아보고, 그가 나의 알아봄을 알아볼 수 있도록 내 쪽에서 존재의 신호를 보내는 것은 그의 사회적 성원권을 인정하는 의미를 띤다. 동시에 나는 이러한 행위를 통해 나 역시 그에게 현상하고 있다는 믿음 — 우리가 함께 사회 안에 있다는 믿음 — 을 표현하며, 상대방이

---

1) 한나 아렌트, 『인간의 조건』, 이진우·태정호 옮김, 한길사, 1996, p. 261.

나의 믿음을 확인해주기를 기대한다. 물론 상대방은 나를 '무시'할 수 있다. 즉 나의 신호에 화답하지 않고, 마치 내가 '보이지 않는다'는 듯이 행동할 수 있다. 상호작용의 의례는 언제나 위반과 중단의 가능성을 내포하며, 그 때문에 문화적 코드의 단순한 실행——'국지적 활성화'——으로 간주될 수 없다. 의례의 사슬을 구성하는 행위들 하나하나는 질문이자 요구이며, 초대이자 도전이다. 말하자면 그것들은 '인정투쟁'의 계기들을 구성하는 것이다. 사회의 경계는 이 나날의 인정투쟁 속에서 끊임없이 다시 그어진다.

주인과 노예

인정투쟁이라는 단어는 주인과 노예의 변증법에 대한 헤겔의 논의와 거의 자동적으로 결부되는 경향이 있다. 『정신현상학』 4장에 나오는 이 이야기는 알렉상드르 코제브의 해설을 통해서 널리 알려졌는데, 요약하자면 다음과 같다. 인간은 타자의 인정을 욕구한다는 점에서 다른 동물과 구별된다. 인간은 모든 동물에게 공통된 자기 보존의 욕구를 극복하고 이 인간적인 욕구를 따를 때, 즉 타자의 인정을 위해 생명을 걸 때 비로소 자신을 인간으로 확증한다. 이러한 생사를 건 위신투쟁이 없었다면 역사가 개시될 수 없었을 것이다. 그런데 죽은 자로부터 인정을 받는 것은 불가능하므로, 인간적 현실이 인정된 현실로 구성되기 위해서, 최초의 두 인간 중 한 명은 타자에 의해서 인정받지 않은 채 타자를 인정해야 한다. 즉 인간은 최초의 상태에서부터 필연적으로 그리고 본질적으로 주인이거나 노예이다. 하지만 여기서 변증법이 시작된다. 주인은 노예의 인정을 받지만, 그가 획득한 인정은 그에게 무가치한 것이다. 그의 욕구는 그가 인정할 가치가 있다고 여기는 사람의 인정에 의해서만 충족될 수 있기 때문이다. 반면 노예는 타자(주인)를 인정한다. 따라서 상호 인정이 발생하기 위해서 노예는 단지 스스로를 이 타자에게 강요해서 그로부터 승인받기만 하면 된다. 주인은 노동하도록 노예를 강요한다. 그러나 노동하는 과정에서 노예는 자연을 지배하게 된다. 노예는 이제 자신의 노동에 의해 변화된 기술적 세계에서 군림한다. 노예는 세계를 변화시킴으로써 스스로를 변화시키고 그와 더불어 해방투쟁을 위한 새로운 객관적 조건들을 창조해낸다.[2]

유감스럽게도 이 우화는 노예제의 본질에 대한 인류학적 통찰과 거리가 멀다. 앞에서 살펴보았듯이 주인들은 이미 상호 인정 속에 있기 때문에, 즉 '우리'라는 복수로 존재하기 때문에 주인일 수 있는 것이다. 주인들과 노예의 삼자 관계에서 노예는 순수하게 부정적인 항에 지나지 않는다. 주인들에게 노예는 인정투쟁의 상대가 아니라, 인정투쟁이 일어나는 장의 외부를 상징한다. 노예의 복종이 주인의 위신을 높여주는 것은 사실이다. 주인의 자부심은 노예의 굴욕을 대가로 삼는다. 하지만 이것이 곧 주인의 명예가 노예의 인정에서 비롯됨을 뜻하지는 않는다. 노예는 아무런 명예를 갖지 못한 존재이기에, 타인을 인정할 수도 모욕할 수도 없다.[3] 이는 신분이 낮은 자는 결투를 할 수 없는 것과 비슷한

---

2) 알렉상드르 꼬제브, 『역사와 현실 변증법』, 설헌영 옮김, 한벗, 1981, pp. 29~61. 이것이 헤겔 자신의 생각인지, 아니면 코제브의 해석일 뿐인지는 여기서 중요하지 않다. 주인과 노예의 변증법이 유명해진 것은 바로 이러한 판본을 통해서이기 때문이다. 위의 요약에서도 헤겔의 원문과 코제브의 주석을 구별하지 않았다. 코제브가 헤겔 수용에 미친 영향에 대해서는 뱅쌍 데꽁브, 『동일자와 타자』, 박성창 옮김, 인간사랑, 1990 참조.

3) 중세 게르만 사회에서는 말로 다른 사람을 모욕했을 경우 잔인한 복수를 각오해야 했다. 하

이치이다. 결투는 "생사를 건 위신투쟁"의 완벽한 예인데, 결투의 승자가 패자를 노예로 삼지 않는다는 사실에서 알 수 있듯이, 이러한 투쟁은 상대방의 성원권——사람자격 또는 신분적 자격——에 대한 인정을 전제로 한다. 이는 헤겔 자신이 역설의 형식으로 지적한 것이기도 하다 (패자를 노예로 만든다면, 그의 인정은 승자에게 무가치해져버린다).

그렇다 하더라도 노예의 존재는 인정투쟁에서 여전히 중요하다. 패터슨은 노예제도와 명예에 집착하는 문화——플라톤을 따라 그가 타이모크라시timocracy라고 부른 것——사이에 밀접한 관계가 있음을 발견하였다. 우월해지려는 욕망, 권위에 대한 복종, 관직에 대한 야망, 군인다움에 대한 숭상, 금전에 대한 집착 등이 플라톤이 생각했던 타이모크라틱한 인간형의 특징이었다.[4] 대규모의 노예제도가 존재하는 사회에서는 어김없이 타이모크라틱한 문화와 인간형이 발달한다. 플라톤이 이 단

지만 노예는 이 점에서 예외였다. 노예의 입에서 나온 말에는 타인의 명예를 손상시킬 만한 힘이 없다고 여겨졌기 때문이다. 동일한, 하지만 역방향으로 뒤집힌 논리에 따라, 웨일즈와 앵글로-색슨 사회에서는 여자 노예를 욕보였을 때 그녀나 그녀의 남편이 아니라 노예 주인에게 명예훼손의 대가를 치러야 했다(Orlando Patterson, *Slavery and Social Death*, Cambridge/Massachusetts: Harvard University Press, 1982, p. 82).

4) Orlando Patterson, 같은 책, p. 386, note 14. 우월해지려는 욕망, 권위에 대한 복종, 관직에 대한 야망…… 이런 묘사를 읽다보면 나의 머릿속에는 막연하게 어떤 초상화가 떠오른다. 하지만 그 초상화는 고대 그리스인이 아니라 한국인의 얼굴을 하고 있다. 경상도 출신이고 강남에 거주하며 한나라당에 투표하는 60대 남자. 한국의 경상도는 미국 남부만큼이나 타이모크라틱한 것 같다. '사나이다움'에 대한 자부심까지 포함해서 말이다. 물론 우리는 그것을 역사적으로 설명할 수 있다. 경상도는 '양반 문화'가 뿌리 깊은 곳이다. 한국이 노예제 사회였다는 제임스 팔레 교수의 주장에 동의하지 않는 사람이라도, 양반 노릇을 하려면 종이 있어야 하고, 양반 의식이란 '아랫것들'과 자신을 구별하는 태도라는 데는 이견이 없을 것이다. 미국 남부의 타이모크라틱한 정서는 남북전쟁이 끝난 후 KKK단의 결성으로 표출된 바 있다. 경상도가 언제나 한나라당——지금은 새누리당으로 이름이 바뀌었고 다시 어떤 이름으로 바뀔지 모르지만, 거슬러 올라가 보면 광주학살을 주도했고 또 은폐했던 세력——에 몰표를 주는 데에는 '지역감정'이라는 말만으로는 부족한, 좀더 깊은 정치인류학적 이유가 있는 게 아닐까?

어를 사용하면서 염두에 두었던 것은 스파르타였지만, 남북전쟁 이전의 미국 남부의 문화에서도 이 명칭에 부합하는 특징들이 나타난다. 명예와 자존심에 대한 날카로운 감각, 남자다움에 대한 칭송, 여성의 이상화와 격리, 한마디로 얼마간 시대착오적인 기사도 정신. 노예제 사회를 살아가는 자유인들이 명예에 과도한 의미를 부여하는 까닭을 이해하기란 어렵지 않다. 그들과 노예의 차이가 바로 거기 있기 때문이다. 몰락하고 명예를 잃은 인간은 노예와 비슷해진다. 노예의 굴욕을 날마다 지켜보는 사람들에게 노예와 비슷해지는 것만큼 큰 두려움은 없을 것이다. 다시 말해서 인정투쟁의 장 외부를 구성하는 노예의 존재는 이 투쟁을 생사를 건 싸움life-and-death struggle의 경지로 끌어올리는 데 기여한다.

패터슨은 남부인들의 자유에 대한 사랑 역시 노예제의 효과라고 보았다. "명예와 자유에 대한 남부인들의 고도로 발달된 감각에는 기만적이거나 비정상적인 데가 하나도 없다. 타인에게 속박과 굴욕을 가하는 자들일수록, 그들이 남들에게 갖지 못하게 한 것을 자기들은 갖고 있다는 게 얼마나 즐거운 일인지 깨닫고 있을 테니 말이다."[5] 이것은 에드먼드 모건이 『미국의 노예제도, 미국의 자유』의 마지막 장에서 피력한 견해이기도 하다. 버지니아 식민지의 초기 역사를 세밀하게 그린 이 책에서 모건은 자유와 평등에 대한 공화주의적 열정이 어떻게 노예제도에

---

5) 같은 책, p. 94. 패터슨은 자유freedom의 개념 자체가 노예제를 경험하지 않은 사람에게는 생소한 것임을 지적한다. "근대 이전의, 노예제가 없었던 사회들에서는 여자든 남자든 속박의 제거라는 이상에 가치를 부여하지 않았으며, 그럴 수도 없었다. 개인들은 오직 권력과 권위의 네트워크 안에 포지티브하게 자리 잡으려고 노력했다. 행복이란 곧 성원권이었으며, 존재란 곧 소속이었다. [……] 성원권과 소속을 자유의 일종으로 취급하는 것은 언어의 남용이다. 자유는 무엇인가를 할 수 있는 역량이나 권력이 아니다"(같은 책, p. 340).

대한 지지와 양립할 수 있는가를 설명한다. 그가 보기에 워싱턴과 제퍼슨을 비롯하여, 미국의 독립에 사상적 기초를 제공했던 버지니아인들이 모두 대농장주이자 노예 소유주였다는 사실에는 어떤 역설도 존재하지 않는다. 오히려 그 반대이다. 노예제도가 도입된 후 버지니아에서 성장한 많은 사람들이, 그 이전 세대와 달리 열렬한 공화주의자가 되었다는 사실에는 단순한 우연 이상의 무엇이 있는데, "적어도 법률적으로 다른 사람들의 뜻에 거의 전적으로 굴종하는 사람들의 존재는, 그들을 지배하고 있는 사람들에게 전제군주에 지배받는 것이 무엇을 의미하는지에 대한 직접적인 경험을 제공"하기 때문이다.[6] 노예의 존재는 버지니아인들에게 자유의 소중함을 일깨웠을 뿐 아니라, 평등의 감정을 북돋우었다. "버지니아 소농은 대농장주와 동일한 정체성으로 자신을 정의하였다. [……] 그들이 노예가 아니라는 사실에 기초를 둔 정체성이 그것이다. 노예가 아니라는 바로 이 점에서 소농은 대농장주와 동등했던 것이다."[7]

결론적으로 말해서, 인정투쟁이 지향하는 타자는 적이 아니라 우리이다. 즉 인정투쟁은 성원권투쟁이다. 이런 이유에서 우리의 논의는 인정투쟁을 인간의 본질이나 실존적 조건과 관련시키는 접근들을 — 헤겔주의이건 라캉주의이건 — 모두 배제한다. 인정투쟁이 성원권투쟁이라면, 인정투쟁의 양상은 한 사회에서 성원권이 분배되는 방식에 따라 달라질 것이기 때문이다.

---

6) 에드먼드 S. 모건, 『미국의 노예제도, 미국의 자유』, 황혜성·서석봉·신문수 옮김, 비봉출판사, 1997, p. 462.
7) 같은 책, p. 467.

외국인의 문제

사람이라는 말은 사회 안에 자기 자리가 있다는 말과 같다. 그래서 사회적 성원권을 얻기 위한 투쟁은 사람이 되기 위한 투쟁이기도 하다. 사회와 국민국가를 동일시하고, 사회적 성원권과 국민 자격을 혼동하는 이들에게는 이 명제가 지나친 비약처럼 보일지도 모른다. 그들은 이렇게 반박하고 싶을 것이다. '한국인인 내가 일본에 간다고 해서 곧바로 일본 사회의 구성원이 되는 것은 아니다. 나는 외국인으로서 잠시 그곳에 머무를 뿐이다. 일본인들은 나를 다른 사람들과 똑같이 사람으로 대접할 것이다. 하지만 이는 어디까지나 나를 외국인으로서 환대하는 것이지, 나에게 사회적 성원권을 준다는 의미가 아니다.' (외국인으로서의) 환대와 사회적 성원권의 부여, 사람으로의 인정과 사회 구성원으로의 인정 사이에 위계적이고 순차적인 관계를 설정하는 이러한 관점은 (1) 사회적 상호작용에서 외국인과 시민을 구별하는 것이 언제나 가능하다고 가정하는 오류 (2) 환대와 사회적 성원권의 부여를 실천적으로 구별할 수 있다고 믿는 오류를 범하고 있다. 그것이 어째서 오류인지 깨달으려면, 관광비자로 어떤 나라에 들어왔다가 눌러앉은 사람의 경우를 생각해보는 것으로 족하다. 그에게 사회적 성원권이 주어지는 시점은 언제인가? 눌러앉기로 결심했을 때인가? 불법체류자 신분에서 벗어났을 때인가? 그 나라 말을 유창하게 구사하게 되었을 때인가? 아니면 이주자 출신이 아닌, '진짜 그 나라 사람'을 친구로 사귀었을 때인가?

성원권은 소속감과 다르다. 자기가 속한 공동체에 별로 소속감을 느끼지 않는데도 성원권을 인정받는 경우가 있는가 하면(외국에서 교육받은 엘리트에게서 흔히 볼 수 있다), 그 반대로 자기는 공동체의 일원이라고 생각하지만, 남들이 그것을 인정하지 않는 경우도 있다(나치 정권이 들어섰을 때, 유럽의 동화 유태인들은 자기들에게 닥쳐올 운명을 미처 상상하지 못했다). 사회적 성원권은 또한 법적 지위와 구별되어야 한다. 이둘은 밀접하게 연결되어 있어서 하나를 잃으면 다른 하나도 위태로워지기 쉽지만, 하나가 반드시 다른 하나를 수반하는 것은 아니다(법적으로 카스트가 폐지되었는데도, 여전히 사회적으로 차별받는 불가촉천민들이 좋은 예이다). 한편, 우리는 사회적 성원권의 부여가 문화적 자격을 요구하는지 따져볼 필요가 있다. 문화적 지식이나 (사회화 과정을 통해 습득된다고 여겨지는) 상호작용의 기술이 부족한 사람은 실제로 사회라는 무대 위에서 자신의 역할을 연기하는 데 어려움을 느낄 것이다. 하지만 이것은 그에게 특별한 도움이 필요함을 의미할 뿐이지, 그에게 사회 구성원의 자격이 없음을 뜻하지 않는다. 뒤에서 다시 이야기하겠지만, 사회적 성원권을 요구하는 데는 어떤 자격도 필요하지 않다. 물리적인 의미에서 사회 안에 이미 들어와 있다는 사실만으로 충분한 것이다. 마지막으로 우리는 사회적 성원권은 사회성sociability과 별개임을 인식해야 한다. '히키코모리'에게도 사회적 성원권을 보장해야 하듯이, 외국인에게 사회적 성원권을 부여하는 데 '동화'나 '적응'을 조건으로 내걸어서는 안 된다.

외국인이 일단 사람으로서 환대의 권리를 누리다가, 일정 기간이 경과하고 어떤 조건들이 갖추어지면 사회적 성원권을 얻는다는 생각은 환대의 행위 바깥에서 사회적 성원권에 대해 말할 수 있음을 전제한다. 하지만 사회적 성원권이 법적 지위와 다른 것이라면, 사실상 우리는 타인의 환대 속에서만 자신의 사회적 성원권을 확인할 수 있다.

어떤 나라로 막 이주한 사람을 상상해보자. 그 사람은 도착한 다음 날부터 새로운 사회에서 자기가 성원권을 갖고 있다고 느낄 수 있다. 왜냐하면 그는 공공장소에서 다른 사람들과 동등한 대접을 받기 때문이다. 예를 들어 그가 식당에 들어간다면, 종업원이 즉시 다가와서 맞아줄 것이다. 종업원은 그가 어느 나라에서 왔는지, 온 지 얼마나 되었는지, 체류증이 있는지 없는지 묻지 않는다. 일행이 있는지, 흡연석을 원하는지, 차를 가지고 왔는지 등등을 물을 뿐이다. 식당에서 음식을 주문하는 것은 오늘날 전 세계를 여행하는 관광객들에게 너무나 당연한 권리처럼 인식되고 있기 때문에, 사람들은 보통 그것이 사회적 성원권과 관계가 있다고 생각하지 않는다. 하지만 1960년대까지 미국의 많은 주에서 흑인들은 그러한 권리를 누리지 못하였다. 그래서 1960년 2월 1일, 노스캐롤라이나 그린스보로의 울워스 백화점 간이식당에서 네 명의 흑인 대학생이 커피를 주문했을 때, 그 단순한 행위는 미국 역사에 기록될 만큼 커다란 상징성을 띠게 되었다. 점원은 주문을 받지 않고 그들을 내보내려 했다. 하지만 그들은 가게가 문을 닫을 때까지 버티고 앉아 있었다. 다음 날 그들은 친구들을 데리고 다시 왔다. 셋째 날, 시위에 가담한 학생의 수는 60여 명으로 불어나 있었고, 미디어가 이 사건을 보도하기 시작했다. 앉아 있기sit-ins는 곧 남부의 다른 도시들로 퍼져나갔다.[8]

남북전쟁 후 유색인종의 사회적 성원권을 부정하면서 남부 여러 주에서 만든 다양한 인종차별법을 통칭하여 '짐 크로우 법'이라고 부른다 (짐 크로우는 뮤지컬에 나오는 희화화된 흑인 캐릭터이다). 짐 크로우 법은 여러 영역에 걸쳐 있었는데, 문맹 검사 같은 수단을 동원하여 흑인들의

---

8) 하워드 진, 『미국민중사 2』, 유강은 옮김, 이후, 2006, pp. 175~76; Wikipedia, "Greensboro sit-ins" 항목 참조.

참정권을 사실상 박탈하는 것과, '흑백 분리'를 내세워 공공 편의 시설에 대한 유색인종의 접근을 제한하는 것이 핵심이었다. '분리되었지만 평등하다'는 게 이 법을 지지하는 사람들의 주장이었지만, 실제로는 도서관, 학교, 극장, 호텔, 카페 등 도시의 풍경을 구성하는 거의 모든 장소가 흑인들이 들어갈 수 없거나, 뒷문으로 들어가야 하는 곳으로 지정되었다.

짐 크로우 법은 나치의 반유태인 법안들을 연상시킨다. 안네 프랑크의 일기는 나치 점령 하의 네덜란드에서 유태인들이 어떤 차별을 겪었는가를 상세하게 알려준다. 유태인은 가슴에 노란 별을 달아야 한다. 유태인은 전차를 타서는 안 되며, 자가용이 있어도 차를 써서는 안 된다. 유태인은 자전거를 관청에 바쳐야 한다. 유태인은 오후 3시부터 5시 사이에만 쇼핑할 수 있다. 유태인은 유태인 이발관에만 가야 한다. 유태인은 밤 8시부터 이튿날 아침 6시까지 집 밖으로 한 발짝도 나갈 수 없다. 유태인은 극장, 영화관, 그 밖의 오락 시설을 이용할 수 없다. 유태인은 수영장, 테니스 코트, 축구 경기장이나 그 밖의 스포츠 시설을 이용할 수 없다……

아니면 우리는 그것을 인도의 불가촉천민에 대한 종교적 규정들과 비교할 수 있을 것이다. 식민지 시기 인도에서 불가촉천민은 심한 차별을 받았는데, 그 차별의 핵심은 그들을 더러운 존재로 규정하고, 공공자원의 이용이나 공공장소의 통행을 원칙적으로 금지하는 것이다. 그래서 그들은 힌두교 교리의 규제를 받으면서도 힌두 사원에 들어갈 수 없었고, 마을에 매여 있으면서도 — 불가촉천민은 도시로 나가더라도 마을의 허드렛일을 하기 위해 주기적으로 돌아올 의무가 있었다 — 마을 광장을 지나갈 수 없었다. 또 공동우물이나 저수지를 사용하지 못했고,

이발소, 호텔, 상점을 이용할 수도 없었다.[9] 이러한 예들은 사회적 성원권이 무엇보다 장소에 대한 권리와 관련이 있음을 말해주는 것이다. 데리다가 지적했듯이, 환대hospitalité는 그 어원——주인과 손님을 동시에 의미하는 hôte——에서부터 장소와의 관계를 함축한다.

이주자의 예로 돌아가자. 그는 새로운 나라에 도착하자마자 오래전에 정착한 동포들 틈에 자연스럽게 섞여든다. 그는 길을 걸을 때나 가게에서 물건을 살 때, 이웃과 이야기를 나눌 때, 극장이나 우체국에 갈 때, 먼저 온 이주자들이 느끼는 것만큼이나 자기에게도 사회적 성원권이 있다고 느낄 수 있다. 하지만 다른 한편 그는 10년이나 20년이 지난 뒤에도, 심지어 시민권을 획득하여 정식으로 '그 나라 사람'이 된 후에도 자신의 사회적 성원권이 완전한지 의심할 수 있다. 그의 얼굴이, 이름이, 말투와 행동거지가 주류 집단과 구별되는 한, 그는 법적 지위와 무관하게 여전히 어느 정도 외국인 취급을 받는다. 그는 집이나 일자리를 구할 때 미묘한 장벽에 부딪친다. 가는 곳마다 "이미 다른 사람을 구했다"는 말을 듣는다. 하지만 자기가 그저 한발 늦었을 뿐인지, 아니면 '외국인'이라서 차별을 받는 건지 확인할 길이 없다. 그가 주류 집단에서 배우자를 구하려 한다면, 거절의 말은 좀더 노골적으로 바뀔 것이다. "내 딸이 외국인과 결혼하는 것을 원치 않는다"는 식으로 말이다. 어느 사회에서나 혼인은 숨겨진 카스트 제도가 드러나고, 자기기만적으로 부인되었던 신분 의식이 표출되는 계기이기 때문이다. 이런 경험들을 통해서 그는 이 사회가 자기를 온전한 사람으로 대접하지 않음을 깨닫게

---

9) 스리비드야 나타라잔·S. 아난드 글, 두르가바이 브얌·수바시 브얌 그림, 『버려진 자들의 영웅』, 정성원 옮김, 다른, 2012; 게일 옴베트, 『암베드카르 평전』, 이상수 옮김, 필맥, 2005.

된다.

외국인이라는 꼬리표는 스티그마와 비슷한 방식으로 작동한다. 외국인이 그 자체로 낙인찍힌 범주는 아니다. 오히려 우리는 외국인들에게 특별한 호의를 베풀면서, 그들이 우리 문화의 장점들을 제대로 평가해주기를 기대하기도 한다. 하지만 이것은 어디까지나 그들이 이상적인 외국인의 이미지에 부합하는 한에서이다. 돈 많고, 교양 있고, "원더풀"이라고 말할 준비가 되어 있는, 잠시 머물다 가는 '손님'. 그들이 이런 이미지와 거리가 멀다는 게 판명된다면, 가령 그들이 돈도 없고, 교양도 없는 데다 남의 나라에 와서도 자기네 방식을 고집한다면, 게다가 금방 돌아가지 않고 눌러앉아 '우리의' 일자리를 빼앗고 '우리의' 여자들을 건드린다면, 그들에게 주어졌던 환대는 철회될 것이다. 스티그마가 있는 개인이 그에게 추천되는 특정한 행동 노선line of action에서 벗어났을 때처럼 말이다. 즉 외국인에게 주어지는 환대 혹은 사회적 성원권은 조건적이다. 환대와 사회적 성원권을 구별하는 사람은 결국 조건적 환대에 대해 말하고 있는 것이다.

외국인에 대한 환대의 철회는 그들에게 '돌아갈 곳이 있다'는 생각에 의해 정당화된다. '우리나라에서 받는 대접이 못마땅하다면 자기네 나라로 가면 된다.' 하지만 삶의 터전을 한번 바꾸었다가 다시 바꾸기란 쉬운 일이 아니다. 게다가 '외국인'이라는 말 속에 함축되어 있는 **다른 장소**는 종종 허구적인 것으로 밝혀진다. 나는 두 가지 예를 들고 싶다. 하나는 재일조선인들의 '조선'이고, 다른 하나는 남아프리카 공화국 원주민들의 '홈랜드'인 반투스탄Bantustan이다.

먼저 재일조선인의 경우를 보자. 일제 시대에 '내지'로 건너온 조선인 가운데 60만 명은 해방이 된 후에도 고국으로 돌아가지 않고 남아 있었다. 대부분 일본에 정착한 지 오래되어 돌아가도 먹고살 길이 막막하거나, 해방 공간의 극심한 혼란 속에서 남쪽도 북쪽도 택할 수 없었던 사람들이었다. 1952년 샌프란시스코 조약이 발효되면서 이들은 모두 일본 국적을 상실한다. 한일 강제 병합으로 자신들의 의사와 무관하게 일본 국민이 되었던 사람들이 이제 와서 "국민으로부터 방출"[10]된 것이다. 일본 정부는 이들이 외국인이라는 이유로 다양한 차별을 정당화한다. 재일조선인은 참정권이 없고, 공무원이나 교원이 될 수 없다. 언제나 외국인 등록증을 휴대해야 하며, 일본 바깥으로 나갔다가 다시 돌아오려면 '재입국증'을 발급받아야 한다. 재일조선인은 또한 사회적 멸시와 싸워야 한다. '더럽다'거나 '냄새 난다'는 말, '어째서 너희 나라로 돌아가지 않느냐' 따위의 말을 들어야 한다. 하지만 재일조선인의 국적란에 있는 '조선'은 현실 속에 존재하지 않는 지명이다. 1947년 외국인 등록령[11]이 공포되었을 때, 한반도는 아직 정부가 들어서지 않은 상태였다. 그래서 재일조선인들은 외국인 등록 서류에 국적을 '조선'으로 기재하였다. 1965년 한일협정에 의해 대한민국 국적의 선택이 가능해질 때까지, 재일조선인들은 모두 조선적籍이었다. 그리고 그 후에도 한일협정에 반대하는 많은 재일조선인들이 대한민국 국적을 거부하고 조선적으로 남는다. 조선은 실제로 존재하는 나라가 아니므로, 이들은 사실상 무국적을 택한 셈이다. 재일조선인은 돌아갈 곳이 없다. '외국인'은 여기서 어떤 현실적인 장소와의 연관도 내포하지 않으며, 단지 사회적 성원권의 부여를 유보하기 위한 배제의 기호에 불과한 것이다.

---

10) 서경식, 『난민과 국민 사이』, 임성모·이규수 옮김, 돌베개, 2006.
11) 당시 한반도와 대만 등 구식민지 출신자는 일본 국적을 갖고 있음에도 불구하고 '당분간 이들을 외국인으로 간주한다'는 특별규정에 따라 적용 대상자가 되었다(같은 책).

남아프리카 공화국의 홈랜드 정책은 외국인이라는 범주의 기능을 좀 더 분명히 이해하게 해준다. 1948년 국민당National Party의 집권과 더불어 시작된 아파르트헤이트는 건물 입구, 화장실, 벤치, 산책로 같은 일상적 공간의 분리 — 작은 아파르트헤이트petty apartheid — 에 그치지 않고, 흑인들을 남아프리카 공화국에서 쫓아내어 외국인으로 만드는 것 — 큰 아파르트헤이트grand apartheid — 을 궁극적인 목표로 삼았다. 그에 따라 국민당 정부는 남아프리카 공화국과 나미비아에 각각 열 개의 흑인 거주 구역 혹은 흑인 홈랜드를 설치한 뒤, 그것을 '반투스탄'이라고 부르며 자치권을 부여하였다.[12] 이 정책의 정점은 네 개의 반투스탄을 독립시켜서 외국으로 만든 것이었다.[13] 반투스탄의 영토는 대부분 불모지였고, 관광객을 대상으로 한 환락 산업을 제외하면 이렇다 할 경제 기반도 없었기 때문에, 흑인들은 '독립을 얻은' 뒤에도 계속 남아프리카의 백인들에게 노동력을 제공하면서 생계를 이어가야 했다. 달라진 것이 있다면 그들의 신분이 외국인으로 바뀐 만큼, 참정권의 박탈이나 통행증의 요구 같은 반인권적인 조치들이 좀더 '정상적인' 것으로 나타날 수 있었다는 점이다.

세계화는 점점 더 선진국의 부유한 시민들과 그들을 위해 허드렛일을 하러 온 이주노동자들의 관계를 남아프리카 공화국의 백인들과 원주민의 관계와 비슷하게 만들고 있다. 이주노동자들이 말썽을 부릴 때

---

12) 반투는 반투어군에 속하는 언어(스와힐리어, 줄루어 등)를 사용하는 부족들을 통칭하는 단어이며, 스탄은 땅을 가리킨다. 아이러니하게도 '반투'(이 단어를 공유하는 데서 반투어라는 명칭이 생겨났다)는 사람을 의미한다.

13) 반투스탄에 국가의 지위를 부여하려는 시도는 그리 성공적이지 못했다. 남아공 정부의 노력에도 불구하고 이스라엘을 제외하면 어느 나라도 반투스탄의 존재를 승인하지 않았다(Wikipedia, "Apartheid" 및 "Bantustan" 항목 참조).

언제든지 송환할 수 있다고 여겨지는 '본국'은 '다른 나라'가 아니다. 선진국에 수출할 커피나 설탕을 생산하느라 식량을 재배할 땅이 모자라고, 선진국의 손님들이 이용할 별장, 호텔, 스파, 골프장, 카지노를 짓느라 집과 학교를 지을 공간이 부족한 그 나라는, 반투스탄이 남아공의 일부인 것처럼, 사실상 선진국의 일부이다. 남아공의 백인들은 흑인들의 노동력을 이용하면서도 그들에게 성원권을 주지 않기 위해 반투스탄이라는 외국을 발명하였다. 경제적으로 이미 연결되어 있고 상호의존적인 세계에서, 외국이나 외국인이라는 범주가 사용되는 방식도 이와 비슷하다. 국제분업은 이 세계의 거주민들을 '유기적인 연대' 속으로 밀어넣었다. 하지만 사람들은 외국인이라는 범주에 집착하면서, 자기들이 하나의 사회 속에 있음을 부인한다. 그들은 외국인은 다른 나라에서 왔고 자기 나라가 있으므로, 내 나라 사람과 다르게 대하는 것이 당연하다고 말한다. 외국인으로서의 환대와 사회적 성원권의 부여는 구별되어야 한다고 말이다. 어쩌다가 잠깐 외국인이 된 사람이라면 이 말에 동의할 수 있을지도 모른다. 하지만 외국인으로 계속 살아가야 하는 사람, 외국인이라는 운명 속으로 추방된 사람에게 그 말은 다르게 들릴 것이다. 외국인으로서의 삶 외에 다른 삶을 택할 수 없는 사람에게 그것은 그가 결코 온전한 사람이 될 수 없다는 말과 같다.

오염의 메타포

사람임을 사회적 성원권으로 정의하고, 사회를 물리적인 동시에 상징적인 장소로 이해하는 것은 오염의 메타포를 분석하는 데 도움을 준다.

왜 어떤 범주의 사람들 — 흑인, 재일조선인, 불가촉천민 등등 — 은 다른 사람들보다 더럽다고 여겨지는가?

『순수와 위험』에서 더글러스는 더러움을 자리place에 대한 관념과 연결시켰다. **더럽다는 것은 제자리에 있지 않다는 것이다.** "신발은 그 자체로는 더럽지 않지만 식탁 위에 두기에는 더럽다. 음식이 그 자체로 더러운 건 아니지만, 밥그릇을 침실에 두거나 음식을 옷에 흘리면 더럽다. 마찬가지로 목욕 도구를 옷장에 두거나 옷을 의자에 걸어두는 것, 집 밖에서 쓰는 물건을 실내에 두는 것, 위층의 물건을 아래층에 두는 것, 겉옷이 있어야 할 자리에 속옷이 나와 있는 것 등은 더럽다."[14]

더글러스의 통찰은 동물이나 사람에게도 적용될 수 있을 것 같다. 집 밖에서 키우는 돼지나 오리가 집 안에 들어오면 더럽다. 마찬가지로 흑인이 백인 전용 구역에 들어가거나, 여자가 남성을 위한 공간에 들어가는 것은 더럽다. 하지만 여기서 주의해야 할 점은 더러움이 단지 자리의 이탈에서 비롯되는 혼란을 의미하지는 않는다는 사실이다. 흑인 전용 구역에 들어간 백인은 자신이 오염의 위험에 노출되어 있음을 느낀다. 반면에 백인 전용 구역에 들어간 흑인은 그 자신이 오염원이다. 이는 더러움과 오염의 관념을 단순히 "체계적인 질서화와 분류의 부산물"[15]로 간주할 수 없음을 시사한다.

더러움을 "우리의 정상적인 분류 체계에서 밀려난 잔여적 범주"[16]로 규정하면서, 더글러스는 범주화가 이루어지는 지식/권력의 공간을 중립화하는 경향이 있다. 그 결과, 하층 카스트로부터의 오염을 막기 위

---

14) Mary Douglas, *Purity and Danger*, New York: Routledge, 2002, pp. 44~45.
15) 같은 곳.
16) 같은 곳.

한 하빅Havik족의 의례적 실천과 위생학적 지식에 입각한 서구인들의 실천이 동일한 평면 위에 놓인다. 이는 『순수와 위험』에서 더글러스의 일차적인 관심이 '원시적 사고'에 대한 인종주의적 담론을 반박하는 데 있기 때문이다. 하지만 문화의 상대성에 대한 강조는 기능주의적 접근과 결합하면서, 억압과 차별을 문화의 이름으로 정당화할 위험을 안는다.[17]

자기보다 낮은 카스트의 구성원과 한자리에서 밥을 먹으면 안 된다는 하빅족의 논리는 흑인은 병균을 옮기므로 화장실을 따로 써야 한다는 1960년대 미국 남부인들의 믿음[18]과 그리 다르지 않다.

두 경우 모두, 오염을 피하려는 행동은 "소중한 분류 체계에 모순과 혼란을 초래하는 대상 혹은 관념에 대한 거부반응"[19] 이상의 무엇이다. 이 글은 오염의 메타포를 성원권에 대한 부정 또는 위협이라는 관점에서 고찰할 것을 제안한다. 성원권의 문제는 분류의 문제가 아니라 권력의 문제이며, 인식론의 문제가 아니라 정치학의 문제이다.

"더럽다는 것은 제자리에 있지 않다는 것"이라는 더글러스의 명제

---

17) 『순수와 위험』 서문에서 더글러스는 이 책이 1940~50년대 인종주의와의 대결 속에서 나왔다고 회고한다. 프레이저 이래 재생산되어온, '원시적 사고'에 대한 판타지—그중 하나는 원시적 사고가 더러움과 신성함을 구별하지 못한다는 것이다—를 비판하는 것이 이 책의 주요 목표였으며, 금기의 사회적 기능에 대한 래드클리프-브라운의 통찰은 적절한 출발점을 제시해주는 것 같았다. "래드클리프-브라운은 우리 세대의 인류학 교수들을 가르쳤다. 그리고 그는 금기에 보호 기능이 있다고 분명하게 말하였다. 물론 그의 이론은 우리 자신이 아니라 '원시 부족들'에게 적용되었다. 나의 생각은 그의 통찰을 더 일관되게, 더 포괄적으로 적용하자는 것이었다"(같은 책, pp. xii~xiii). '원시 부족들'—하빅족도 포함된다—을 향한 더글러스의 문화상대주의적 선의는 의심의 여지가 없다. 하지만 카스트제도에 기초한 의례적 회피 행위들에 대한 분석이 '기능들'—모호함을 해소하는 분류 체계의 기능과 금기의 보호 기능—의 발견으로 귀결되는 한, 그녀는 억압적 현실의 고착에 기여한다는 비난을 면하기 어려울 것이다.

18) 캐스린 스토킷, 『헬프 1·2』, 정연희 옮김, 문학동네, 2011.

19) Mary Douglas, 같은 책, p. 45.

에 대해 다시 생각해보자. 이 명제는 모든 사람과 사물이 우주적 질서 안에 고유한 자리를 가지고 있음을 함축하는 것 같다. 또한 그 자리들이 높고 낮음이 있을지언정, 우주적 질서를 지탱한다는 점에서 똑같이 중요하다고 가정하는 것 같다. 다시 말하면 더글러스의 명제는 자리들, 혹은 그 자리에 배정된 사람들이나 사물들의 상대성과 상호의존성을 가정한다. 하지만 이런 가정이야말로 차별을 은폐하는 지배 이데올로기의 핵심 요소이다. 실제로는 여성의 사회적 성원권을 부정하면서도, 음양론에 의거하여 여성과 남성에게 대칭적이고 상호보완적인 위치를 부여하는 성리학적 세계관이 좋은 예이다. 공간적인 차원에서 이 세계관은 여성에게 **안**을, 남성에게 **밖**을 할당한다. 그러면서 여성이 집 밖을 마음대로 나다니는 것을 금기시한다. 하지만 여성의 **자리**가 집 안이라는 말이 곧 집이 여성에게 속한다는 의미는 아니다. 여성은 공적으로 성원권이 없기 때문에 사적인 공간을 가질 수도 없다. 다만 남성의 사적 공간인 집에 그의 소유물의 일부로서 속해 있을 뿐이다. '삼종지도三從之道'와 호주제(성균관 유생들의 격렬한 반발 속에서 2005년에야 폐지되었다), 그리고 오늘날에도 뿌리 깊게 남아 있는, 혼자 사는 여자에 대한 편견과 낙인은 안/밖의 구별이 결코 대칭적이지 않으며, '집 안에 있다'는 것은 곧 '남자의 지배 아래 있다'는 뜻임을 분명하게 알려준다. 이 이데올로기적 구별의 핵심적 기능은 여자가 자기 집을 갖는 것—자기 이름으로 된 재산과 자기만의 공간을 갖는 것—을 막는 데 있다.

가부장주의란 남자만이 집의 주인이 될 수 있다는 생각이다. 또한 주인=남자들이 모여서 사회를 이룬다는 생각이다. 가부장주의는 지금도 한국 사회에서 위력을 발휘하고 있는데, 이는 무엇보다 '집구석에 처박혀 있지 않고' '싸돌아다니는' 여자에 대한 혐오 담론 속에서 확인된다.

'김여사'(서툰 여성 운전자를 가리킨다)나 '된장녀'(스타벅스를 이용하는 여성을 비하하면서 사용되기 시작했다)에 대한 비난과 조롱, 그리고 '개똥녀'를 비롯하여, 공공장소에서 부적절한 행동을 한 여성들에게 가해지는 마녀사냥[20]은 "여성은 도로나 카페 혹은 지하철 같은 공공장소를 이용할 자격이 부족하다"는 메시지를 일관되게 전달한다. 매 맞는 어머니들을 보고 자란 내 세대의 여자들에게 이런 메시지는 낯설지 않다. 우리 어머니들은 훨씬 큰 모욕과 위협을 감수하며 집 밖으로 나갔던 것이다. 그 시절에는 여자가 직업을 갖는다는 것이 이미 남자들의 관용을 요구하는 일이었다. 저물기 전에 돌아와서 밥을 해놓을 수 없다면 차라리 그만두는 게 나았다. 가정주부의 외출은 장을 보거나 (남편 명의의 통장을 들고) 은행에 가는 등 가사와 관련된 것으로 한정되었고, 동창회니 계 모임이니 하면서 '여자들끼리 우르르 몰려다니는 일'은 꼴불견으로 여겨졌다.[21] 간단히 말해, 물리적 의미에서의 **사회**는 남성에게 속해 있었다. 직업의 세계와 '활동적인 삶vita activa'에서 배제됨으로써, 여성은 국회, 법원, 시청, 은행 등이 있는 공적인 공간으로부터 격리되었다. 버지니아 울프가 말했듯이, 여자들은 아버지와 남편과 남자 형제들이 매일 아침 무리지어 그 안으로 들어가는 광경을 커튼 뒤에서 바라볼 뿐이

---

20) '개똥녀' 사건과 그 뒤를 이은 일련의 유사한 사건에서 열광적인 '신상털기'의 대상이 된 것은 거의 언제나 여성이었다. 공공장소에서 부적절하게 행동하는 남자들에 대한 고발이 간혹 인터넷에 올라왔지만, 결코 맞먹을 정도의 반응을 끌어내지 못했다.

21) 회식은 남성 문화였고, 지금도 어느 정도 그러하다. 우리는 남자들에 의한 고기의 독점이라는 관점에서 회식의 역사를 쓸 수도 있을 것이다. 여기에는 여자들의 회식을 금지하려는 조선 초 성리학자들의 집요한 노력, 남성들에 의한 제사의 독점, 개추럼이나 천렵 같은 하위문화, 동창회, 향우회 등의 성행과 'OO 회관' 같은 이름이 붙은 음식점들의 성업, 그리고 마지막으로 가족 단위로 고기를 구워 먹는 문화의 출현('가든'이라는 단어가 들어가는 전원풍 식당의 유행)이 포함되어야 할 것이다.

었다.[22] 다른 한편, 여성은 친목과 사교의 공간으로부터도 배제되었다. 다방이나 술집은 말할 것도 없고, 평범한 음식점을 이용할 때조차 여자들은 어떤 금기의 벽을 느껴야 했다. 예를 들어 막 문을 연 식당에 들어갔을 경우, 첫 손님이 여자면 재수가 없다는 이유로 서비스를 거부당할수 있었다(유사한 금기가 택시 운전사들 사이에도 존재하였다). 여성이 이런 장소에 마음 편히 들어갈 수 있는 것은 남성의 초대를 받았을 때에한해서이다(약혼자와의 데이트나 결혼기념일의 외식 등).

나는 우리 어머니 세대의 여자들이 일반적으로 경험하였던, 공적인 공간에서의 이 같은 배제가 사적인 공간에서의 억압과 연결되어 있었다는 점을 강조하고 싶다. 집에 갇혀 있다는 것은 집 밖으로 나갈 수 없다는 말일 뿐 아니라, 집 안에서 어떤 끔찍한 일을 겪더라도 아무도 구해주러 오지 않는다는 뜻이다. 한국의 경찰은 남편의 폭력에 생명의 위협을 느낀 아내가 구조를 요청해도 개입하지 않는 게 보통이다. 그 결과 해마다 수십 명의 여성이 남편의 손에 죽임을 당한다.[23] '사회적으로

---

22) 버지니아 울프는 공적인 삶으로부터의 여성의 소외를 물리적 공간과의 관계라는 측면에서 조명한다. "이런 각도에서 보니 당신(남성)의 세상, 즉 전문적인 공적 삶의 세계는 확실히 이상하게 보이는군요. 얼핏 보기에는 매우 인상적이기도 합니다. 꽤 협소한 공간 안에 성 바오로 성당, 영국 은행, 런던 시장 관저, 좀 우울하게 보이는 거대한 법원의 흥장이 빽빽이 모여 있고, 반대쪽에는 웨스트민스터 사원과 국회가 들어서 있군요. 다리 위에서 발걸음을 떼려는 바로 그 순간 우리는 멈춰 서서, 그래 우리 아버지와 형제들이 저기서 그들의 세월을 보내고 있었겠구나 하고 중얼거립니다. 수백 년간 그들은 저 계단을 오르내리고 문을 들락거리고 저 강단 위에 올라 설교를 하고 돈을 벌고 재판을 해왔습니다. 웨스트엔드 어디엔가 있는 가정이 교의, 율법, 의복, 카펫, 쇠고기와 양고기를 가져온 것도 바로 이 세계로부터인 것입니다." "무척 오랫동안 우리 여자들은 책에서 혹은 커튼 쳐진 창문에서 그 화려한 행렬, 즉 교육받은 남성이 회사로 가기 위해 9시 30분쯤 집을 나서 6시 30분쯤 돌아오는 모습을 보기만 했지요"(버지니아 울프, 『3기니』, 태혜숙 옮김, 중명출판사, 2004, pp. 49, 129).
23) 한국 여성의 전화가 2010년 한 해 언론에 보도된 가정폭력 사건들을 집계한 결과, 아내 살해가 57건, 살해 미수가 32건으로 나타났다. 보도되지 않은 것을 포함하면, 실제로 남편의 손에 죽었거나 죽을 뻔한 여자들의 수는 이보다 훨씬 많을 것이다(김홍미리, 「아내 폭력을

죽어 있다'는 것이 자신을 위해 나서줄 제삼자를 갖지 못했음을 뜻한다면, 우리는 이 여성들에 대해 사회적인 죽음이라는 표현을 쓸 수 있을 것이다.

여성이라는 범주에 언제나 붙어 다니는 더러움과 오염의 관념—그에 따라 여성은 더러운 여성과 깨끗한 여성으로 나누어진다—을 우리는 이런 관점에서 이해해야 한다. 여성은 신발이나 밥그릇과 같은 방식으로 더러워지지 않는다. 즉 그 자체로는 더럽지 않지만 제자리에서 벗어나면 더럽다고 여겨지는 게 아니다. 가부장제도 하에서 여성은 사회 안에 어떤 적법한 자리도 가지고 있지 않다. 여성은 단지 스스로를 비가시화한다는 조건으로, 물리적인 의미에서 사회 안에 머무르는 것을 허락받고 있을 뿐이다. 여성이 자신의 존재를 주장하면서 동등한 사람으로서 사회 안에 현상하려는 순간, 이 허락은 철회된다. 여성이 **보이기** 시작하자마자 사회는 여성이 잘못된 장소에 있다는 것, 정확히 말하면 잘못 인쇄된 글자처럼, 여성의 존재 자체가 잘못되어 있다는 것을 깨닫는다. 다시 말하면 여성은 장소를 더럽히는 존재로서만 사회 안에 현상할 수 있다. '깨끗한' 여성이란 보이지 않는 여성이다.[24]

깨끗한 여성과 더러운 여성의 차이는 노예와 아웃카스트의 차이와 비슷하다. 아웃카스트와 달리 노예는 더럽다고 여겨지지 않는다. 왜냐하면 노예는 **보이지 않기** 때문이다. 패터슨은 노예와 아웃카스트를 비교하면서, 의례적 오염의 관념과 공간적 격리segregation가 전자에게는

말하다」, 『오마이뉴스』, 2011년 4년 4일).

24) 이는 모든 여성이 본질적으로 더러움을 뜻한다. 성폭행이 함축하는 메시지가 바로 이것이다. 강간범들은 대개 '깨끗한 척하는' 여자들에게 자기들의 본질을 깨닫게 해주겠다는 거창한 목표를 갖고 있다. 이러한 가부장주의적 대의 없이 순전히 성충동만으로 일어나는 강간은 흔하지 않다.

적용되지 않는다고 지적한다. 그는 그 이유를 다음과 같이 설명한다. "노예는 어디서나 성적으로 착취되었을 뿐 아니라, 유모와 보모의 역할을 맡았다. 모순을 포용하는 인간의 능력이 아무리 위대할지언정, 세상의 어떤 주인도 자기에게 젖을 주었던 〔……〕 노예를 두고 더럽다고 말할 수는 없을 것이다."[25] 이 설명은 그리 만족스럽지 못하다. 남북전쟁 이후 미국의 흑인들은 노예 신분에서 벗어나 일종의 아웃카스트를 형성하였다. 그들은 더러운 존재로 재규정되었고, 공간적으로 격리되었다. 하지만 우리가 알다시피 백인 여자들은 그 후에도 여전히 흑인 도우미에게 가사와 육아를 맡겼다. 이 모순을 어떻게 이해할 것인가? 1962년 미시시피 잭슨을 배경으로 인종차별과 싸우는 세 여성의 모습을 그린 소설 『헬프』에 해답의 실마리가 있다. 이 소설에 나오는 흑인 가정부들은 오염된 존재로 취급된다. 남부 전역에서 인종차별 반대운동이 들불처럼 일어나던 시기이지만, 버스에서 흑백 분리가 사라진 것을 제외하면 그들의 일상은 여전히 짐 크로우 법의 지배 아래 있다. 백인 가정에 일하러 가서도 언제나 뒷문으로 드나들어야 하고, 별도의 화장실을 써야 한다. 하지만 그들도 제복을 입으면 백인 전용 상점에 들어갈 수 있다.[26] 제복은 종속의 표지이기 때문이다. 개의 목줄이 주인의 존재를 알리듯이, 흰 앞치마와 모자는 그들을 심부름 보낸 백인 고용주의 존재를 알린다. 그들이 독립적인 사람으로서가 아니라 백인의 대리인으로서 와 있는 한, 다른 백인들은 그들이 흑인이라는 사실을 무시할 수 있다. 말하자면 제복의 가시성이 그들의 흑인성을 비가시화하는 것이다. 그들

---

25) Orlando Patterson, 같은 책, p. 50.
26) 캐스린 스토킷, 같은 책(1권), p. 172.

의 인격person이 제복 뒤로 사라져서 보이지 않기 때문에, 흑인 가정부들은 공간을 오염시키지 않는다고 간주된다.

그러므로 노예의 깨끗함이나 아웃카스트의 더러움은 공적인 가시성과 관련이 있다. 노예와 주인의 관계는 사적인 관계이며, 노예는 이 관계를 통해서만 사회와 연결된다. 이는 노예가 자신의 얼굴과 목소리를 가질 수 없음을 의미한다. 사람의 얼굴과 목소리는 공적인 보임과 들림을 통해 비로소 존재하기 때문이다. 아웃카스트는 이와 달리 사회 안에 들어와 있으며, 자신의 얼굴과 목소리를 가지고 있다. 비록 그 얼굴에 오염의 낙인이 찍혀 있더라도 말이다.

더러움과 신성함은 본래 대립하는 개념이다.[27] 더럽다는 것은 신성함이 훼손되었다는 것, 혹은 결여되었다는 것이다. 뒤르켐의 말대로 우리가 사회로부터 빌려온 한 조각의 신성함에 의해 사람이 되는 것이라면, '아웃카스트는 더럽다'는 말은 아웃카스트의 사람다움에 대한 부정이자, 사회적 성원권의 부정으로 해석될 수 있을 것이다.

한편 다른 관점에서 본다면, 오염의 메타포는 그것이 겨냥하는 대상이 지배계급의 통제에서 벗어나 있음을 함의한다. '더럽다'는 말은 죽일 수도 길들일 수도 없는 타자에 대한 미움과 두려움을 담고 있다. 그 말은 상대방의 존재를 부정하는 동시에, 그러한 부정이 굳이 필요했음을 인정함으로써 그의 주체성을 역설적으로 인정한다. 그래서 어떤 페미니스트들은 '더러운 년'이라는 욕을 들어도 전혀 위축되지 않으며, 오히려 이런 말을 듣는 것을 자랑으로 여기는 것이다.

---

27) Mary Douglas, 같은 책, p. 9 참조.

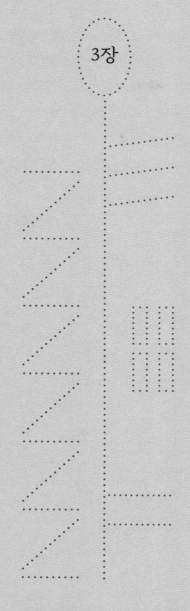

3장

사람의 연기/수행

1장과 2장에서 나는 사람의 개념이 내포하는 인정과 장소성의 차원을 강조하였다. 3장에서는 수행성performativity에 초점을 맞추려고 한다. 수행성이라는 단어를 사용하면서 나는 사회적 삶의 연극성에 관한 고프먼의 통찰과 수행적 발화performative에 대한 오스틴의 논의를 동시에 참조한다. 즉 사람의 수행performing person은 사람을 연기한다는 의미와 사람을 존재하게 한다는 의미를 둘 다 갖는다. 사람이 수행적이라는 것은 사람다움personality이 우리 **안에** 있지 않다는 뜻이다. 사람다움은 우리가 원래 가지고 태어났거나(그래서 잃지 않으려고 애써야 하거나) 사회화를 통해 획득해야 하는 본질이 아니다. 그보다 사람다움은 우리에게 있다고 여겨지며, 우리 스스로 가지고 있는 체하는 어떤 것, 서로가 서로의 연극을 믿어줌으로써 비로소 존재하게 되는 어떤 것이다. 말하자면 그것은 본질을 갖지 않는 현상이다.

가면과 얼굴

고프먼은 사회적 공연performance에 배우로도 관객으로도 참여하지 않으며, 같은 공간 안에 있으면서도 **거기 있지 않다**고 여겨지는 사람에 대해 비인격이라는 단어를 쓴다. 비인격의 고전적인 유형은 하인servant 이다. "하인은 주인이 손님에게 환대의 연기를 하는 동안 무대 전면에 있도록 기대된다. 하지만 그는 어떤 의미에서 주인과 한 팀이면서도, 연기자와 청중 모두에 의해 거기 있지 않다고 규정된다."[1] 트롤로프의 『미국인의 가정예절』에 나오는, 흑인 남자 노예 앞에서 태연히 코르셋을 졸라매는 숙녀나, 밤중에 깼을 때 목이 마를까봐 부부 침실 한구석에 여자 노예를 재우는 신사가 좋은 예이다.[2] 이 두 일화에서 하인은 주인의 눈에 보이지 않을 뿐 아니라, 주인의 행동을 볼 수 없다고 여겨진다. 아렌트 식으로 말하자면, 그는 주인에게 현상하지 않으며 주인은 그에게 현상하지 않는다. 즉 그는 현상 공간의 바깥에 있는데, 이것이 '거기 있지 않다'는 말의 의미이다. 비인격의 다른 유형으로 고프먼은 택시 운전사를 든다. 택시 안에서 사람들은 운전사가 아무것도 듣지 못한다는 듯이 자기들끼리 이야기를 나눈다.[3]

---

1) Erving Goffman, *The Presentation of Self in Everyday Life*, New York: Anchor Books, 1959, p. 151.
2) Mrs. Trollope, *Domestic Manners of the Americans*, 1832; Erving Goffman, 같은 책, pp. 151~52에서 재인용.
3) 이 밖에도 고프먼은 너무 어리거나 너무 나이가 많은 사람, 병자, 속기사, 사진기사, 경호원

비인격에 대한 이러한 정의는 우리가 지금까지 논의한 것과 차이가 있다. 1장에서 우리가 살펴본 비인격의 범주에 택시 운전사는 들어가지 않는다. 그가 직무에서 벗어나는 순간 가시성을 회복하기 때문이다.[4] 즉 우리는 어떤 사람이 직무에 의해 비가시화되는 경우와 신분에 의해 그렇게 되는 경우를 구별해야 한다(물론 고프먼의 시대에는 택시 운전사가 손님보다 낮은 신분으로 간주되었다는 점을 고려해야 할 것이다). 전자의 경우, 비가시화가 인격에 대한 부정을 의미하지 않는다. 이는 택시 운전사와 승객의 상호작용을 관찰해보면 쉽게 알 수 있다.

택시에 탄 승객은 먼저 운전사와 서로의 존재를 인정하는 의례를 주고받는다. 인사말이 오가고, 때로는 날씨에 대한 짧은 대화가 이어지기도 한다. 이어서 목적지에 대한 확인이 이루어지는데, 운전사가 비가시화되는 것은 이때부터이다. 물론 어떤 운전사들은 승객에게 사탕을 권하거나 계속 말을 걸면서 호스트의 역할을 수행하기도 한다. 하지만 그럴 때 승객이 창밖으로 시선을 돌린다든지 가방에서 책을 꺼내는 등 침묵을 원한다는 표시를 하면, 상호작용이 중단되는 게 보통이다. 승객의 이러한 행동은 운전사의 인격에 대한 무시가 아니다. 그보다는 운전사

등을 비인격의 범주에 포함시킨다. 그리고 "비인격의 역할은 일반적으로 종속이나 경멸을 수반하지만, 이러한 역할을 맡은 사람이 때때로 그것을 방어막으로 사용한다는 점 또한 과소평가해서는 안 된다"고 덧붙인다(Erving Goffman, 같은 책, p. 152).

4) 그래서 제주도에서 흔히 그러듯이 택시를 종일 대절한 승객은 점심시간이 되었을 때 미묘한 문제에 직면한다. 그는 운전사가 근무에서 잠시 벗어났다고 간주하고 함께 식사를 하며 이야기를 나눌지, 아니면 운전사가 여전히 근무 중이라고 규정하고 따로 식사를 할지 결정해야 한다. 식당 종업원이 두 사람을 일행으로 생각하고 같은 테이블로 안내할 경우, 결정은 더욱 어려워진다. 그가 운전사와 따로 앉기를 고집한다면, 운전사는 모욕감을 느낄지도 모른다. 하지만 그가 운전사와 함께 식사를 한다면, 택시로 돌아갔을 때 그는 더 이상 조용히 창밖을 바라보며 명상에 잠길 수 없을 것이다. 즉 그는 운전사를 다시 비가시화하는 데 실패할 가능성이 높다.

에게 택시 안에서 지켜져야 할 규범으로 돌아갈 것을 촉구하는 것이다. 좀더 정확히 말해 승객과 운전사는 택시라는 공간에 대한 각자의 해석을 상대방에게 제시하며, 그에 따라 기대를 조정한다. 어떤 운전사들은 택시를 자기의 공간으로 생각하고, 승객을 손님처럼 접대하려고 한다. 하지만 대부분의 승객들은 택시를 공공장소로 간주하며, 운전사에게 '예의 바른 무관심civil inattention'을 요구한다. 마지막으로 지적할 점은 택시 운전사는 뒷자리에서 일어나는 일을 못 본 척하도록 기대되지만, 승객들의 행동이 어떤 선을 넘을 경우(싸움이나 술주정 등) 개입할 권리를 갖는다는 사실이다. 이는 공공장소에서 규칙을 위반하는 사람에게 예의 바른 무관심의 원칙이 더 이상 적용되지 않는 것과 유사하다. 고프먼은 비인격 취급nonperson treatment이 예의 바른 무관심과 대립한다고 말한다.[5] 그러므로 만일 택시 운전사와 승객의 상호작용에 대한 우리의 관찰이 옳다면, 우리는 고프먼이 택시 운전사를 비인격으로 분류하면서 이 범주를 무리하게 확장하고 있다고 결론지어야 할 것이다.

이처럼 고프먼은 일반적인 용법과 달리[6] 비인격이라는 범주를 사회

---

5) "오늘날 우리 사회에서 이런 종류의 취급(비인격 취급)은 여기서 '예의 바른 무관심'이라고 부르려 하는, 대부분의 상황에서 일반적으로 더 적합하다고 여겨지는 취급과 대조를 이룬다. 예의 바른 무관심이란, 한 사람이 다른 사람에게 (자기가 그를 보았다는 것을 공개적으로 시인하면서) 그의 존재를 느끼고 있음을 나타내기에 충분한 시각적 신호를 보내고, 이어서 자신의 주의를 다른 데로 돌림으로써 자기가 그에게 별다른 호기심이나 의도를 품고 있지 않다는 점을 표현하는 것이다"(Erving Goffman, *Behavior in Public Places*, New York: Free Press, 1963, p. 84).

6) 위키피디아(영어판)의 "nonperson" 항목에 따르면, "비인격은 사회적·법적 지위를 결여한, 상실한, 혹은 박탈당한, 그래서 기본적인 인권을 부정당하는 시민이나 집단의 구성원을 가리키며, 특히 그 사람의 존재에 대한 기록이 사실상 모두 사라진 경우damnatio memoriae(어떤 사람이 공적으로 잊혀졌음을 선언하는 로마의 형벌)에 사용된다. nonperson의 이러한 용법은 조지 오웰의 『1984』에서 유래한다고 알려져 있다. 고프먼은 조지 오웰을 참조하지만, 자신의 방식으로 이 개념을 변형한다(Andrew Travers, "Nonperson and Goffman,"

적·법적 성원권의 상실과 연관시키지 않고 순수하게 연극적인 맥락에서 사용한다. 이러한 접근은 혼란을 유발할 수 있지만, 분명한 장점 또한 지닌다. 이를 통해 우리는 인격personality이 고정된 실체가 아니라 상호작용 속에서 끊임없이 현상하는 것임을 이해하게 된다. 고프먼의 표현을 빌리면, "얼굴은 그것을 갖고 있는 사람의 내부나 표면이 아니라, 만남을 구성하는 사건들의 흐름 속에 퍼져 있다."[7] 우리는 얼굴face을 갖고 있다는 사실에 의해 사람이 된다. 하지만 이 얼굴은 우리 몸의 일부도 아니고, 영혼의 반영도 아니다. 우리는 다른 사람들과의 만남 속에서 얼굴이 있는 듯이 행동하고, 우리의 얼굴에 대해 존중을 요구함으로써 얼굴이 실제로 거기 있게 해야 한다. 마찬가지로 우리는 상대방의 사람 연기에 호응하고, 그의 얼굴에 대해 경의를 표시하며, 그가 얼굴을 유지할 수 있게 도와야 한다.[8] 말하자면 얼굴은 상호작용 속에서 가정되고 또 실현되는, 의례적 픽션이다. 우리는 서로의 얼굴에 대해 의례를 행함으로써 서로를 사람으로 임명한다.

다시 말해 고프먼의 접근은 사람의 수행성을 강조한다. 사람은 단순한 법적 카테고리도 아니고, 사회화를 통해 어떤 속성들 —— 사람다움 —— 을 획득함으로써 도달하게 되는 상태도 아니다. 고프먼의 관점에

Goffman and Social Organization, Greg Smith(ed.), London/New York: Routheldge, 1999, pp. 156~76).

7) Erving Goffman, *Interaction Ritual*, London: Penguin Books, 1967, p. 7: 어빙 고프먼, 『상호작용 의례』, 진수미 옮김, 2013, 아카넷, p. 19 참조.

8) 고프먼은 이것을 얼굴 유지라고 부른다. 얼굴 유지는 개인이 그 자신을 포함하여 누구도 낯이 깎이는 일이 없도록 자신의 말과 행동을 조절하는 것을 말한다. 얼굴 유지는 일종의 의례이다. "이것을 의례라고 할 수 있는 이유는 그 사람이 얼마나 존중받을 가치가 있느냐 혹은 그가 얼마나 다른 사람들을 존중하느냐를 상징적으로 표현하는 것이 여기서 문제이기 때문이다. [……] 얼굴은 그러므로 신성한 대상이다. 그리고 그것의 보존에 필요한 표현적 질서 expressive order는 의례적 질서이다"(Erving Goffman, 같은 책, p. 19).

서 사람이란 곧 연기자를 말하는데, 우리는 사회라는 무대 위에 올라가서 실제로 연기를 하면서 우리의 사람자격을 확인받게 된다. 이는 주로 고프먼의 인용을 통해 알려진, 로버트 파크의 유명한 문장에 잘 요약되어 있다. 파크는 먼저 사람을 뜻하는 라틴어 페르소나가 원래 고대의 연극에서 사용되는 가면을 가리켰음을 상기시킨다. "사람person이라는 단어의 첫번째 의미가 가면mask이라는 사실은 단순한 역사적 우연이 아닐 것이다. 그보다 이것은 모든 사람이 언제나 그리고 어디서나, 어느 정도 의식적으로 어떤 역할을 연기한다는 점을 일깨운다…… 우리가 서로를 아는 것은 이 역할들 속에서이며, 우리가 우리 자신을 아는 것 또한 이 역할들 속에서이다." 이어서 그는 가면이 우리의 인격의 일부이며 우리는 가면을 씀으로써, 즉 어떤 역할role 또는 성격character을 연기함으로써 비로소 사람이 된다고 주장한다. "어떤 의미에서 이 가면이 우리가 우리 자신에 대해 품고 있는 관념 — 우리가 수행하려고 애쓰는 역할 — 을 대표하는 한, 이 가면은 우리의 더 진실한 자아, 우리가 되고자 하는 자아이다. 결국, 우리의 역할에 대한 관념은 제2의 자연이자 우리 인격의 통합적인 부분이 된다. 우리는 개인으로서 이 세상에 와서, 성격을 구축하며 사람이 된다."[9]

여기서 얼굴과 가면이 다르다는 점을 지적해두기로 하자. 인격과 성격을 구별하듯이 우리는 이 둘을 구별해야 한다. 가면이 우리가 연기하고자 하는 성격과 관련된다면, 얼굴은 그 가면의 배후에 있다고 여겨지는, 연기자로서의 우리의 주체성과 관련된다. 나는 지금 가면의 뒤에 연

---

9) Robert Ezra Park, *Race and Culture*, Glencoe/Illinois: The Free Press, 1950, pp. 249~50; Erving Goffman, *The Presentation of Self in Everyday Life*, pp. 19~20.

기되지 않은 진짜 자기가 있다고 말하는 게 아니다. 우리는 언제나 자기를 연기하며, 심지어 일기를 쓸 때도 그러기 때문에, 진정한 우리 자신이 어떠한지 결코 알 수 없다. 가면의 뒤에 — 즉 얼굴의 자리에 — 있는 것은 어떤 종류의 내면성이 아니라, 신성한 것the sacred 또는 명예이다.

얼굴이 있다는 것은 명예가 있다는 말과 같다. 체면을 잃는다lose one's face거나 체면을 살린다save one's face는 표현에서 보듯이, 일상어에서 얼굴은 명예와 같은 뜻으로 쓰이곤 한다. 명예는 개개의 인간 존재를 가상의 구로 둘러싸서, 함부로 다가갈 수 없게 만든다. 고프먼은 짐멜을 인용한다. "이 구는 다양한 방향으로 찌그러져 있고 상대가 누구냐에 따라 크기가 달라지지만, 개인의 인격성의 가치가 파괴되지 않는 한 침투 불가능하다. 한 사람이 지닌 '명예'가 그의 둘레에 이런 종류의 구를 만들어낸다. 어떤 사람의 명예에 모욕이 가해졌을 때 사용되는 '너무 가까이 갔다'는 표현은 정곡을 찌르는 것이다. 이 구의 반지름은 침범하면 그 사람의 명예에 대한 모욕이 되는, 타인과의 거리를 표시한다."[10]

뒤르켐은 짐멜과 유사한 이야기를 하면서, 명예 대신에 신성함이라는 단어를 쓴다. "인격은 신성한 것이다. 우리는 그것을 범하지도 그 둘레를 침범하지도 않는다. 하지만 동시에 타인과의 교류는 지고의 행복이다."[11] 고프먼은 신성함이 의례를 통해 확립되고 재생산된다는 뒤르켐의 통찰에서 출발하여, 일상적인 의례들 속에서 사람이 어떻게 신성한 것으로 나타나는지 분석한다. 『종교 생활의 원초적 형태』에서 뒤르

---

10) George Simmel, *The Sociology of George Simmel*, Kurt H. Wolff(trans. & ed.), Glencoe/Illinois: The Free Press, 1950, p. 321; Erving Goffman, *Interaction Ritual*, p. 62에서 재인용; 한국어판은 어빙 고프먼, 『상호작용 의례』, p. 72.

11) Emile Durkheim, *Sociology and Philosophy*, D. F. Pocock(trans.), London: Cohen & West, 1953, p. 37.

켐은 회피, 금지, 거리두기로 이루어지는 소극적 의례negative rites와 경의를 표현하는 가시적인 행위들로 이루어지는 적극적 의례positive rites를 구별하는데, 이는 사람에 대한 의례에도 적용될 수 있다. 개인의 몸을 둘러싼 '가상의 구'를 침범하지 않으려는 다양한 노력——가장 잘 알려진 예는 엘리베이터를 탄 사람들 사이에서 일어나는 끊임없는 자리의 재조정이다——이 전자에 속한다면, 얼굴에 대한 의례들은 후자에 속한다.

그러므로 우리는 얼굴을 개인이 맡은 역할이나 그 역할에 대한 그 사람 고유의 해석, 혹은 연기를 통해 그가 만들어내는 구체적인 자기 이미지와 동일시해서는 안 된다. 얼굴은 그처럼 개별적이고 가시적인 것이 아니다. 얼굴은 결코 가면과 분리될 수 없으면서도 가면의 뒤에 있다고 상상되는 무엇이다. 어떤 사람의 연기가 마음에 들지 않더라도, 그리고 그가 만들어내는 것이 가면에 불과함을 알면서도 그 가면을 굳이 벗기려 하지 않을 때, 나아가 그의 연기에 호응하면서 그가 가면을 완성하도록 도와주고, 실수로 가면이 벗겨지더라도 못 본 체할 때, 한마디로 그의 가면 뒤에 있는 '신성한 것'에 대해 경의를 표할 때 그 사람은 얼굴을 갖게 된다.

고프먼은 얼굴을 유지하는 것이 상호작용의 목표라기보다는 조건이라고 말한다. 상호작용의 목표들——의견을 나누고 협력하고 문제를 해결하는 등——은 보통 서로 얼굴을 잃지 않고 또 잃지 않게 하려는 노력 속에서 진행된다. 다른 말로 하자면 우리는 사회 안에서 행위자로서 목표지향적인 활동을 수행하는 동시에, 사람으로서 서로를 인정하는 의례를 수행한다. 이는 총체로서의 사회가 **구조**structure와 **상호작용 질서**interaction order로 이원화되어 있음을 함축한다. '구조'가 지위와 역할의 할당 및 (베버적 의미에서) 자본의 분배와 관련된다면, '상호작용 질서'

는 성원권의 인정과 관련된다. 현대 사회는 구조의 면에서 불평등한 개인들이 상호작용의 질서 안에서는 평등하다고 가정한다. 즉 지위의 높고 낮음이나 자본의 많고 적음에 관계없이, 현대 사회의 구성원들은 사람으로서 평등하다. 상호작용 의례는 바로 이 점을 확인한다.

명예와 존엄

인격이 (법적 픽션일 뿐 아니라) 사회적 공연 속에서 재생산되는 의례적 픽션이라는 고프먼의 생각은 자주 오해되어왔다. 가장 흔한 오해는 고프먼이 사회적 삶을 진짜가 아니라는 의미에서의 연기, 즉 진정성이 결여된 말과 몸짓의 끝없는 교환으로 간주했다는 것이다. 이런 시각은 필연적으로 다음과 같은 질문을 수반한다. "진짜 자기는 어디에 있는가?"(혹은 "우리는 언제 진짜 자기로 돌아갈 수 있는가?") 이것은 고프먼을 소외론의 계보에 등록시키는 질문이다. 어떤 사람은 고프먼이 무대 바깥에 진짜 자기가 있음을 암시했다고 믿는다. 이는 현대인이 고독하고 사적인 개인으로 돌아갈 때만 소외에서 벗어날 수 있다는 뜻이다. 또 다른 사람은 우리는 혼자 있을 때도 가면을 벗을 수 없고, 가면 뒤에는 사실 아무것도 없다는 게 고프먼의 통찰이라고 말한다. 이 경우, 소외에서 벗어나는 것은 원천적으로 불가능하다.

하지만 소외는 고프먼의 테마가 아니다. 그의 관심사는, 이렇게 말해도 좋다면, 영혼이 아니라 그림자이기 때문이다. 알래스데어 매킨타이어는 고프먼이 사르트르와 마찬가지로 자아와 세계의 이분법 안에 갇혀 있다고 생각하는데, 고프먼에 대한 그의 냉혹한 평가는 이런 오해에서 비롯된다. 『덕의 상실』에서 매킨타이어는 고프먼이 자아를 그저 역할이라는 옷을 걸 수 있는 옷걸이로 취급한다고 비난하면서, 이는 (자아를 금반지의 구멍[12]으로 간주하였던) 사르트르의 관점과 다르지 않다고 주장한다. "두 사람은 무엇보다 자아를 사회적 세계를 넘어서 있는 것으로 설정한다는 점에서 일치한다. 고프먼에게는 사회 세계가 모든 것을 의미하기 때문에 자아는 아무것도 아닌 무이다. 자아는 어떤 사회적 공간도 점유하지 않는 것이다. 사르트르에게 자아는 사회적 공간을 오직 우연적으로 차지하기 때문에 그 역시 자아를 결코 하나의 주어진 현실로 보지 않는다."[13]

이러한 시각은 고프먼의 사회학이 냉소적이며, 명예나 모욕의 문제를 적절히 다루지 못한다는 비판으로 이어진다. 고프먼적인 주체는 그때그때 가면을 바꾸어 쓰면서, 자기에게 고정된 인격이 없다는 사실을 전혀 유감스럽게 생각하지 않는다. 그는 끊임없이 명예를 추구하지만 그가 획득한 명예는 상호작용에서의 성공을 표시할 뿐, 자아에 대해서 아무것도 말해주지 않는다는 점에서 전통 사회의 명예와 다르다. "고프먼적 역할-행위자들의 목표는 효율성이며, 성공은 고프먼적 사회 세계에서 성공으로 여겨지는 것에 지나지 않는다. 그것은 그 밖의 다른 것일 수

---

12) "금반지에는 구멍이 있는데, 이 구멍은 금과 마찬가지로 금반지에게 본질적인 것이다. 금이 없다면 '구멍'(그렇다면 구멍은 아예 존재할 수도 없으리라)은 반지가 아니다. 그러나 구멍이 없다면 금(금은 구멍이 없더라도 존재한다) 또한 반지가 아니다. [……] 구멍이란 그 구멍을 둘러싸고 있는 금에 힘입어서만 (어떤 부재의 현전으로서) 존재하는 무無이다. 마찬가지로 인간이란 행동인데, 이러한 인간은 그가 '부정하는' 존재에 힘입어서 존재 속에서 무화無化하는 그러한 무일 수 있으리라"(알렉상드르 꼬제브, 『역사와 현실 변증법』, 설헌영 옮김, 한벗, 1981, p. 237). 코제브의 헤겔 강의에 나오는 이 유명한 문장은 사르트르의 『존재와 무』에 깊은 영감을 준다(Vincent Descombes, Le Même et l'autre, Paris: Les Éditions de Minuit, 1979, p. 49 참조).

13) 알래스데어 매킨타이어, 『덕의 상실』, 이진우 옮김, 문예출판사, 1997, p. 61.

없다. 왜냐하면 고프먼적 세계는 어떤 객관적 성취 기준도 가지고 있지 않기 때문이다."[14] 매킨타이어는 이것을 아리스토텔레스의 관점과 비교한다. 아리스토텔레스에게 명예란 어떤 사람이 행위를 통해 자신의 덕(혹은 탁월함)을 드러내 보였을 때 그에게 주어지는 것이다. 즉 명예는 그의 인격에 대해 무언가를 말해주기 때문에 가치 있는 것이지, 그 자체로서 추구되어야 하는 선이 아니다.

아리스토텔레스의 명예 개념은 사람들이 사회 안에 각자 자기 자리를 가지고 있었고, 그 자리에 어울리는 인간이 되려고 노력했던 시대의 윤리 감각에 뿌리박고 있다. 이러한 윤리 감각은 무엇보다 모욕에 예민하게 반응하는데, 모욕은 명예에 대한 부정이자 자격에 대한 의심을 뜻하기 때문이다.

많은 전근대 사회에서 명예는 한 사람이 사회질서 내에서 자기에게 **마땅한** 자리를 가지고 있기 때문에 그에게, 그의 친족에게, 그의 가족에게 마땅한 것이다. 어떤 사람의 명예를 손상시킨다는 것은 따라서 그에게 마땅한 것을 인정하지 않는다는 것을 의미한다. 그렇기 때문에 모욕의 개념이 사회적으로 매우 중요해지며, 그와 같은 사회에서 특정한 종류의 모욕은 죽음을 받을 만하다. 피터 버거와 그의 공동 저자들은 우리가 현대 사회에서 모욕을 당할 때 법적인 배상청구권도 또 유사법적인 배상청구권도 가지고 있지 않다는 사실의 의미를 강조하였다. 모욕은 우리의 문화적 삶의 주변부로 추방되었으며, 그곳에서 그것은 공적인 갈등보다는 사적인 감정을 표현한다. 그리고 놀랍게도 이것은 고프먼이 자신

---

14) 같은 책, p. 175.

의 글에서 모욕을 위해 남겨놓은 유일한 장소이다.[15]

매킨타이어의 논점을 이해하려면, 우리는 명예 개념의 쇠퇴에 대한 피터 버거의 고전적인 논의로 돌아가야 한다. 버거에 따르면, 현대인들은 명예를 지나간 시대에 속하는 낡은 관념으로 여기는 경향이 있는데, 이는 그들이 모욕─모욕이란 본질적으로 명예의 훼손이다─을 처리하는 방식에서 단적으로 확인된다. "근대적 의식에 있어서는 미국의 법률에서 볼 수 있는 것과 같이, 모욕이 그 자체만으로 고소를 제기할 수 있는 것이 못되며, 진정한 손상으로 인정되지 않는다. 모욕받은 당사자는 물질적인 손해를 증명할 수 있어야 한다. 물론 정신적 고통도 법적 손해배상 청구의 근거가 될 수 있지만, 그것 역시 명예 훼손이라는 관념과는 거리가 멀다⋯⋯ 〔물질적으로나 정신적으로 손해를 입증할 수 없는데도〕 명예가 훼손되었다고 끈덕지게 주장하는 자가 있다면, 그에게는 ('노이로제' 같은) 정신의학 용어나 ('고루한 사람' 따위의) 문화적 지체를 표현하는 용어로 딱지가 붙여질 것이다."[16]

보수적인 사상가들에게 명예의 쇠퇴는 곧 도덕의 쇠퇴로 간주된다. 하지만 버거는 명예의 중요성을 평가절하하는 태도가 개인의 존엄성 dignity에 대한 깊은 관심과 동시에 나타났다는 데 주목한다. 현대의 새로운 도덕은 실로 존엄성의 개념을 토대로 삼고 있다. 명예의 관념이 전통적인 사회질서 및 그 안에서 개인들이 갖는 위치감각에 뿌리를 두고 있다면, "존엄은 명예와는 대조적으로 사회적으로 부과된 모든 역할과

---

15) 같은 책, p. 176.
16) 피터 버거 외, 『고향을 잃은 사람들』, 이종수 옮김, 한벗, 1981, pp. 79~80.

규범을 벗어던진 내면적인 인간성과 관련되어 있다. 그것은 자아 그 자체에 고유한 것이며, 그 사회적 지위에 관계없이 개인에게 고유한 것이다."[17]

명예에서 존엄으로의, 도덕적 강조점의 이동은 현대 사회에서 개인의 정체성이 더 이상 제도화된 역할에 의지하지 않는다는 사실을 반영한다. "명예의 세계에서 개인은 자신의 방패에 새겨진 사회적 상징이다. 기사의 진정한 자기는 그의 역할을 표시하는 휘장을 몸에 지닌 채 말을 타고 전쟁터에 나갈 때 분명해진다. 〔……〕 반면, 근대적 의미의 존엄의 세계에서 인간 간의 상호작용을 지배하는 사회적 상징은 가장假裝일 뿐이다. 방패꼴 무늬는 진정한 자기를 감추고 있다. 더 진실하게 그 사람을 표시하고 있는 것은 바로 벌거벗은 인간, 더 구체적으로 말하면 그의 성性의 표지를 드러내놓고 있는 벌거벗은 남자이다." 그 결과 현대인은 그의 선조와는 정반대의 방식으로 "자기를 발견"한다. "명예의 세계에서 개인은 진정한 정체성을 역할 속에서 발견한다. 그 역할에서 도망치는 것은 자기 자신으로부터 도망치는 것과 같다. 존엄의 세계에서 그는 사회가 부과한 여러 가지 역할로부터 자기를 해방함으로써 진정한 정체성을 발견할 수 있다. 역할들은 단순한 가면이며, 그를 환상과 소외와 자기기만에 빠뜨린다."[18]

현대의 자기 이해를 간결하게 드러내는 이 같은 묘사는 일련의 대립 쌍들 위에 세워져 있는데, 그것들을 작동시키는 원리는 세계와 자아의 불화이다.

---

17) 같은 책, p. 84.
18) 같은 책, pp. 85~86.

명예의 세계	존엄의 세계
위계(신분)	평등
옷을 입은 인간	벌거벗은 인간
공적 공간(전쟁터)	사적 공간(침대)
규범	자유
위치감각	좌표의 상실
⋮	⋮

왼쪽의 항목들을 '전통 사회'에, 오른쪽의 항목들을 '현대 사회'에 귀속시킨다면, 우리는 이것을 현대화가 개인의 정체성에 미친 영향의 대차대조표로 읽을 수 있다. 버거는 우리가 명예의 세계를 떠나 존엄의 세계로 옮겨왔다고 말한다. 이 변화는 일견 바람직해 보인다. 명예는 그것을 가질 자격이 있는 자에게만 주어지지만, 존엄은 누구에게나 주어진다. 존엄의 관념은 위계를 부정하고 우리를 평등하게 만든다. 하지만 이 평등은 벌거벗은 인간들의 평등, 역할의 갑옷을 벗고 사적인 공간으로 물러난 고독한 개인들의 평등이다. 그들은 자유를 갈망하며 규범에 저항한다. 그러나 그 자유는 좌표의 상실이라는 대가를 치르고서만 얻어질 수 있다.

이 도표가 현실의 차이가 아니라, 가치의 대립을 나타낸다는 점에 주의하도록 하자. 규범과 자유의 대립은 현대인이 규범으로부터 해방되었음을 뜻하는 게 아니라, 여전히 규범을 지키면서도 자신의 행위에 도덕적 의미를 부여하지 않는다는 것이다. 마찬가지로 옷을 입은 인간과 벌거벗은 인간의 대립은 현대인이 옷을 입은 자기, 즉 남들에게 보여지는 공적인 자기를 진짜 자기로 인정하지 않는다는 뜻이다. 어째서 현대인은 규범을 지키면서도 규범에 거리를 느끼는가? 어째서 그는 벌거벗은 상태로 돌아왔을 때 비로소 편안해지는가? 그의 영혼이 깊은 곳에서 세계와 불화하기 때문이다. 다시 말해서 이 도표는 현대성의 핵심에 세계와 자아의 불화가 있음을 나타낸다.

현대인은 일종의 자기 분열로써 이 불화에 대처한다. 카프카의 「시골의 혼례 준비」에서처럼, 옷을 입힌 육신에게 모든 일을 처리하게 하고, 자기는 침대에 남아 있는 것이다.

내가 직접 시골에 갈 필요는 없다. 옷을 차려입힌 육신을 보낼 것이다. 그것이 비틀거리며 내 방문을 나선다면, 그 비틀거림은 두려움이 아니라 무가치함을 나타낼 것이다. 또한 육신이 계단에서 뒹군다 해도, 또한 그것이 훌쩍거리며 시골로 가 거기서 울면서 저녁밥을 먹는다 해도, 그건 역시 흥분 탓은 아니다. 그럴 것이 나, 나는 그 사이에 황갈색 이불을 반듯하게 덮고 조금 열린 방을 통해 부는 바람 속에 몸을 드러내놓고 침대에 누워 있으니까.[19]

여기서 우리가 던져야 할 질문은 육신과 분리된 나 ─ 역할의 옷을 벗은 옷걸이 자체 ─ 는 과연 무엇일 수 있느냐 하는 것이다. 왜냐하면 카프카는 침대에 누워 있는 나를 한 마리의 갑충으로 형상화하기 때문이다.

실로 나는 한 마리 딱정벌레의 거대한 형상 그대로이다. 나는 겨울잠

---

19) 클라우스 바겐바하, 『프라하의 이방인 카프카』, 전영애 옮김, 한길사, 2005. p. 110.

을 자는 체한다. 짧은 다리들을 부풀어오른 몸에다 바짝 오그려 붙이고 말이다. 그러고는 몇 마디 안 되는 말을 중얼거리는데, 그 말들은 내 곁에 바짝 다가서서 몸을 굽히고 있는 나의 슬픈 육신에게 내리는 지시이다. 곧 준비하겠습니다, 끝내죠, 하고 그는 절하고 얼른 가버린다. 그는 내가 쉬고 있는 동안 모든 것을 썩 잘 해치울 것이다.[20]

이 모티브는 뒤에 「변신」에서 반복되는데, 거기서는 자아의 껍데기에 해당하는 부분, 즉 옷을 입은 육신이 처음부터 사라져서 돌아오지 않고, 내면성을 상징하는 딱정벌레만 남는다. 하지만 어째서 딱정벌레인가? 내가 수행하는 역할들, 나의 가면들이 내게 비본래적인 것이라면, 그것들을 벗은 나는 더 인간적인 모습을 띠어야 하지 않을까? 게다가 벌레가 된 그레고르는 조금도 품위 있어 보이지 않는다. 그는 상한 음식을 먹고, 오물 속을 뒹굴며, 가정부의 빗자루를 피해 이리저리 기어 다닌다. 존엄성이 자아 자체에 고유하다는 말은 우리가 세상으로부터 어떤 모욕적인 대우를 받더라도 여전히 품위를 유지할 수 있다는 뜻일까?

현대적 자아 —— 매킨타이어가 정의주의적情意主義的이라고 명명한 자아 —— 에 대한 매킨타이어의 비판은 이러한 의문과 관련이 있다. 아마 우리는 공적인 자아를 벗어던진 뒤에도 여전히 어떤 자아를 —— 사적이고 내밀하며 우리 자신의 원래 모습에 더 가까운 자아, 더 편안하게 걸칠 수 있는 자아를 —— 가질 수 있을 것이다. 하지만 이 두번째 자아는 모든 공적인 문제로부터 물러나 있기 때문에, 결코 그 자체로서 완전할 수 없다. 아렌트가 주장하듯이 활동적인 삶이 행동action에 의해 완성되

---

20) 같은 책, p. 111.

고, 타자의 존재가 바로 행동의 조건이라면,[21] 모든 사회관계로부터 철수한 이 자아는 행동의 가능성을 알지 못하는 만큼, 어떤 동물성 속으로 굴러 떨어져 있다고 해도 좋을 것이다.

벌레가 된 그레고르 잠자는 "실존에 눈뜬 개인"의 표상으로 여겨진다.[22] 하지만 우리는 그의 모습에서 현대 문화가 처한 곤경을 읽을 수 있다. 현대인이 사적인 공간에서만 진정한 자기를 발견한다면, 이는 현대성의 기획의 실패를 의미한다. 더구나 우리는 이 고립된 개인들이 타자의 인정과 지지 없이 어떻게 존엄을 유지할 수 있는지 알지 못한다. 사적인 공간을 지켜주는 것은 개인의 자리에 대한 공적인 인정이 아닌가? 세계와 홀로 맞선 자아는 타자의 난입을 막을 수 있을까? 그레고르는 단지 방에 갇혀 있는 게 아니다. 그를 가둔 감옥의 문은 아무 때나 그가 원하지 않는 순간에 열린다.

결국 세계와 자아의 대립을 극복하는 것이 문제이다. 매킨타이어가 아리스토텔레스적인 덕으로 돌아가는 것은 그래서이다. 그는 이 개념에 의지하여 역할과 자아(옷을 입은 육신과 그것을 지켜보는 영혼)를 분리하는 사르트르의 관점과, 자아를 역할들 속으로 해체하는(즉 영혼의 존재를 부인하는) 고프먼의 관점을 모두 넘어서려고 한다. 사르트르는 덕 있는 삶의 본보기들을 모두 '인습적'이라고 평가절하한다. 그에게 있어 진실한 것은 인습적인 사회관계를 거부하는 자아의 태도뿐이다.[23] 사르트르적인 자아에게 평판이나 명예는 전혀 중요하지 않을 것이다. 고프먼은 그와 반대로 체면을 유지하는 데 과도하게 몰두하며 그 이상의 어떤

---

21) 한나 아렌트, 『인간의 조건』, 이진우·태정호 옮김, 한길사, 1996.
22) 한국카프카학회 엮음, 『카프카 문학론』, 범우사, 1987 참조.
23) 알래스데어 매킨타이어, 같은 책, p. 301.

가치도 추구하지 않는 자아를 그린다. 고프먼적인 자아가 일관성 있게 보인다면, 이는 일관성 있게 **보이려고** 애썼기 때문이지, 자신의 삶을 하나의 이야기로 만들고 그 이야기 속에서 **살아가려** 했기 때문이 아니다. 덕의 개념은 동전의 양면처럼 맞붙어 있는 이 두 가지 오류를 바로잡는 데 도움이 된다. 덕은 문화 속에서만 정의될 수 있지만, 덕을 추구하는 것은 단순히 평판을 추구하는 것과 다르기 때문이다.

나는 여기서 아리스토텔레스적 덕에 대해 설명하려 들지 않을 것이다. 이 글의 의도는 덕을 옹호하는 것이 아니라, 명예와 존엄의 대립을 비판하는 데 있다. 매킨타이어는 현대 사회에서는 명예의 개념이 쇠퇴하고 존엄성의 개념이 그 자리를 대신 차지한다는 버거의 주장에 암묵적으로 동의한다. 그는 '정의주의적 자아,' 즉 모든 가치판단의 근거를 자기 자신에게 두는 현대적 자아의 출현을 이러한 변화와 연결짓고 있으며, 이 점에서 정체성의 '탈제도화'와 '주관화'가 현대의 특징이라고 파악한 버거와 인식을 같이한다. 두 사람의 차이는 현대성을 규정하는 방식이 아니라 현대성을 대하는 태도에서 나타난다. 버거는 명예의 붕괴가 "현대인이 성취한 어떤 해방의 대가로서도 매우 값비싼 것"이었음을 시인하면서도, "사회적 위치와 무관하게 그 자체로서 존엄을 갖춘 자율적 자기의 발견"이 현대적 의식의 이러한 재배치를 통해서만 이루어질 수 있었음을 역설한다. "현대 사회를 마구 고발하는 사람은 인간의 존엄과 권리의 발견마저 고발할 것인지 생각해보아야 한다."[24] 반면 매킨타이어에게 인권의 개념은 전통적 도덕을 대체하기 위해 만들어진 허구에 지나지 않는다. 이 개념은 또 다른 허구인 '유용성utility'과 더불

---

24) 피터 버거 외, 같은 책, p. 89.

어 도덕적 관용어로 사용되면서, 현대의 정치과정에 합리적 외양을 제공한다. 하지만 권리와 유용성이 충돌할 때 어느 쪽을 선택해야 하는지에 대해 어떤 보편적 원칙도 존재하지 않는다는 사실에서 알 수 있듯이, 논증의 거짓 합리성은 그것을 이용하여 원하는 결론을 내리는 권력의 자의성을 은폐할 뿐이다.[25]

그러나 우리는 명예의 쇠퇴가 가져온 도덕적 결과들을 평가하기 전에, 명예와 존엄을 이처럼 대립적으로 이해하는 것이 옳은지 자문해야 한다. "명예의 세계에서 존엄의 세계로의 이행"이라는 버거의 명제는 현대적 인간상의 추상적이고 보편적인 성격을 부각시킨다는 장점을 지닌다. 인권의 주체인 인간은 아무런 구체적 내용도 갖지 않는, 비어 있는 범주이다. 그는 역사도 전통도 미덕의 관념도 알지 못하며, 행위를 통해 자신의 본질을 증명할 필요도 없다. 이것은 인권이 인류의 모든 구성원에게 조건 없이 주어지기 위한 필수 조건이다. 하지만 명예와 존엄을 대립시키고, 전자를 '옷을 입은 인간'에 그리고 후자를 '벌거벗은 인간'에 귀속시킴으로써, 버거는 존엄 역시 문화적인 관념이며, 사회적인 의례를 통해 재생산된다는 점을 망각하게 만든다. 벌거벗은 인간 역시 무언가를 입고 있으며, 그의 존엄은 바로 여기서 비롯된다.

버거가 제시하는 이행의 도식 ─ 한쪽에는 명예와 역할 자아('옷을 입은 인간'), 그리고 규범과 위치감각이 있고, 다른 쪽에는 존엄, 역할에서 벗어난 자아('벌거벗은 인간'), 자유, 좌표 상실이 있는 ─ 을 다시 살펴보자. 이 이분법의 문제점은 구조와 상호작용 질서를 구별하지 않는다는 것이다. 사회는 구조, 즉 역할들의 체계와 동일시되며, 역할의 옷을

---

25) 알래스데어 매킨타이어, 같은 책, pp. 112~15.

벗는 것은 사회 바깥으로 나가는 것과 동일시된다. 그 결과 개인은 구조가 요구하는 역할들을 수행하든지, 아니면 그것을 거부하고 사회 바깥으로 나가든지 둘 중 하나를 택해야 한다. 즉 이 모델은 행위자에게 순응주의냐 내면으로의 침잠이냐라는 양자택일만을 남긴다. 규범 또는 가치 체계(마르크스주의 용어로는 이데올로기)가 구조의 산물이자 구조의 재생산을 위한 하나의 계기로 여겨지는 한, 구조에 대한 저항은 모든 규범의 거부로 귀결될 것이다(매킨타이어가 격렬하게 비판했던 것이 바로 이러한 도덕적 진공상태이다).

하지만 사회는 구조로 환원될 수 없다. 우리는 사회적 실천들 속에서 역할의 수행이나 구조의 재생산과 무관한, 순수한 상호작용의 층위를 발견한다. 버스 정류장에서 줄을 서는 것[26]이나 낯선 장소에서 길을 묻는 것같이, 각자의 사회적 역할을 괄호 안에 넣은 채 이루어지는 상호작용이 그러한 예이다. 그럴 때 상호작용의 참가자들은 다른 참가자들의 신원에 대해 약간의 정보를 가지고 있을 수도 있지만(갑돌이는 자기 앞에 서 있는 여자가 치과 의사임을 알아본다), 주어진 맥락에서 그것이 중요하지 않다고 느낀다. 왜냐하면 그들은 역할의 담지자(치과 의사, 환자)로서가 아니라, 사람 대 사람으로 조우하는 중이기 때문이다. 그런데 역할에서 벗어나 있을 때에도 그들은 여전히 어떤 질서 — 의례적 질서 — 속에 있다. 그들은 적극적이거나 소극적인 방식으로 서로의 존재에 대한 인정을 표현한다. 버스를 기다리는 사람들은 서로에게 예의 바

---

26) 고프먼은 줄 서기는 상호작용의 질서에 대한 순수한 헌신을 표현하며, 그런 점에서 모든 사회적 만남social encounter 가운데 가장 인간적이며 가장 도덕적이라고 보았다[A. W. Rawls, "The Interaction Order Sui Generis: Goffman's Contribution to Social Theory," *Sociological Theory*, vol. 5(Fall: 136~49), 1987, p. 142].

른 무관심을 보여주면서, 타인의 몸을 둘러싼 공간을 침범하지 않으려고 애쓴다. 길을 묻는 사람은 타인에게 다가갈 때와 헤어질 때 미안함과 고마움을 표시한다. 지위와 역할이 다른 개인들이 동등한 권리를 지닌 존엄한 존재로 사회 공간 안에 현상하는 것은 이러한 의례들에 힘입어서이다. 그리고 바로 이런 이유로, 그들은 의례적인 실천들의 바탕에 있는 규범을 단순히 "진정한 자아"와 대립하는, 외적이고 강제적인 힘으로 간주할 수 없다. 그들은 그 규범에 도덕적인 의미를 부여한다. 역할을 괄호 안에 넣은 상호작용과 그것을 조율하는 규범의 존재야말로 버거가 "존엄의 세계"라고 명명했던 현대 사회의 특징인 것이다.

그러므로 명예와 존엄의 대립은 재고되어야 한다. 버거는 명예는 표현적 질서에 속하지만 존엄은 그렇지 않다고 생각한다. 그 결과 모욕은 (존엄이 아닌) 명예에 대한 공격으로만 이해된다. 존엄이 표현적 질서에 속하지 않는다면, 표현을 통해 타인의 존엄을 훼손하는 것이 원천적으로 불가능하기 때문이다. 존엄을 이처럼 초월적인 장소로 옮겨놓을 때, 명예의 쇠퇴라는 가설은 모욕이 사회적 삶의 주변부로 추방되었다는 결론으로 자연스럽게 이어진다. 하지만 이것은 사실이 아니다. 현대 사회에서 모욕은 여전히 중요한 공적 의제이다. 사회운동의 역사를 슬쩍 훑어보기만 해도 이 점을 확인할 수 있다. 민권운동civil rights movement에서 게이-레즈비언운동에 이르기까지, 모든 정체성투쟁의 핵심에는 모욕에 대한 저항이 있었다.

모욕은 존엄을 공격할 뿐 아니라, 실제로 그것을 무너뜨린다. 배타적 민족주의운동이나 파시즘은 먼저 배제하고자 하는 집단을 공공연히 모욕하는 데서 출발한다. 모욕당하는 집단이 여기에 효과적으로 저항하지 못하면, 그리하여 다른 사회 구성원들의 침묵과 방관 속에서 이런 모욕이 일상화되면, 그때부터는 법적으로 이 집단의 권리를 축소시키는 일이 가능해진다.

모욕을 명예의 훼손으로 정의할 때, 이런 문제들은 시야에서 사라지는 경향이 있다. 명예훼손은 주로 평판이나 위신의 손상과 관련하여 사용되는 협소한 개념이기 때문이다(예를 들어 법적으로 모욕 또는 명예훼손이 성립하려면, 행위의 '공연성'이 인정되어야 한다. 즉 가해자와 피해자 외에 그 행위를 보거나 들은 제삼자가 있어야 한다. 둘만 있는 자리에서 욕설을 한 것은 모욕으로 여겨지지 않는다). 이는 오늘날 사회학 연구에서 모욕이라는 키워드를 거의 발견할 수 없는 이유를 설명한다. 사회학은 모욕을 개념이 아니라 현상으로만, 즉 인종차별이나 성폭력의 장면들을 구성하는 요소로만 다룬다. 현상은 분명히 존재하지만, 개념이 그것을 포섭할 수 없기 때문이다.

모욕을 더 포괄적으로 정의하려면 그것을 존엄과 연관시키면서도, 감정처럼 주관적인 것이 아니라 언어처럼 객관적으로 기술 가능한 대상으로 만들어야 한다. 상호작용 의례에 대한 고프먼의 논의는 이러한 접근의 가능성을 열어놓는다. 매킨타이어는 고프먼이 모욕을 공적 갈등의 영역에서 사적 감정의 영역으로 추방하였다고 비판한다. 나는 여기에 동의하지 않는다. 일상적 커뮤니케이션의 의례적 성격을 강조하는 고프먼의 시각은 오히려 모욕의 사회적 의미를 이해하는 데 도움을 준다. 다음 장에서 나는 고프먼의 통찰에 기대어, 모욕이 언어라면 이 언어가 전달하는 메시지는 무엇인지 설명할 것이다.

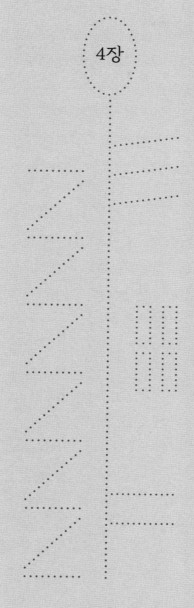

4장

모욕의 의미

모욕에 대한 논의들은 표현의 자유라는 쟁점[1] 주위를 맴도는 경향이 있다. 이는 모욕이 본질적으로 (분노나 경멸 같은) 감정을 표현한다고 여

[1] 모욕에 대한 학술적인 접근은 지금까지 주로 법학 분야에서 이루어졌는데, 대부분 모욕에 대한 사법적 제재와 표현의 자유의 충돌 가능성에 초점을 맞추고 있다. 최근에는 '사이버 모욕죄'가 커다란 논쟁거리였다. 사이버 모욕죄의 신설에 찬성하는 사람들은 인터넷의 익명성을 이용한 공격성 표출이 위험 수위에 이르렀음을 지적한다. 한편 반대하는 사람들은 이 법이 표현의 자유를 위축시키고 정치적으로 악용될 것이라고 우려한다. 이 문제와 관련하여 짚고 넘어가야 할 점은, 정치인에 대한 조롱은 그의 인격이 아니라 그가 수행하는 공적 역할을 향하고 있다는 것이다. 그러므로 그것은 존엄에 대한 공격으로서의 모욕과 구별되어야 한다. 정치인에게 달걀을 던지거나 그를 본딴 허수아비를 만들어 불태우는 행위도 마찬가지이다. 사적인 감정이 아니라 공적인 의견을 표현하는 이러한 퍼포먼스에서, 달걀에 맞고 불타는 것은 정치가의 '얼굴'이 아니라 그가 입은 역할의 옷이다. 물론 우리는 가면에 대한 의례를 통하여 얼굴에 대한 존중을 표현한다. 하지만 정치인의 경우, 그의 공적 가면 뒤에 있는 것은 얼굴이라기보다 **목소리들**voices이다. 정치인은 타인의 목소리로 말하는 자인 것이다. 유권자들은 나쁜 정치인의 가면을 찢으면서, 그가 실제로 누구의 목소리로 말하는지 폭로하고자 한다.

겨지기 때문이다. 모욕이 공적인 관심사에서 주변화되는 이유도 그래서 인데, 감정은 누구에게나 있는 것이고, 설령 그것이 바람직하지 못한 방식으로 표현된다고 해도, '인간적인' 관점에서 그것을 어느 정도까지 용인할 수 있기 때문이다. 여기에는 물론 주관적인 표현은 객관적인 사물의 상태에 영향을 주지 못한다는 생각이 깔려 있다. 누가 나를 돼지라고 부른다 해서 내가 정말 돼지가 되는 것은 아니다. 오히려 나는 그에게 "돼지 눈에는 돼지만 보이는 법"이라고 점잖게 응수할 수도 있으리라.

하지만 모욕을 이처럼 **감정의 표현** 내지는 **잘못된 재현**으로 이해할 때, 말과 몸짓이 지니는 수행적 차원은 간과되고 만다. 나를 돼지라고 부르는 사람이 한 명뿐이라면, 나는 그를 무시해버릴 수 있다. 하지만 하나둘 그에게 동조하는 사람이 늘어나고 마침내 나를 둘러싼 모든 사람이 나를 돼지라고 부르기 시작한다면, 나는 실제로 돼지가 된다(따돌림받는 아이들이 숱하게 겪는 일이다).

수행성의 간과는 상호작용 질서에 대한 정태적인 접근과 관련이 있다. 상호작용 의례의 수행은 규범의 단순한 실천이 아니다. 그것은 사회의 구성원들 각자가 사회에 대한(사회의 경계와 위치들의 관계, 그리고 그 자신의 위치에 대한) 자신의 이해 방식을 드러내고 또 승인받는 과정이다. 그런 만큼 의례의 교환은 단절의 계기들을—즉 모욕의 가능성을—내포한다. 문법에 어긋나게 말하는 사람들의 존재가 문법 자체를 위협하지 않는 것처럼, 규칙의 위반이 일탈로 규정되는 한 우리는 그러한 위반을 무시하고, 분석에서 제외할 수 있다. 하지만 위반은 때로 규칙의 일부인 것처럼 자연스럽게 행해진다. 예를 들어 길거리에서 노숙자가 말을 걸어올 때, 대부분의 사람들은 눈길을 피하며 대답하지 않는다. 이러한 반응은 명백하게 상호작용 의례의 규칙에 어긋나는 것이다. 하지만 아무도 그것을 문제 삼지 않는다. 비슷한 예로, 인종 간의 공간적 분리가 뚜렷했던 1950년대 미국에서는 흑인이 콘서트홀이나 갤러리 같이 사실상 백인들을 위한 장소에 나타났을 때, 그가 복장 코드에 맞게 옷을 입고 교양 있게 행동한다고 하더라도, 무시와 모욕[2]으로 응대하는 것이 보통이었다. 이런 경우에 백인이 상호작용 의례의 규칙을 위반하더라도 지배 문화의 관점에서 잘못으로 여겨지지 않았으며, 오히려 그에게 이런 위반을 할 수밖에 없도록 만든 흑인이야말로 무례한 행동을 한 것으로 간주되었다. 이러한 사례들은 상호작용 질서가 규칙들의 단순한 집합으로 환원될 수 없으며, 어떤 역동성 속에서 분석되어야 함을 말해주는 것이다.

상호작용 질서는 인정투쟁 속에서 불안정하게 재생산되는 역사적 구성물이며, 무시와 모욕은 이 구성물에 내재한 균열을, 그것의 현재 안에 있는 다른 시간들을 드러낸다. 투명인간 취급당하는 노숙자의 뒤에는 걸인과 부랑자에 대한 낙인과 감금과 추방의 긴 역사가 있다. 도시 공간의 재편 과정이기도 했던 그런 역사에 대해 모른다면, 노숙자가 겪는 작은 굴욕의 의미를 온전히 깨닫기 어렵다. 마찬가지로 오늘날 미국에서 흑인 남자가 '백인 동네'를 지나갈 때 경험하는 전형적인 반응들(다급하게 멀어지는 발걸음, 찰칵하고 자동차 문을 잠그는 소리, 노골적인 경계의 시선)[3]을 설명하려면, 흑백 분리가 존재했던 시대, 그리고 그 이

---

2) 상호작용 의례의 관점에서 무시와 모욕은 각각 적극적 의례의 철회(상대방에게 마땅한 경의의 표현을 하지 않는 것)와 소극적 의례의 철회(상대방의 '자아의 영토'에 대한 침범)로 정의될 수 있다.

3) Beverly Daniel Tatum, *"Why Are All the Black Kids Sitting Together in the Cafeteria?" And Other Conversations About Race*, New York: Basic Books, 2003, p. 54.

전의 노예제가 지배했던 시대로까지 거슬러 올라가야 한다.

그러므로 우리는 모욕을 **두껍게 기술**함으로써 상호작용 질서에 대한 우리의 이해에 역사적인 깊이를 더할 수 있다. 4장의 논의는 이러한 작업을 위한 밑그림이다. 우리는 현대 사회가 상호작용을 규제하는 강력한 규범을 가지고 있다는 생각에서 출발할 것이다. 의례적 평등의 원칙이 그것이다. 현대 사회는 모든 구성원에게 동등한 인격을 부여하는데, 이는 한편으로 법 앞에서의 평등으로 나타나며, 다른 한편으로 의례 교환의 대칭성(내가 너에게 인사하면, 너도 나에게 인사한다)을 통해 확인된다. 하지만 이 원칙이 언제나 지켜지는 것은 아니다. 낙인과 수용소에 대한 고프먼의 연구는 사회가 그 내부에 일체의 존중의 의례가 사라지는 예외 지대를 마련해두고 있으며, 특정한 범주의 사람들에게 비정상의 낙인을 찍어서 배제와 조건부 통합 가운데 하나를 선택하도록 강요하고 있음을 고발한다. 게다가 한국 사회는 여전히 신분주의와 싸워야 한다 — 유교적 세계관에 뿌리를 둔 낡은 신분주의만이 아니라, 배금주의의 토양 위에서 맹렬하게 퍼져나가는 새로운 신분주의와. 1987년 노동자대투쟁 이전까지 한국 사회는 '노동자=못 배운 사람'이라는 등식이 지배하였고, 이는 조선 시대에 양반이 상민에게 그랬듯이 노동자를 '하대'하는 것을 정당화하였다. 관리자가 노동자에게 나이에 관계없이 반말을 하는 것이 좋은 예이다. 고등교육이 일반화된 오늘날, 이런 종류의 신분 차별은 사라지고 없다. 하지만 노동자들은 여전히 자신이 사람대접을 못 받고 있다고 느낄 때가 많다. 사실 1퍼센트를 위한 사회에서 사람은 사람이라는 것만으로는 대접받기 힘들다. 사람 위에도 '매우 중요한 사람(VIP)' '매우 매우 중요한 사람(VVIP)' 등이 있기 때문이다. '매우 중요한 사람' 앞에서 그냥 사람은 아무것도 아닌 존재, '노바디'가

되고 만다.[4] 아래에서 우리는 단편적이나마 이런 문제들을 다룰 것이다.

인격에 대한 의례

현대 사회이론에 대한 고프먼의 주된 공헌은 사회구조에 종속되지 않고 그 자신의 고유한 논리를 따르는 독자적인 영역으로서의 상호작용 질서를 발견한 데 있다.[5] 고프먼은 이 질서가 개인들이 대면 접촉 상황에서 수행하는 상호작용 의례를 통해 표현되고 유지된다고 보았다. 그는 의례를 집단의 결속에 대한 기여라는 측면에서만 바라보는 구조-기능주의적 접근과 거리를 두면서, "사회적 집합체의 표상들에 대해 행해지는 의례들이 때로는 개인 자신에 대해서도 행해질 수 있다"[6]는 데 주목하였다. 현대 사회에서 지배적인 의례는 바로 이렇듯 개인들 사이에서 이루어지는 상호작용 의례이다. "현대 사회에서 초자연적인 존재의 대리자들에게 바치는 의례는 어디에서나 쇠퇴 일로에 있다. 의례적인 의무들이 길게 이어지는 광범위한 의전 일정들도 마찬가지이다. 남은 것은 개인이 다른 개인에 대해, 그 자신의 선의와 교양을 증명하기 위해, 그리고 상대방이 한 조각의 신성함을 지니고 있음을 증언하기 위

---

4) 로버트 풀러, 『신분의 종말』, 안종설 옮김, 열대림, 2004.
5) 고프먼은 상호작용의 질서를 다른 사회질서들과 연관시키지 않고 별도로 다룰 수 있는 독자적인 영역으로 보았다[Erving Goffman, "The Interaction Order," *American Sociological Review*, vol. 48(February: 1~17), 1983; A. W. Rawls, "The Interaction Order Sui Generis: Goffman's Contribution to Social Theory," *Sociological Theory*, vol. 5(Fall: 136~49), 1987].
6) 어빙 고프먼, 『상호작용 의례』, 진수미 옮김, 아카넷, 2013, pp. 57~58.

해 행하는 짧은 의례들이다. 남은 것은, 한마디로 상호작용 의례들이다."[7]

혹자는 이러한 변화를 세계의 탈주술화Entzauberung der Welt와 연결시키려 할 것이다. 고프먼의 정의에 따르면, 의례란 "한 개인이 절대적 가치를 지니는 대상에 대한 자신의 존경과 경의를 그것 자체 혹은 그것의 대표자에게 표현하는, 형식적이고 관례화된 행위"[8]이다. 그런데 오랜 합리화 과정을 통해서 우리가 사는 세계는 주술로부터 풀려났으며, 그 결과 신이나 정령 같은 전통적인 숭배의 대상들은 그 절대적인 지위를 상실하게 되었다. 그 자리를 대신 차지하는 것이 개인이다. 인격human personality은 한때 신성시되었던 모든 것이 광휘를 잃은 시대에 여전히 신성하게 여겨지는 유일한 것이기 때문이다.[9]

하지만 초자연적 존재를 향한 의례의 쇠퇴를 이처럼 주술적이고 집단 숭배적인 전통 사회에서 합리적이고 개인 중심적인 현대 사회로의 이행이라는 관점에서 파악할 경우, 우리는 상호작용의 의례에 대한 고프먼의 논의에서 핵심을 놓치고 만다. 고프먼은 집단에 대한 의례와 개인에 대한 의례를 대립시키지 않는다. 오히려 그는 개인의 인격이 신성한 이유가 그것이 집단적 마나collective mana의 할당apportionment으로 간주되는 데 있다고 설명한다.

뒤르켐과 래드클리프-브라운의 영향 아래, 현대 사회를 연구하는 일

---

7) Erving Goffman, *Relations in Public*, London: Penguin Books, 1971, p. 71; 이상길, 「일상적 의례로서의 한국의 술자리」, 『미디어, 젠더, 문화』 1집, 2004, pp. 39~77에서 재인용.
8) Erving Goffman, 같은 책, p. 88.
9) 이상길, 같은 글.

부 학생들은 주어진 사회적 실천의 상징적 의미와 그러한 실천이 집단의 통합과 연대에 기여하는 바를 찾도록 배워왔다. 하지만 그들의 관심을 개인에서 집단으로 돌림으로써, 이런 학생들은 뒤르켐의 영혼에 관한 챕터에 제시된 테마를 간과하는 듯이 보인다. 거기서 그는 개인의 인격이 집단적 마나의 할당으로 간주될 수 있으며, (뒤의 챕터들에서 암시하듯이) 사회적 집합체의 표상들에 대해 행해지는 의례들이 때로는 개인 자신에 대해서도 수행될 수 있음을 지적한다.[10]

여기서 "뒤르켐의 영혼에 관한 챕터"는 『종교 생활의 원초적 형태』 8장을 가리킨다.[11] '영혼의 관념'이라는 제목이 붙은 이 장에서 뒤르켐은 영혼 불멸의 믿음이 집단의 삶의 영속성을 설명하기 위해 생겨났다고 주장한다. "개인들은 죽는다. 그러나 씨족은 살아남는다. 따라서 씨족에게 생명을 주는 힘들은 동일한 영속성을 가지고 있어야 한다. 이러한 힘들이란 개인의 육체에 생명을 주는 영혼들인 것이다."[12] 개인의 영혼이

---

10) 어빙 고프먼, 『상호작용 의례』, p. 57.

11) 고프먼은 일찌기 『종교 생활의 원초적 형태』의 중요성에 주목하였다. 이것은 당시 미국 사회학에서 뒤르켐의 수용이 『사회학적 방법의 규칙』을 비롯한 '전기' 저작을 중심으로 이루어졌다는 사실에 비추어볼 때 특기할 만하다. A. W. 롤즈에 따르면, 미국에서 뒤르켐의 수용을 주도한 탤콧 파슨스는 실증적이고 구조기능주의적인 '전기' 뒤르켐과 관념론적인 '후기' 뒤르켐을 구분하고, '후기' 저작들을 사실상 논의에서 배제하였다. 그리하여 『종교 생활의 원초적 형태』는 미국 사회이론의 발전에 거의 영향을 주지 못했다. 그 뒤 후기 뒤르켐의 저작이 구조주의 및 포스트구조주의에 길을 열어준 것으로 재평가되면서 '전기'에서 '후기'로 연구자들의 관심이 이동하지만, 뒤르켐의 저술에 단절이 있다는 가설two Durkheim argument 자체는 의심받지 않는다(A. W. Rawls, "Durkheim's Epistemology: The Neglected Argument," *American Journal of Sociology*, vol. 102, n. 2, 1996, pp. 430~38).

12) 에밀 뒤르켐, 『종교 생활의 원초적 형태』, 노치준·민혜숙 옮김, 민영사, 1992, p. 379. 이하에서 뒤르켐의 텍스트는 모두 이 번역본을 인용하되, Émile Durkheim, *Les formes élémentaires de la vie religieuse*, Paris: Le Livre de Poche, 1991을 참조하여 부분적으로 수정하였다.

신성시되는 이유는 그것이 집단의 영혼의 한 부분이기 때문이다. 다시 말해서 조상의 영혼이 다시 태어나 개인의 육체 속에 들어갔다고 여겨지기 때문이다. 개인의 영혼은 "개체화된 마나"[13]이다. 인격personalité: personality의 관념은 이러한 영혼의 관념이 통속화된 결과이다. 뒤르켐에 의하면 인격의 개념은 두 가지 요인의 산물이다.

> 그 하나는 본질적으로 비개성적impersonnel이다. 그것은 집단의 영혼 구실을 하는 정신적인 근원principe spirituel이다. 개별적 영혼들의 실체를 이루고 있는 것은 사실상 이 정신적 근원이다. 따라서 이 근원은 특정한 개인의 것이 아니다. 그것은 집단의 유산이다. 모든 의식들은 이 근원 안에서 그리고 이 근원에 의해서 소통된다. 그러나 다른 한편으로 분리된 인격들이 존재하기 위해서는, 이러한 근원을 분할하고 구별하는 다른 요소가 개입되어야만 한다. 다른 말로 하면 개별화의 요인이 필요한 것이다. 이 역할을 하는 것이 바로 육체이다. 육체들은 서로서로 구분되며 각자 다른 시간과 장소들을 점유하고 있기 때문에, 각각의 육체는 집단적 표상들이 다르게 굴절되고 착색되는 특수한 중심부를 구성하게 된다. [……] 따라서 똑같이 없어서는 안 될 이 두 요소 중에서 전자, 즉 비개성적 요소가 더 중요하다. 왜냐하면 영혼 관념의 최초의 소재를 제공해준 것이 바로 그것이기 때문이다.[14]

그러므로 개인individual과 사람person은 구별되어야 한다. 개별화는

---

13) 같은 책, p. 373.
14) 같은 책, p. 381.

인격의 본질적인 특성이 아니다. 뒤르켐은 칸트를 원용하면서 다음과 같이 말한다. "인간을 한 명의 사람으로 만드는 것은 그를 다른 인간들과 구별할 수 없게 하는 무엇, 그를 특정한 인간tel homme이 아닌 보편적인 한 인간un homme이 되도록 만드는 무엇이라고 말할 수 있을 것이다. 감각, 육체, 한마디로 개별화하는 모든 것은, 칸트에 의해서 인격의 대립물로 여겨졌다."[15]

상호작용 의례를 통하여 우리가 경의를 표하는 대상은 개인이 아니라 그의 인격이다. 다시 말해 그의 안에 있는 "사회적인 것"이다.[16] 그런데 고프먼에게 이 인격은, 초기의 사회화를 통하여 개인 안에 안정적으로 자리 잡는 어떤 것이라기보다는, 상호작용의 흐름 속에서 그때그때 타인들의 협조에 힘입어 표현되고 확인되는 무엇이다.[17] 개인을 인격을 가진 존재로 취급하지 않는 정신병동 같은 곳에서는 사람이 되는 일이 더욱 어렵다.[18] 이런 이유로 고프먼은 의례적 규칙ceremonial rules의 준수에

---

15) 같은 책, p. 382.
16) "우리 인간이 신성한 것과 속된 것같이 서로 대립하는 두 가지 부분으로 형성되어 있다는 것은 진실이다. 어떤 의미에서 우리 안에도 신성한 것이 있다고 말할 수 있다. 왜냐하면 신성한 모든 것의 유일한 원천인 사회는 밖에서 우리를 움직이고, 우리에게 일시적으로 영향을 주는 것으로 그치지 않기 때문이다. 사회는 우리 안에서 항구적으로 스스로를 조직한다"(같은 책, p. 371).
17) 고프먼은 인격의 단일성을 부정하는데, 이는 뒤르켐도 마찬가지이다. 뒤르켐은 인격이 단일하다는 생각에 반대하면서, 다음과 같이 말한다. "오늘날 우리는 사람의 단일성unité de la personne 역시 부분들로 이루어져 있으며, 분할되고 분해될 수 있음을 알고 있다. 하지만 인격의 개념이 우리가 더 이상 그것을 형이상학적이고 분할할 수 없는 원자로 인식하지 않는다는 사실만으로 사라지지는 않는다. 영혼의 관념을 통해 표현된, 인격에 대한 통속적인 개념들도 마찬가지이다. 그것들은 인격personne humaine이 몇몇 형이상학자들이 부여한 바와 같은 절대적 단일성을 가지고 있지 않다는 느낌을, 사람들이 항상 가지고 있었다는 사실을 보여준다"(같은 책, p. 380).
18) 어빙 고프먼, 같은 책, pp. 99~103.

도덕적인 의미를 부여한다.[19] 개인은 (사회화를 거쳐서) 일단 사람이 되었다고 해도, 남의 도움 없이 계속 사람으로 살아갈 수 없다. 사회생활의 모든 순간에 그는 다른 사람들로부터 사람대접을 받음으로써 매번 사람다운 모습을 획득하는 것이다. 상호작용에 참여하는 개인은 그러므로 다른 참가자들의 사람다움을 확인해주고, **사람이 되려는** 그들의 노력을 지지해줄 도덕적 의무를 갖는다. 역으로, 그는 남들이 자신을 사람으로 대우해주기를 기대할 도덕적 권리를 갖는다. 고프먼의 말을 빌리면, "사회는 일정한 사회적 특성들을 갖춘 개인이라면 누구나 남들이 자신의 가치를 인정하고, 그에 걸맞게 적절하게 대우해주기를 기대할 도덕적 권리가 있다는 원칙 위에서 조직된다."[20]

상호작용 의례를 행하는 것은 상대방의 인격에 대한 경의deference의 표현이면서 동시에, 공동체에서의 그의 성원권을 인정하는 의미가 있다. 앞서 말했듯이, 인격이란 "집단적 마나의 할당"이기 때문이다. 역으로 의례적 의무를 이행하지 않는 것은 상대방이 한 명의 온전한 사람임을 부인하는 일이자, 그 역시 공동체의 마나를 나누어 갖고 있다는 사실에 대한 부정, 다시 말해 그의 성원 자격에 대한 부정이다.

이는 사람들이 왜 때로는 물질적인 이익을 침해당했을 때보다 사소한 의례상의 위반에 더 격렬하게 반응하는지를 설명한다. 정의justice에 대한 모든 요구는 성원권의 확인을 전제로 하기 때문에, 우리는 아무리 사소하더라도 성원권을 위협하는 행위에 민감하게 반응하지 않을 수 없다. 남들이 자신에게 의례적인 의무를 이행하지 않는데도 거기에 항의

19) A. W. Rawls, 같은 글, pp. 142~45.
20) Erving Goffman, *The Presentation of Self in Everyday Life*, New York: Anchor Books, 1959, p. 13; A. W. Rawls, 같은 글, p. 144에서 재인용.

하지 못하고 매번 참는 사람은 자신의 인격적인 열등성을 인정하는 것이나 마찬가지이다. 그럴 때 우리는 공동체에서의 그의 지위가 불안정하다고, 또는 그의 성원권이 불완전하다고 말할 수 있다.

배제와 낙인

고프먼은 인격에 대한 의례가 모든 사람에게 동등하게 행해진다고 생각하지 않았다.[21] 『수용소』는 이런 의례적 교환의 장에서 배제된 사람들을 다룬 책이다. 고프먼은 여기서 그가 총체적 시설total institution이라 명명한, 폐쇄된 공간에서 벌어지는 일들을 세밀하게 기술하고 있다.

총체적 시설에 있는 사람들은 외부 세계와 단절되어 감시와 통제 아래 놓이는 재소자inmate와, 외부와 연결되어 있으면서 그를 감시하는 역할을 하는 직원staff으로 나뉜다. 재소자는 입소와 동시에 일련의 굴욕, 강등, 인격 모독의 과정을 겪는다. 재소자의 인격은 의도적이건 아니건 체계적으로 모독되는데, 여기서 사용되는 절차들은 모든 총체적 시

---

21) 상호작용 의례에 대한 고프먼의 논의는 사회적 배제가 나타나는 다양한 상황들에 대한 예리한 관찰을 바탕에 깔고 있다(이것은 고프먼의 사회학이 냉소적이라고 비판하는 사람들이 간과하는 부분이다). 박사 논문을 쓰기 위해 셰틀랜드(크고 작은 섬으로 이루어진 스코틀랜드 동북부의 주)의 섬에서 수행한 첫 현지 조사(1949~51)에서 이미 고프먼은 낙인과 비인격 취급에 대한 관심을 발전시키며, 그 뒤를 이은 워싱턴의 세인트 엘리자베스 병원에서의 1년에 걸친 참여 관찰(1955~56) ─『수용소』의 토대가 되는─ 에서도, 재소자의 인격을 말살하는 다양한 장치들 혹은 절차들에 주의를 기울인다. 하지만 푸코와 달리 고프먼의 목표는 이성이 끊임없이 타자들을 생산해왔음을, 혹은 모든 사회는 필연적으로 그 내부에 배제된 자들을 포함함을 보여주는 데 있지 않다. 그보다는 한 사회의 구성원들이 인격을 갖기 위한 조건, 혹은 상호작용의 흐름 속에서 인격이 계속해서 산출되기 위한 조건이 무엇인지 고찰하는 데 있다.

설—정신병원, 수도원, 교도소, 병영 등등—에서 비슷하게 나타난다. 그러므로 고프먼은 이 절차들의 분석을 통해서, 한 사회의 구성원들이 인격을 유지하려면 사회가 그들에게 무엇을 보장해야 하는지 보여주려고 한다.

우선 입소의 형식적 절차들—사진 찍기, 지문 채취, 번호 부여, 소지품 검사, 옷 벗기, 몸무게 측정, 목욕, 소독, 머리 깎기, 제복의 지급, 규칙의 전달, 위치 배정—은 그 자체로서 굴욕과 박탈을 초래한다. 통과의례의 관점에서 보면, 이 절차들은 크게 옷 벗기-옷 입기로 구성되는데, 그 중간에는 완전히 벌거벗는 단계가 있으며, 입소자는 그 순간 강렬한 박탈감을 경험하게 된다. "입소자가 동질화, 평준화되고 하나의 대상으로 변형되어 시설이라는 기계에 실릴 수 있게" 되는 것은 이러한 과정을 거쳐서이다.

입소자가 원래 가지고 있던 것을 빼앗은 후, 시설은 적어도 그 일부에 대해서 다른 물품으로 보상을 한다. 그러나 새로 지급되는 물품들은 획일적이며, 지급 방식도 획일적이다. 그 물건들은 시설에 속하며, 그것들이 개성을 가지는 것을 막으려는 듯이 주기적으로 회수되었다가 재지급된다. 개인 물품을 가질 수 없다는 사실은 재소자의 인격에 영향을 미친다. 사람은 누구나 타인에게 제공되는 자신의 이미지를 통제하고 싶어 한다. 그래서 옷이나 액세서리, 화장품, 그리고 이런 물품들을 간수하기 위한 공간을 필요로 한다. 재소자에게는 이러한 소유가 허용되지 않기 때문에, 입소의 순간부터 그의 인격은 손상되기 시작한다.[22]

---

22) 고프먼은 죄수복으로 갈아입으면서 처음으로 자신의 진짜 몸과 대면하게 된 뚱뚱한 매춘부들을 예로 든다. 이들에게 코르셋과 하이힐은 스스로를 받아들일 수 있는 모습으로 만들기 위해 반드시 필요한 물건들이다. 이 필수품들을 빼앗겼을 때 그들은 자아 이미지의 심

재소자의 자아 이미지 손상은 겉모습의 변화뿐 아니라 신체 변화에 의해서도 이루어진다. 체벌, 전기충격, 수술 등은 재소자에게 자신의 신체적 통합성이 위협당하고 있다는 불안감을 일으킨다. 특정한 자세나 몸짓의 강요 역시 신체 이미지의 손상을 가져오는데, 정신병원에서 환자에게 숟가락으로만 음식을 먹게 하거나, 군대에서 담당 장교가 들어오면 차려 자세를 하게 하는 것이 그러한 예이다.

재소자는 또 입소와 더불어 일종의 오염에 노출된다. 그는 자신의 내밀한 영역이—신체와 그것을 둘러싼 '자아의 영토들'이, 혹은 그의 정체성을 구성하는 자연스러운 감정과 신념이—계속해서 침범당하고 더럽혀지는 것을 경험한다. 여러 명이 같은 방에서 잔다는 데서 비롯되는 어쩔 수 없는 일상적인 노출과 감시의 편의를 위해 강요되는 노출(고프먼은 간수의 눈앞에서 용변을 보게 하는 중국의 정치범 수용소와 환자를 발가벗겨 재우는 정신병동을 예로 든다), 강간과 그보다 덜 극적인 형태의 신체 침범(입소 시의 신체검사에 포함되는 직장검사, 약이나 음식을 강제로 먹이는 행위), 주기적인 소지품 검사와 청결 검사 등이 '신체적인 오염'을 초래한다면, 서적과 서신의 검열, 개인의 과거나 사생활 또는 신념에 대한 고백의 강요, 공개적인 처벌과 조롱 등은 '도덕적인 오염'을 유발한다. 이것을 '오염'이라고 말할 수 있는 이유는 그것이 인격의 신성함에 대한 부정과 관련되어 있기 때문이다. 즉 재소자로 하여금 더럽혀

각한 손상을 겪는다(Erving Goffman, *Asylums*, New York: Anchor Books, 1961, pp. 20~21). 나는 고프먼이 이것을 (진정한 자기의 발견이나 허상으로부터의 깨어남이 아니라) '손상disfigurement'이라고 규정한다는 데 주목하고 싶다. 우리의 자아 이미지를 지탱하는 소도구들에 긍정적인 가치를 부여한다는 점에서 고프먼은 소비사회의 고전적인 비판자들— 예를 들면 보드리야르—과 견해를 달리한다. 그들은 이런 물건들이 영혼에게 불필요한 것이라는 관점을 고수한다.

졌다는 느낌을 갖게 만드는 상황들 혹은 행위들은 인격에 신성함을 부여하는 의례적 장치의 결여, 또는 소극적 의례의 위반이라는 관점에서 이해될 수 있다.

재소자가 온전한 인격체로 여겨지지 않는다는 사실은 재소자와 직원의 상호작용 속에서 가장 잘 확인된다. 재소자는 직원에게서 '사회'[23]에서라면 마땅히 받았을 존중의 표현들을 전혀 기대할 수 없다. 직원은 어린아이나 동물을 대하듯이 재소자를 대한다. 보통 사람들에게 말할 때는 사용하지 않는 특별한 억양으로 말하며, 상대방의 반응을 무시하고 자기 마음대로 한다. 정신병원을 예로 들면, '양말 신었어요?'라고 큰소리로 말하면서 양말을 신었는지 확인하는 식이다. 언어는 행동에 쓸모없이 덧붙여진다. 직원이 모든 것을 감시하고 통제하기 때문에, 재소자는 일상생활에서 아무런 자율성도 갖지 못한다. 전화를 걸거나 면도를 하는 것 등 작은 일까지 허락을 받아야 하며, 추워서 주머니에 손을 넣는 것 같은 사소한 행동도 눈치를 보면서 해야 한다. 재소자가 따라야 하는 규칙 중 일부는 (괴롭히려는 목적이 아니라면) 완전히 무의미한 것이다. 예를 들어 어떤 정신병원에서는 재소자에게 담배를 줄 때 위로 던져서 뛰어올라서 잡게 한다. 또 어떤 소년원에서는 구령에 맞추어 침구를 정리하게 한다. 규칙이 많다는 것은 그만큼 벌 받을 일이 많다는 뜻이다. 재소자에게 처벌은 생활의 일부이며, 아무리 노력해도 완전히 피해갈 수 없는 것이다. 처벌의 목적이 단순히 질서의 유지가 아니라 재소

---

23) 감옥이나 군대에 있는 사람들은 바깥세상을 자기들이 있는 곳과 구별하여 '사회'라고 부르는데, 이는 아주 정확한 명명이라고 할 수 있다. 그들은 이러한 명명을 통해 사회의 본질은 제도나 위계 또는 역할들의 구조가 아니라 ─ 감옥과 군대도 제도이며, 위계와 역할들로 짜여 있다 ─ 환대, 즉 타자의 존재에 대한 인정이라는 무의식적 깨달음을 표현한다.

자에게 굴욕을 주고 기를 꺾어놓는 데 있기 때문이다. '시비 걸기looping' 의 전략이 이 점을 잘 보여준다. 시비 걸기란, 방어적인 대응을 유도한 후 이를 구실로 새로운 공격을 하는 것을 말한다. 사소한 일로 벌을 준 다음, 이에 대해 투덜거리면 반항한다는 이유로 더 큰 벌을 주는 식이 다. "일상생활에서 개인은 자신이 스스로에 대해서 가지고 있는 생각과 모순되는 사건들이나 질서들에 따라야 할 때 자신의 거부감이나 경멸, 냉소 등을 표현함으로써 어느 정도 체면을 건질 수 있다. 상황의 힘은 표면적인 순종을 받아낼 수는 있지만, 그 이상으로 개인의 태도나 표현 까지 통제하지는 못한다. 그러나 총체적 시설에서 이러한 방식의 자기 방어는 더 큰 굴욕을 가져온다."[24] 이런 경험을 통해 재소자는 시설에서 살아남으려면 기존의 자아 이미지를 포기해야 한다는 점을 깨닫는다.

외부의 관찰자로서 우리는 직원이 재소자를 너무 가혹하게 대한다고 생각할 수 있다. 하지만 직원의 입장에서 이러한 가혹함은 불가피한 것 이다. 직원은 재소자의 인격을 말살하여 다루기 쉬운 '재료'로 만들어야 한다. 재소자에게 가까이 다가가는 것, 그의 처지를 동정하는 것은 좋 지 않다. "재소자가 인간적으로 보일 위험"[25]이 있기 때문이다.

『수용소』가 의례적 질서에서 배제된 사람들을 다루고 있다면, 『스티 그마』는 불안정하게 통합된 사람들에게 초점을 맞춘다. 스티그마는 낙 인을 뜻하는 그리스어로, 노예나 범죄자의 몸에 칼이나 불에 달군 쇠로 불명예의 표지를 새겨넣는 고대의 관습에서 유래하였다. 스티그마를

---

24) Erving Goffman, 같은 책, p. 36.
25) 같은 책, p. 81.

지닌 사람은 의례적인 관점에서 오염되었다고 여겨졌으며, 공공장소에 대한 접근이 제한되었다. 고프먼은 이 단어를, 어떤 사람의 인격 전체를 뒤덮어서 그가 자연스러운 방식으로 자신을 타인들 앞에 제시하는 것을 불가능하게 만드는, 돌출적이고 부정적인 속성을 가리키는 데 사용한다.

현대 사회에서 낙인으로 취급되는 속성들은 다음과 같다. (1) 신체의 괴물스러움. (2) 정신적인 면에서의 결함(의지박약, 비정상적 열정, 잘못된 신념, 부정직 등). 어떤 사람이 감옥에 있었거나 마약중독이거나 동성애자이거나 극좌이거나 실업자이거나 자살을 시도했거나 정신이상일 때 우리는 그에게 이런 결함이 있을 거라고 추론한다. (3) 특정한 인종, 민족, 종교에 속해 있다는 사실. 여기서 기인하는 낙인—'종족적 스티그마'— 은 가계를 따라 전해지며 가족 구성원 모두를 오염시킨다. 이러한 속성들은 지나치게 눈길을 끌어서 그것을 지닌 사람의 인격의 다른 측면들을 눈에 띄지 않게 만든다는 공통점이 있다. 낙인을 지닌 사람이 언제나 배척당하는 것은 아니다. 다른 사람들에게 희망과 용기를 준다는 이유로, 혹은 신체의 소중함을 깨닫게 해준다는 이유로 격려와 감사의 편지를 받는 장애인처럼, 낙인이 있기 때문에 오히려 주목받고 사랑받는 사람도 있다. 하지만 그 경우에도 관심의 대상은 그의 인격 전체가 아니라 인격에서 돌출된 부분, 즉 낙인이다.

현대 사회는 낙인의 존재를 부인하는 경향이 있다. 낙인은 인간의 존엄성에 대한 믿음과 양립할 수 없기 때문이다. 존엄의 관념은 낙인을 초래하는 불명예스러운 속성들을 포함하여, 사람들을 높이거나 낮추는 차이들이 모두 사소하고 우연적이며 비본질적인 것이라는 주장을 내포한다. 이에 따라 낙인자the stigmatized와 정상인the normals의 만남은 어떤 종류의 기만을 수반하곤 한다. 정상인은 낙인을 포용하는 듯한 몸짓을 한다. 하지만 그는 여전히 마음속으로는 낙인자가 자신과 동등한 인간임을 믿지 않는다. 미디어에 종종 나오는, 낙인자를 대상으로 한 사회통합 의례— 고아들에게 키스하는 연예인, 장애인을 목욕시키는 정치인 등등—가 이를 잘 보여준다. '사회'를 대표하여 '소외된 이들'을 찾아가는 이 정상인들은 자기 앞에 있는 낙인자들을 아무나 덥석 껴안음으로써 자기가 그들에 대해 아무런 편견도 가지고 있지 않음을 과시하려 한다. 하지만 정상인들이 이렇게 낙인자들의 몸을 함부로 만질 수 있는 대상으로 취급한다는 사실 자체가 이미 관계의 불평등성을 드러내는 것이다.

낙인자의 편에서, 이러한 접근을 허용하는 것은 일종의 의무이다. 낙인자는 정상인들이 변덕스럽게 베푸는, 원하지도 않고 필요하지도 않은 친절을 받아들여야 한다.[26] 그러면서 동시에 그 친절이 '남용되지' 않도록 주의해야 한다. "낙인을 지닌 개인은 명랑하게 그리고 자의식 없이, 스스로를 정상인들과 본질적으로 동일한 존재로 받아들이도록 요구된다. 그러면서도 그는 정상인들이 그에게 당신은 우리와 동등한 존재라고 입에 발린 말을 하는 것이 어려워지는 상황을 알아서 피해야 한다."[27]

정상인들을 불편하게 하지 않기 위해 낙인자들이 구사하는 전략은 다양하다. 화상으로 얼굴이 일그러진 어느 부동산 중개인은 새로운 고

---

26) 내가 아는 한 장애인은 '장애우'라는 명칭이 싫다고 말하였다. 왜냐하면 이 단어는 정상인의 편에서 장애인에게 다짜고짜 지나친 친밀감을 표시하기 때문이다. 장애인이 그러한 친밀감을 원하는지 아닌지 묻지도 않은 채 말이다. 여기에는 장애인이 감히 우리의 우정을 거절할 리 없다는 오만한 생각이 깔려 있는 게 아닐까?

27) Erving Goffman, *Stigma*, London: Penguin Books, 1968, p. 146.

객과 약속이 있을 때 가능한 한 출입구에서 멀리 떨어진 곳에서 문쪽을 향해 서 있는다. 상대방에게 그의 외모에 적응할 시간을 주기 위해서이다. 사고로 손을 잃은 한 남자는 갈고리로 멋지게 담뱃불을 붙이면서 "내가 절대로 걱정하지 않는 일이 하나 있는데, 바로 손가락이 불에 타는 일"이라고 농담을 한다. 이것은 어색한 분위기를 누그러뜨리는 데 효과가 있다. 소아마비를 앓은 어떤 작가는 눈이 오는 날 이웃이 찾아와 가게에서 사다 줄 물건이 없는지 물어보면, 필요한 게 없더라도 부탁할 물건을 생각해낸다. 상대방에게 베풀 기회를 주는 것이 관계를 유지하는 데 도움이 된다고 믿기 때문이다. 낙인자는 낙인을 희화화하는 역할을 기꺼이 떠맡기도 한다. 키가 4피트에 불과한 한 여성은 훌륭한 교육을 받은 지성인이었지만, 사교 무대에서는 언제나 난쟁이 어릿광대처럼 굴었다. 그녀가 자기의 본래 모습 — 지적이고 고독한 여인 — 으로 돌아가는 것은 가까운 친구들과 있을 때뿐이었다. 이것은 흑인이 백인 앞에서 자신의 지성을 감추고 '전형적인 흑인' 행세를 하는 것과 비슷하다.

정상인을 보호하는 데 초점이 맞추어져 있는 이러한 전략들은 낙인자들의 '적응'을 돕는 단체나 전문가 집단이 그들에게 추천하는 바람직한 행동 노선에 부합한다. "낙인자는 자신의 짐이 무겁다거나 그 짐을 지고 있어서 정상인과 다르다는 것을 암시하는 행동을 하지 않도록 요구받는다. 동시에 그는 자신에 대한 이런 믿음이 고통 없이 확인될 수 있도록 우리로부터 얼마간 떨어져 있어야 한다."[28] 고프먼은 이런 행동 노선이 사회 전체의 관점에 선 사람들에 의해서 추천되는 만큼, 그 유

---

28) 같은 책, p. 147.

용성이 어디에 있는지 자문해볼 필요가 있다고 말한다. "낙인을 지닌 개인이 이런 행동 노선을 택함으로써, 정상인들은 낙인이 나타내는 부당함과 고통에 직면하지 않아도 된다. 그들은 자신들의 관용과 요령이 얼마나 제한적인가를 고백하지 않아도 된다. 그리고 낙인을 지닌 개인과 접촉할 기회를 줄임으로써 그들 자신의 이미지 속에 안전하게 머무를 수 있다. 낙인을 지닌 개인에게 요구되는 '적응'이란 바로 이러한 유용성의 견지에서 정의된 것이다. 이렇게 적응하였다는 증거를 보여주는 낙인자는 삶에 대해 심오한 '철학'을 지니고 있다는 말을 듣는다."[29]

  낙인을 지닌 개인이 정상인들로부터 존중의 의례를 기대할 수 있는 것은 그가 이처럼 적절하게 처신하는 한에서이다. 낙인자는 자신에게 베풀어진 관용의 한계를 시험하지 말아야 한다. 자신의 존재가 조건부로 수용되었음을 자각하지 못하고 정상인과 똑같은 권리를 누리려 드는 낙인자는 곧 제재에 부딪칠 것이다. 가지 말아야 할 곳에 갔거나 하지 말아야 할 행동을 한 낙인자들이 받은 대접이 이 점을 잘 보여준다. 고프먼은 호텔 미용실에 들어간 맹인의 예를 든다. 그는 들어 올려지다시피 의자에 앉고 나서, 실내가 찬물을 끼얹은 듯이 조용해진 것을 깨달았다. 그래서 분위기를 바꾸려고 농담을 했지만, 돌아오는 것은 냉랭한 침묵뿐이었다. 비슷한 예로, 다리를 못 쓰는 남자가 오슬로의 노천 식당에서 겪은 에피소드가 있다. 그는 휠체어에 타고 있었는데, 그가 있는 곳과 테이블이 놓인 테라스 사이에는 가파른 계단이 있었다. 그는 휠체어에서 내려와 무릎으로 계단을 기어 올라가려 했다. 그러자 즉시 종업원이 달려왔다. 그를 도와주기 위해서가 아니라, 다음과 같은 말을 전

---

29) 같은 곳.

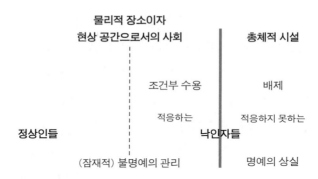

배제와 낙인의 공간 구조

물리적 장소이자
현상 공간으로서의 사회　　　　　총체적 시설

정상인들　　　조건부 수용　　　배제

　　　　　적응하는　　　적응하지 못하는

　　　　　　　　　　낙인자들

(잠재적) 불명예의 관리　　　명예의 상실

하기 위해서였다. 당신은 이 식당에 들어올 수 없다, 손님들이 우리 식당을 찾는 것은 식사를 하며 즐거운 시간을 갖기 위해서이지, 불구자의 모습을 보며 우울해지기 위해서가 아니다……

　『수용소』『스티그마』 그리고 상호작용 의례를 다룬 고프먼의 텍스트들은 위의 도표와 같이 하나의 평면 위에 연속적으로 배치될 수 있다. 한편에는 의례의 교환이 이루어지는 공적 공간[30]이 있고, 다른 한편에는 거기서 격리되어 있으면서 존중의 의례들이 사라지는 '총체적 시설'이 있다. 낙인을 지닌 사람들은 이 두 공간의 경계에 있다. 그들은 특정한 행동 노선을 따를 때에는 공적 공간에 머물 수 있지만, 그러지 못할 때는 거기서 쫓겨나 격리 수용될 잠재적 위협 속에 있다.

---

30) 여기서 공적 공간은 불어의 espace public와 같은 의미로, 즉 공론권public sphere과 공공
　　장소public place를 포괄하는 의미로 사용되었다. 영어로는 public space에 해당되겠지만,
　　영어에서 이 단어는 불어의 espace public처럼 분명한 학술적 용례를 가지고 있지 않다.

말하자면 고프먼은 의례의 교환에 참여할 자격이라는 측면에서 다음 세 가지 경우를 제시하는 셈이다. 의례의 교환에 동등한 자격으로 참여하면서 상대방에게 존중의 의례를 기대하고 요구할 수 있는 경우, 특정한 행동 노선을 따를 때만 조건부로 의례 교환에 참여할 수 있는 경우, 의례 교환의 장에서 배제되어 '탈인격화'의 과정을 겪는 경우. 여기서 뒤의 두 경우에 속하는 사람들은 성원권이 불완전하다고 할 수 있다.

신분과 모욕

모욕을 의례적 코드의 위반으로 정의할 때 생겨나는 역설은 의례적 불평등이 존재하는 사회, 즉 행위자들의 상대적 위치에 따라 의례적 권리/의무가 달라지는 사회에서는 의례적 지위가 낮은 사람(실제로 모욕적인 대접을 받을 가능성이 큰 사람)일수록 이론적으로는 더 적은 모욕을 경험한다는 점이다. 왕이나 영주처럼 고귀한 신분에게는 작은 결례도 큰 모욕이 될 수 있다. 모욕은 그것이 손상시키는 것, 즉 명예의 중대함에 비례하여 중대해지기 때문이다. 신분이 낮은 사람일수록 그에게 저질러질 수 있는 무례함의 한도가 커진다. 노예처럼 아무런 명예를 갖지 않은 자에게는 어떤 행동을 해도 모욕이 되지 않는다.

이 역설을 이해하려면, 먼저 명예가 무엇인지 이해해야 한다. 명성reputation이나 존경respect과 달리, 명예는 순수하게 외부적인 것이 아니다. 명예는 일종의 위치감각이자 이 감각의 표현이며, 또 그 표현에 주어지는 사회적인 인정이다. 명예를 가진 인간이 되기 위해서는 명예를 가지고 있는 것처럼 행동해야 하며, 그렇게 행동하기 위해서는 그 전에 명예를 가지고 있다는 느낌을 가지고 있어야 한다.[31] 명예의 이러한 속성을 잘 드러내는 것이 바로 결투이다. 결투는 모욕에 대한 제도화된 반응이라고 할 수 있는데, 행위자들은 이를 통해 자신이 명예를 가진 인간임을 주장한다. 모욕에 반응하지 않는다는 것은 명예에 대한 감각이 부족하다는 뜻이므로, 결투 사회[32]의 구성원들은 모욕을 당했을 때 자기가 실제로 느끼는 모욕감과 별개로 결투를 신청해야 한다는 압력을 느낀다. 결투는 신분적 특권이지만, 이런 의미에서 의무이기도 하다. 모욕을 씻을 기회가 남아 있는 한, 모욕당했다는 사실 자체는 아직 불명예가 아니다. 모욕당한 자가 신분에 어울리는 명예 의식을 보여주지 못했을 때 모욕은 비로소 진정한 불명예로 변한다. 그는 그가 속한 집단—귀족, 신사, 또는 남성—에 속할 자격이 없는 사람이라는 말을 들으며, 자격이 없는데도 그 집단에 계속 남아 있음으로써 그 집단을 부끄럽게 하는 사람이 된다.[33]

모욕과 명예의 관계에 대한 이러한 고찰은 "노예처럼 명예를 갖지 않은 자에게는 어떤 행동을 해도 모욕이 되지 않는다"는 말의 의미를 설

---

31) Orlando Patterson, *Slavery and Social Death*, Cambridge/Massachusetts: Harvard University Press, 1982, p. 79. 패터슨은 줄리안 핏-리버스Julian Pitt-Rivers의 경구를 인용한다. "명예에 대한 자각이 명예에 대한 요구를 낳고, 명예에 대한 요구가 명예를 불러온다Honor felt becomes honor claimed, and honor claimed becomes honor paid."
32) 나는 이 단어를 결투에 대한 지식을 공유하며, 결투를 행할 자격과 기회가 있는 사람들의 집합을 가리키는 데 사용하려고 한다.
33) 모욕에 대한 과민 반응은 지위 불안status anxiety을 반영한다. 『삼총사』의 주인공 다르타냥은 아주 사소한 모욕도 참지 못하는 인물로 그려지는데(그는 파리에 도착하자마자 세 명의 총사와 차례로 결투를 약속한다), 이는 그가 가스코뉴 출신의 하급 귀족이라는 사실과 무관하지 않다. 그는 명예에 대한 남다른 감각을 보여줌으로써 자신의 주변성을 극복하려 한다.

명하는 데 도움이 된다. 이 말은 노예—그는 명예를 둘러싼 게임에서 영구히 제외된 자이다—는 명예에 대한 관념이 없어서 모욕을 느끼지 못한다는 뜻이 아니다. 또 (주인에게 걷어차인 개를 동정하는 사람들이 개의 고통에 대해서만 말하고 굴욕에 대해서는 말하지 않는 것처럼) 노예의 굴욕이 문화적으로 인지되지 않는다는 의미도 아니다. 물론 '노예 근성'이라는 경멸적인 표현 속에 나타나 있듯이, 주인들은 노예의 자존감을 평가절하하는 경향이 있다. 하지만 다른 한편으로 그들은 노예에게 벌을 줄 때 노예가 느낄 굴욕을 정확하게 계산한다. 채찍은 원래 가축을 다스리는 도구였기 때문에 노예제도의 상징이 되었다. 주인은 노예에게 '너는 가축과 다름없다'는 메시지를 전달하기 위해 채찍을 사용한다.[34] 하지만 그는 동시에 노예가 가축이 아니라는 사실을 알고 있다. 가축에게는 가축인지 아닌지가 중요하지 않기 때문이다. 노예가 정말 가축이라면, 굳이 채찍을 써서 그 점을 일러줄 필요가 없을 것이다.

우리는 순수한 폭력, 아무런 상징성도 띠지 않는 날것 그대로의 폭력과 의례로서의 폭력을 구별해야 한다. 체벌은 폭력인 동시에 일종의 의례이다. 체벌이 체벌당하는 사람의 협조를 필요로 한다는 사실이 이 점을 잘 말해준다. 다른 모든 의례와 마찬가지로, 체벌은 맞는 사람과 구경하는 사람을 포함한 행위자 모두가 행위의 의미와 절차에 대한 지식을 공유하고, 그것이 이루어져야 하는 방식대로 이루어질 수 있도록 무언의 협력을 할 때만 성공적으로 수행될 수 있다. 종아리를 걷거나, 엉덩이를 내밀고 엎드리거나, 손바닥을 펴서 적당한 높이로 올리는 일, 매

---

34) 채찍질whipping은 그저 처벌의 수단이 아니라, 노예에게 노예임을 각인시키기 위해 의식적으로 고안된 것이다(Orlando Patterson, 같은 책, p. 3).

가 지나간 뒤에 다시 때릴 수 있도록 맞은 부위를 제자리에 갖다 대는 일, 복종의 표시로 눈을 내리까는 일 등이 그러한 협력의 예이다. 체벌에 뒤따르는 보상(담배 한 대 또는 따뜻하고 교훈적인 말)을 고맙게 받아들이는 일 역시 여기 포함된다. 체벌이 하나의 의례로 구성되기 위해서는 체벌당하는 사람에게서 이러한 동의의 표현을 끌어내는 것이 필수적이다. 폭력의 의례를 순수한 폭력과 구별시켜주는 것은 바로 동의의 존재이기 때문이다(이 동의가 반드시 마음에서 우러나온 동의일 필요는 없다. 중요한 것은 겉으로 드러난 동의, 의례적인 수준에서 확인된 동의이다).

체벌당하는 사람이 순순히 체벌에 협조하지 않을 때, 폭력은 점점 강도를 높이며 일종의 광기를 띠게 된다. 체벌하는 사람—그는 보통 지배 문화의 편에 서 있다—은 이런 상황을 자신에 대한 모욕으로 간주한다. 하지만 체벌당하는 사람이 자신의 인격과 명예로써 체벌에 맞서는 한, 누가 누구를 모욕하고 있는 것인지는 아직 확실하지 않다. 그가 저항을 포기하고 굴종의 몸짓을 내보일 때, 즉 체벌이 의례로서 완성될 때 비로소 상황의 의미가 확정된다. 그는 의례적 질서를 위반한 것이고, 상대방의 권위를, 나아가 인격을 모독한 것이다. 반면 상대방이 그를 때린 것, 그의 신체와 정신을 침범한 것은 모욕이 아니다. 그것은 이제 '훈육'으로 재규정될 수 있기 때문이다. 체벌은 무엇을 가르치는가? 체벌은 갖가지 이유로 행해질 수 있고, 거기 따라붙는 훈계도 그만큼 다양하다. 하지만 표면상의 다양성을 넘어서, 체벌은 언제나 단 하나의 메시지를 반복적으로 전달한다. 바로 체벌이 언제라도 반복될 수 있다는 사실이다. 너의 몸은 온전히 너의 것이 아니며, 나는 언제든 너에게 손댈 수 있다는 가르침이다. 체벌에 동의한다는 것은 이 가르침을 수용한다는 뜻이다.

우리는 이렇게 해서 모욕의 역설을 이해하게 된다. 모욕은 타인의 인격을 부정할 뿐 아니라, 그러한 부정에 대해서 부정당하는 사람의 동의를 강요한다(모욕하는 자는 이렇게 말한다. 너는 개새끼야. '나는 개새끼입니다'라고 큰 소리로 복창해. 이제 개처럼 엎드려서 내 발을 핥아). 하지만 모욕당하는 자가 모욕에 동의하는 순간, 모욕은 더 이상 모욕이 아니다. 그것은 의례의 일부이며, 질서의 일부이다. 결국 모욕은 자신의 본질을 부정하는 것을 최종적인 목표로 삼는 폭력이다.

모욕의 역설은 전근대적인 신분 질서가 배제와 낙인, 그리고 조건부의 통합에 의해 유지되었음을 암시한다. 모욕이 의례적 질서의 일부를 이루고 있을 때, 즉 의례 코드 자체가 비대칭성을 띨 때(한쪽은 다른 쪽을 모욕할 수 있지만, 그 역은 불가능한 경우) 이는 그 사회에 신분 차별이 존재한다는 표시로 해석될 수 있다. 이때 차별당하는 집단은 이러한 차별을 받아들인다는 조건하에 사회 안에 머무를 자격을 얻는 것이다. 다시 말해서 그의 성원권은 조건부로 주어지며, 이는 의례적 불평등성 속에서 일상적으로 확인된다.

신분의 차이를 나타내는 다양한 의례상의 차별 중에서도, 신분이 낮은 사람에 대한 하대와 신체적 폭력은 그 형식의 보편성 때문에, 그리고 그것이 전근대성의 지표가 될 수 있다는 점 때문에 특별히 언급할 가치가 있다. 하인이나 하인 계급에 속하는 사람은 주인이나 주인 계급에 속하는 사람에게 존댓말을 사용하지만, 그 자신은 반말을 듣는 것이 상례이다(주인은 '해라' 하고 머슴은 '합쇼' 하는 것, 흑인 유모는 백인 고용주를 '마님'이라 부르고 마님과 마님의 친구들은 유모의 이름을 부르는 것 등등). 그들은 또 머리를 쥐어박는다거나 뺨을 때리는 것 같은 자잘한 폭력 —고통을 가하기보다는 굴욕을 주려는 목적의, 그런 의미에서 신체적일 뿐 아니라 상징적인 폭력이라고 할 수도 있을 — 에 쉽게 노출된다. 근대화가 진전되고 하인 계급이 서비스업 종사자로 재정의되면서, 이러한 차별은 차츰 사라진다. 그런 만큼 우리는 그것에 전근대적(혹은 봉건적)이라는 딱지를 붙일 수 있을 것이다. 하지만 우리는 또한 유사한 차별 의례가 지금도 도처에서 발견되며, 지나간 시대의 유습이라는 말만으로는 그 존재를 설명할 수 없다는 사실을 안다. 군대나 감옥, 또는 학교 같은 근대적인 시설 안에서 일상의 풍경을 지배하는 욕설과 구타가 좋은 예이다. 신분 차별은 이러한 모욕의 형식들과 어떻게 다른 것일까? 이 질문은 우리에게 신분과 명예의 관념을 인격 및 존엄의 관념과 (대립시키는 게 아니라) 연결시켜서 이해하도록 촉구한다.

하대의 의미에 대해서 좀더 생각해보자. 현대 한국 사회에서 하대가 자연스럽게 허용되는 경우는 친밀한 사이면서 상대방이 자기보다 나이가 어릴 때뿐이다. 자기보다 한 살이라도 많은 사람에게는 사회적 지위에 관계없이 높임말을 쓰는 것이 예의이다. 상대방이 자기보다 어리다면, (그가 미성년이거나, 자식뻘이거나, 학교 후배나 제자가 아닌 이상) 일단 말을 높였다가 기회를 봐서 낮추는 게 좋다. 웬만큼 가까워진 뒤에도 연소자가 연장자에게 말을 놓을 기회를 주지 않는다면("형님, 이제 말씀 낮추시지요" 등등) 연장자는 그것을 무례하다고 느낄 수 있다. 한국인들이 처음 만난 자리에서 실례를 무릅쓰고 서로 나이를 묻는 이유는 이처럼 나이가 높임말 사용에 있어서 핵심적인 고려 사항이기 때문이다.

나이를 따지는 문화는 권위주의나 유교적 가치관, 봉건적 인간관계등과 한데 묶여서 비판받곤 한다. '나이주의'라는 신조어마저 생겼다. 그런데 '나이주의'를 비판하는 사람들이 종종 놓치는 사실이지만, 나이를 따져서 높임말 사용 여부를 결정하는 것은 전통의 잔재라기보다는 오히려 근대화가 만들어낸 새로운 습관이다.[35] 조선 시대의 양반은 아무리 나이가 어리더라도 상민에게 말을 놓았다. 신분이 나이보다 더 중요했기 때문이다. 장유유서는 신분이 같을 때 적용되는 원칙이다.

신분제도가 공식적으로 폐지된 후에도 지역에 따라 꽤 늦게까지 남아 있게 될[36] 상민에 대한 하대는, 근대화의 물결 속에서 공적 공간이

---

35) 근대화와 관련하여 나이주의는 양면적인 역할을 수행한다. 나이는 누구나 먹기 마련이므로, 나이에 따른 서열화는 지위나 권력이 없는 사람에게도 대접받을 기회를 준다. 하지만 다른 한편으로 자연적인 특징인 나이를 앞세움으로써, 나이주의는 재능과 업적을 중시하는 근대 사회의 원리에 저항한다.

36) 최규석은 『대한민국 원주민』에서 어머니의 회고를 토대로, 해방이 된 후에도 반상 차별이 계속되는 시골 마을의 모습을 그린다. 저자의 어머니가 나고 자란 마을은 윗말과 아랫말로 나누어져 있었는데, 아랫말 사람들은 윗말 사람들의 종노릇을 했다. "그네들은 축담 아래에서 절을 했고, 윗말의 대소사를 제 일보다 먼저 챙겼다. 밤눈 어두운 어르신이 '햇꾼아!' 하고 부르면 잠을 자다가도 뛰쳐나가 밤길을 밝혔다. 세상은 오래전에 바뀌었으나 그들은 어쩐 일인지 여전히 종으로 살았다." 윗말 사람은 나이가 아무리 어리더라도 아랫말 사람에게 말을 놓았다. 저자의 어머니는 동네 계집애들이 애비뻘되는 어른을 하대하는 것을 보며 꺼림칙해했던 기억을 가지고 있다(최규석, 「늦은 근대」, 『대한민국 원주민』, 창비, 2008, pp. 84~85). 배수아의 「그 사람의 첫사랑」에서도 유사하게 '늦은 근대'의 풍경이 펼쳐진다. 제재소의 머슴 광복은 소작인 마을인 들네에 사는 연이를 좋아하지만, 머슴이라는 이유로 거절당하고, 주인집에서 정해주는 여자와 마음에도 없는 결혼을 한다. 광복이 도련님이라고 부르며 깍듯하게 모시는 주인공 소년 역시 연이를 좋아하는데, 광복과는 반대로 연이의 신분이 너무 낮기 때문에 다가가지 못한다. 하지만 이 소설의 배경은 1980년대이다(소년이 고등학교에 다닐 때 '솟값 파동'이 일어난다). 양반이니 머슴이니 하는 것은 동네 사람들의 머릿속에나 있을 뿐, 바깥세상에서는 사라진 지 오래이다. 김천고등학교에 진학한 소년은 자신이 시골 촌놈이고 공부 못하는 학생일 뿐이라는 사실을 깨닫는다. 선생님은 소년을 들네 출신의 다른 학생과 비교하며, '집안이 어려운데도 열심히 공부하는 같은 마을 선배를 본받으라'고 한다. 소년은 '그 선배는 들네 출신이고 자기 동네는 현리'라고 항변하지만, 선생님은 '거기가 거기 아니냐'고 말한다. "들네는 소작인 마을입니다. 학이 선배의 아버지는 우리 집의 소작인이었어요. 소년은 마음속으로만 중얼거렸다. 그는 이제 알았다. 그런 내용은 이제 아무런 변명이나 명분이 되지 못한다. 소년은 성적이 좋지 못한 농촌 출신의 학생일 뿐이다"

재편성되면서 노동자 계층에 대한 하대로 바뀐다. 1920~30년대의 문학작품들에 이러한 변화의 흔적이 잘 나타나 있다. 「운수 좋은 날」의 주인공인 인력거꾼 김첨지는 손님에게 '합쇼'를 하는데, 손님은 그에게 '하오'를 한다. '하오'는 정중한 말투이지만 '합쇼'가 훨씬 더 공손한 말투이기 때문에, 결과적으로 김첨지는 손님의 아래에 있게 된다. 김첨지는, 비록 아무에게나 붙여주는 것이기는 하지만, '첨지'라는 그럴듯한 양반 칭호를 달고 있다.[37] 김첨지가 태우는 손님들로 말하자면, "여학생인지 논다니인지" 겉모습만 가지고는 알 길이 없다. 하지만 누더기에 비를 맞으며 인력거를 끄는 김첨지와 양복을 입고 보란듯이 도시를 활보하는 손님들 사이에는 이제 반상 구별과 유사한 위계가 성립한다. 양복을 입었다는 것은 새롭게 열린 근대 도시 공간에서 그 공간의 규범에 부합하는 모습으로 스스로를 제시할 수 있다는 뜻이다. 사실 과거에도 옷차림은 양반과 상민을 구별하는 중요한 기준이었다. 김첨지가 진짜 첨지라 한들 의관을 갖출 수 없을 만큼 가난하다면, 양반들 앞에서 하대를 면하기 어려울 것이다.[38]

(배수아, 「그 사람의 첫사랑」, 『소설집 No. 4』, 생각의나무, 2005, p. 97).

37) 첨지는 원래 정3품 무관 벼슬인데, 조선 후기에 명예직으로 바뀐다. 공명첩에 기재되는 직위 중 하나로, "돈만 있으면 개도 명첨지"라는 말이 생길 만큼 많이 팔린 벼슬이기도 하다. 나중에는 나이 많은 남자에게 붙여주는 일반적인 호칭이 되었다.

38) 경제적인 몰락이 신분의 하락을 초래하고, 그것이 상호작용 의례에 반영되는 예가 조선 말기의 한글 소설인 「이춘풍전」에 나온다. 이춘풍은 숙종 때 사람인데, 주색잡기를 좋아하여 부모에게 물려받은 막대한 재산을 몇 년 만에 탕진한다. 아내가 삯바느질을 하여 간신히 살림이 펴자, 이번에는 장사를 한다는 구실로 아내가 애써 모은 돈을 들고 평양으로 간다. 하지만 거기서 추월이라는 기생에게 빠져 밑천을 모두 날린다. 추월이 빈털터리가 된 춘풍을 내쫓으려 하자, 춘풍은 이대로는 집에 갈 면목이 없다면서, 물 긷고 불 땔 때면서 사환 노릇을 할 테니 머물게 해달라고 한다. 그러자 추월은 사환을 하려거든 먼저 말씨부터 고치라고 핀잔을 준다(추월이 거동 보소. 눈을 흘겨보면서, "여보소 이 사람아, 자네가 전 행실을 못 고치고 '하네' 소리 하려면 내 집 다시 있지 마소." 이렇듯이 구박하니 춘풍이 하릴없어 '아가

134

유사한 예들을 『흙』에서도 찾아볼 수 있다. 정선이 갑진과 바람을 피우고, 그것을 우연히 목격한 숭이 그들을 뒤쫓는 대목에서 택시를 타는 장면이 두 차례 나오는데, 운전수는 아주높임(합니다, 합쇼)을 쓰는 반면, 승객은 예사높임(하오)에서 아주낮춤(해, 해라)을 오간다. 숭이 정선과 갑진을 놓치고 종로 네거리에서 아는 변호사들을 만나는 장면에서는, 변호사 중 한 명이 자기를 태우려고 애쓰는 인력거꾼에게 "노형의 직무에 대한 충실과 열성에 감복하였소"라며 비아냥거린 뒤에, 다른 인력거들을 돌아보면서 "눈치만 보고 엉거주춤하는 굶어 죽을 놈들"이라고 욕설을 퍼붓는다. 높임말은 여기서 조롱의 효과를 낳는다.

언어학자들은 존비법의 사용을 바르거나 바르지 않음의 문제로 이해하는 경향이 있다. 이때 '바르다'는 말은 순수하게 문법적인 의미와 규범적 의미를 동시에 지닌다. 물건에 '시'를 붙이는 것('천원이세요')은 문법적으로 바르지 않은 것이고, 며느리가 시어머니에게 반말을 하는 것은 규범적으로 바르지 않은 것이다. 이러한 접근은 규범이 잘 작동하는 정상적인 사회의 상태를 자연스럽게 가정하게 된다. 조선 시대에는 가마꾼에게 반말을 쓰는 게 정상이었고, 현대 사회에서는 택시 운전사에게 높임말을 쓰는 게 정상이라는 식으로 말이다. 하지만 존비법을 이렇게 이해할 때 우리는 존비법의 목적이 존경의 표현을 의무화하는 데 있고, 존경이란 멸시와 마찬가지로 일종의 감정이라는 점을 잊기 쉽다. 존비법이 엄격한 사회는 일상적으로 엄청난 감정노동이 이루어지는 사회이고, 미처 처리하지 못한 감정의 찌꺼기들이 뒷골목에 흘러넘치는 사

씨' 말이 절로 나고 존대가 절로 난다). 여기서 인용한 텍스트 ― 구인환 엮음, 『배비장전』, 신원문화사, 2003에 같이 실린 「이춘풍전」 ― 에는 이춘풍의 신분이 나와 있지 않은데, 해설에 따르면 별감을 지낸 것으로 되어 있다.

회이다(김첨지는 치삼이와 술을 마시면서, 낮에 자기를 퇴짜 놓았던 손님을 조롱한다. "빌어먹을 깍쟁이 같은 년, 누가 저를 어쩌나, '왜 남을 귀찮게 굴어!' 어이구 소리가 처신도 없지, 허허").[39]

한 사람에게는 끊임없이 존중을 표현하게 하면서, 다른 사람에게는 그러한 표현을 생략하도록 허용하는 존비법의 체계는 인간관계가 원활하게 굴러가는 데 필요한 감정노동을 '아랫사람'의 몫으로 떠넘기는 문화와 연결되어 있다. 이 문화는 아랫사람의 감정을 배려하지 않는데, 그에게도 감정이 있음을 몰라서가 아니라, 그의 감정이 그만한 배려를 받을 가치가 없다고 생각하기 때문이다. 하지만 연애의 시대였고, 새로운 감수성의 시대였으며, 무엇보다 소설의 시대였던 1920~30년대에는 타인이 짊어진 감정의 무게를 자기 것처럼 느끼는 사람이 늘어나기 시작한다. 「운수 좋은 날」에서 현진건은 "제 자식뻘밖에 안 되는 어린 손님에게 몇 번이나 허리를 굽히며" 고마워하는 인력거꾼의 모습을 그린다. 이것은 상상 속에서 잠깐이나마 그 사람의 자리에 있어보지 않았다면 하기 어려운 묘사이다. 한편 이광수는 『흙』의 주인공 숭을 가난하고 헐벗은 농민들과 자신을 동일시하는 인물로 설정한다. 살여울 주민들을 위해 숭이 의사에게 왕진을 청하러 가는 장면에서 의사는 숭에게만 높임말을 쓰고 농민들을 하대하지만, 숭은 의사와 농민들에게 모두 높임

---

39) 있지도 않은 존경심을 표현해야 하는 사람은 그것을 상대방을 비웃는 행위로 재해석함으로써 자신의 굴욕을 완화할 수 있다. 표현된 감정과 진짜 감정 사이의 괴리는 조선 후기 풍자문학의 주요 주제 가운데 하나이다. 풍자문학의 서민 주인공들은 진짜 감정을 숨기는 일에 능숙한데, 「배비장전」을 예로 들면, 임지를 떠나는 관리에게 눈물로 매달리는 척하면서 짐보따리는 물론 속옷까지 벗어놓고 가게 하는 관기 애랑이나, 주인의 오입질을 도와주는 척하면서 교묘하게 망신을 주는 방자가 그러하다. 배비장이 함정에 빠져드는 모습을 보면서 방자는 슬그머니 말공대를 없애는데, 이것은 존비법의 사용이 문법에 맞는 문장을 만드는 것처럼 단순히 언어적인 규칙과 관련된 문제가 아님을 말해준다.

말을 쓴다. 숭이 농민과 의사를 차별하지 않는 이유는 그들이 모두 '사람'이라는 점에서 동등하다고 믿기 때문이다. 이러한 믿음은 숭이 자기를 하대하는 순사에게 저항하는 장면에서 분명하게 나타난다.

숭은 깜짝 놀라서 벌떡 일어났다. 셋 중에서 가장 똑똑해 보이는 순사가 바싹 숭의 가슴 앞에 와 서며, "당신 무엇이오?" 하고 무뚝뚝하게 물었다. '무엇이오?' 하는 말에 숭은 좀 불쾌했다. "나 사람이오" 하고 숭도 불쾌하게 대답했다. "그런 대답이 어디 있어?" 하고 곁에 섰던 순사가 숭에게 대들었다. "사람더러 무엇이냐고 묻는 법은 어디 있어?" 하고 숭도 반말로 대답했다. "이놈아, 그런 말버릇 어디서 배워먹었어?" 하고 곁에 섰던 또 다른 순사가 숭의 따귀를 갈겼다. 연거푸 두 번을 갈기는 판에 숭의 모자가 땅에 떨어졌다.
처음에 숭에게 "당신 무엇이오" 하던 순사가 수첩을 꺼내어 들고, "성명이 무어?" 하고 신문하는 구조다. "내가 무슨 죄를 지은 것이 아니거든 왜 까닭 없는 사람더러 불공하게 말을 하오?" 하고 숭은 뻗대었다.[40]

순사는 결국 말투를 바꾼다. 숭의 저항은 작은 승리로 끝난다. 『흙』은 1930년대를 대표하는 베스트셀러이다. '사람'을 대하는 숭의 태도는 많은 독자들에게 감명을 주었을 것이고, 어쩌면 높임말의 사용에도 영향을 미쳤을 것이다.[41] 하지만 이 책의 의의를 과대평가할 필요는 없다.

---

40) 이광수, 『흙』, 문학과지성사, 2005, pp. 160~61.
41) 이 부분을 쓰고 나서 얼마 뒤에 나는 김현주의 『사회의 발견』을 읽고, 존비법에 대한 이광수의 비판 의식이 『무정』(1917)으로 거슬러 올라감을 알게 되었다. 『무정』의 주인공 형식은 "여학생이나 기생이나 사람은 마찬가지 사람"이라고 생각하면서, 기생인 월향에게 '씨' 자를 달아 부른다(이광수, 『바로잡은 무정』, 김철 엮음, 문학동네, 2003, pp. 235~36; 김현주,

이 시대의 새로움을 드러내는 것은 이런저런 소설이 아니라, 근대소설이라는 장르 자체이기 때문이다. 소설은 다른 사람의 마음속에 들어가 그 사람의 눈으로 세상을 볼 수 있게 해준다. 그리고 가장 비천한 사람도 자기 인생의 주인공이라는 점에서 다른 사람과 똑같다는 사실을 가르쳐준다. 그전까지 얼굴이 보이지 않고 목소리가 들리지 않던 사람들이 사회 안에 현상하게 되는 것은, 소설이 배양하고 확산시킨 이 새로운 상상력에 힘입어서이다.

신분 차별과 일상적인 모욕의 관계에 대한 질문으로 돌아가자. 하대의 의미에 대한 고찰은 신분이 지위의 높고 낮음만이 아니라, 사람의 크기와 관련된 개념임을 시사한다. 예를 아는 것이 인격을 판단하는 척도였던 유교 사회에 이르러서는 더욱 그렇게 말할 수 있다. 예에 대한 언설의 생산을 양반 계층이 독점하고 있는 현실에서, 배움의 기회가 부족한 상민은 인격적으로 열등한 상태로 남을 수밖에 없다. 상민에 대한 하대는 이 점에 근거한다. 곧 상민은 인격적인 면에서 미성숙한 아이나 마찬가지이므로, 어른인 양반이 말을 놓는 것이 당연하다는 생각이다.

그런데 미성숙하고 열등한 존재로 취급되는 것은 다른 차별받는 주체들, 예를 들면 여성이나 외국인도 마찬가지이다. 고프먼은 광고에서 남자와 여자가 함께 등장할 때 여자의 열등성과 의존성이 다양한 방식으로 암시된다는 사실에 주목하였다. 우선 여자는 남자보다 작다. 여자가 남자보다 평균적으로 작은 것은 사실이지만, 임의의 여자가 언제나 임의의 남자보다 작은 건 아니다. 하지만 광고는 통계적 경향을 확실성으

『사회의 발견』, 소명출판, 2013, p. 267에서 재인용).

로 바꾸어놓는다. 여자가 남자보다 큰 경우는 남자가 요리사나 웨이터 같이 육체노동에 기반한 서비스 제공자일 때뿐이다. 여자는 또 눕거나 기대거나 주저앉아서 자세를 낮춘다. 남자는 내려다보고 여자는 올려다본다. 부엌, 세탁실, 청소 중인 거실 장면에서 남자는 전혀 일을 하지 않는다. 그럴 때 남자는 자신의 노동 능력을 숨기고 천진한 소년 같은 표정을 짓는다. 그 밖의 장면에서 남자는 가르치고 지시하는 역할을 맡는다. 남자는 여자에게 테니스, 승마, 피아노, 가전제품 사용법 등을 가르친다. 의사는 언제나 남자이고 간호사는 여자이다. 눈싸움이나 물장난 등을 칠 때 여자는 놀라고 소리치는 역할을 맡는다. 남자는 감싸려는 듯이 팔을 벌리거나, 여자의 어깨에 팔을 두르거나, 여자에게 팔짱을 끼게 한다. 여자는 손으로 입을 가리거나, 손끝을 입술에 대거나, 아이처럼 손가락을 빤다. 여자는 남자 뒤에 숨는다. 남자는 여자에게 음식을 먹여준다……[42] 이런 이미지들 속에서 남자와 여자의 관계는 어른과 아이의 관계와 비슷하게 나타난다.[43] 여자는 남자보다 연약하고, 서

---

[42] Erving Goffman, *Gender Advertisments*, The Society for the Anthropology of Visual Communication, New York: Harper & Row, 1976.

[43] 남자의 나이가 실제로 더 많을 때 이 구도는 더 편안하게 다가올 수 있다. 9시 뉴스에서 두 명의 진행자가 파트너십을 이루는 방식이 좋은 예이다. 9시 뉴스는 보통 두 명이 같이 진행하는데, 초등학교 학생회장처럼 반드시 한 명은 남자, 한 명은 여자이다. 남자는 나이가 많고, 노련하고 중후한 인상을 주며, 묵직한 뉴스를 주로 담당하고, 종종 논평을 덧붙인다. 여자는 남자보다 스무 살쯤 어리고, 유능하지만 상대적으로 경험이 부족하다는 느낌을 주며, 가벼운 뉴스를 주로 담당하고, 자기 의견 따위는 없다는 듯이 내용 전달에만 신경을 쓴다. 시청자는 자연히 퍼포먼스의 주역은 남자이고 여자는 거드는 역할이라고 생각하게 된다. 나이는 이 성차별적 구도에 안정감을 주는 결정적인 요소이다. 여자가 남자보다 더 나이가 많다고 가정해보면, 이 점이 분명해진다. 9시 뉴스의 주 시청자 층인 나이 든 남자들은 여자가 남자의 위에 있는 것처럼 보이는 상황을 결코 좋아하지 않을 것이다. 하지만 그들은 여자라는 이유로 연장자에게 보조적인 역할을 맡기는 것 역시 원하지 않는다. 그것은 너무 노골적인 성차별이기 때문이다. 연장자가 남자라면 이런 문제가 해결된다. 즉 나이에 따른 위계와 성적 위계를 겹쳐놓는 것은 후자를 감추는 효과를 가져온다. 여자 진행자가 자주 바뀌는 것

툴고, 수줍음이 많다. 여자는 남자의 보호와 안내가 필요하다. 어리광 피우는 여자와 너그럽게 받아주는 남자라는 이 낭만적인 각본 뒤에는 여성의 임금이 남성의 절반밖에 안 되고, 재계, 정계, 학계는 물론 시민 단체에서조차도 요직을 차지한 사람은 모두 남자라는 현실이 있다. 해마다 수만 건의 성폭력이 발생하고, 보고되지 않은 성폭력은 이보다 많으며, 가해자의 상당수는 남편, 애인, 아버지 등 보호자를 자처하는 사람들이라는, 더욱 어두운 진실 역시 언급되어야 한다. 성폭력은 모욕의 한 형식이다. 모욕이 대개 그렇듯이 성폭력에도 가르침이 담겨 있다. 몸의 올바른 사용법에 대한, 네 몸이 누구에게 속하는가에 대한, 네가 있을 곳이 어디인가에 대한……

한편 외국인은 언어가 서툴고 체류국의 제도와 관습에 익숙하지 않다는 점 때문에, 순진하고 세상 물정 모르는 어리보기나 말귀를 잘 못 알아듣는 아이의 이미지를 갖기 쉽다(외국인이 유창하게 현지어를 구사할 때는 반대로 약삭빠른 거간꾼의 이미지가 생겨난다). 텔레비전에서 외국인의 발언을 내보낼 때, 그에게 익숙한 언어로 말하게 하고 통역을 붙여주기보다는 서툴더라도 한국어로 말하게 하는 게 보통이다. 그래서 사람들은 더욱 외국인을 이런 이미지로 기억하게 된다. "고추장 매워요" 하면서 손을 내젓는 모습, 아니면 "사장님 나빠요"라며 울먹이는 모습으로 말이다. 외국인은 또, 다른 문화를 배우러 온 사람이라는 이미지를 갖는다. 그는 우리의 손님이자 학생이다. 우리는 그가 새로운 환경에

은 그 때문이 아닐까? 9시 뉴스의 남자 진행자가 길게는 10년 이상 매일 저녁 시청자와 만나면서 중후한 느낌을 더해가는 반면에, 여자 진행자는 연륜이 조금 쌓이기가 바쁘게 다른 신선한 얼굴로 교체된다. 그래서 시청자는 여자가 보조적인 역할을 하는 것은 경험이 부족해서라고 믿게 된다. 나아가 여자는 남자보다 경험이 부족하다고 무의식적으로 생각하게 된다.

잘 적응하고 많은 것을 배워서 돌아갈 수 있게 도와주어야 한다. 이러한 생각은 외국인에게는 '우리나라'를 비판할 권리가 없다는 생각으로 이어진다. 외국인은 가르침과 도움을 받는 입장이므로, 체류국의 문화에 대해 이러쿵저러쿵하는 것을 삼가야 한다. 그것은 학생이 선생님을 욕하는 것만큼이나, 또는 손님이 자기를 환대해준 주인을 헐뜯는 것만큼이나 주제넘고 배은망덕한 일이다. 외국인에게 따라다니는 견습생 같은 이미지는 그에게 내국인과 같은 일을 시키면서도 더 적은 임금을 주는 것을 정당화한다. 또 어린아이에게 하듯 반말을 쓰거나 머리를 쥐어박는 일을 가능하게 만든다.

사회적인 타자화가 유아화infantilization — 이 단어를 이런 의미로 쓸 수 있다면 — 를 동반하는 예는 이 밖에도 많다. 장애인이나 거동이 불편한 노인, 생활보호 대상자도 곧잘 나이를 무시당하고 아이처럼 취급된다. 시설에 수용된 사람들은 일반적으로 자율성을 박탈당하고 사소한 것까지 잔소리를 들으면서, "나이의 위계에서 돌이킬 수 없이 강등되었다는 공포감"을 경험한다.[44] 아이의 이미지는 여기서 그들의 신체와 정신이 더 쉽게 침범될 수 있음을 표시한다. 그들은 더 작은 명예를 지니며, 더 쉽게 모욕당하고, 그러면서 그 모욕의 무게를 평가절하당한다. 그들은 불완전한 사람, '모자라는' 사람이다. 그들의 그림자는 남들보다 작고 희미하다.

온전한 인격으로 인정받지 못한다는 점에서 상민은 여성, 외국인, 장애인, 총체적 시설의 재소자 등등과 비슷하다. 그들은 상호작용의 장안에 양반, 남자, 국민, 정상인, 일반인과 동등한 자격으로 들어가지

---

44) Erving Goffman, *Asylums*, p. 43.

못하며, 의례 교환에 있어서 불평등을 경험한다. 이러한 통찰은 신분 차별을 이해하는 새로운 관점을 제시한다. 우리는 신분 차별을 장소/자리를 둘러싼 투쟁이라는 더 넓은 틀에서 바라볼 수 있다. 신분이란 어떤 위계화된 구조 안에 있는 고정된 위치들이 아니라 무리짓고, 사회 공간을 점유하고, 경계를 만들며, 배제하거나 포함시키고, 자리를 주거나 뺏는 어떤 운동의 효과이다.[45] 그러므로 신분의 개념은 인정투쟁이나 타자화의 문제와 긴밀하게 연결되어 있다.

신분에 대한 이러한 접근은 근대화(또는 현대화modernization)를 바라보는 관점 역시 바꾸어놓는다. 우리는 근대화를 하나의 위치 체계에서 또 다른 위치 체계(수직적인 구조에서 수평적인 구조 또는 개인들의 위치가 고정된 체계에서 이동성이 높은 체계)로의 전환이나, 부와 특권을 분배하는 특정한 원리에서 또 다른 원리로의 이행이라고 생각하는 대신, 인력거꾼 김첨지 같은 이들이 '똑같은 사람'으로 여겨지기 시작하고, 사람대접을 받게 되는 과정으로 이해할 수 있다. 아니면 근대화란 신분적인 정체성 외에 다른 정체성을 갖지 못했던 사람들이 그들 모두를 감싸고 있는 '사회'의 존재를 깨닫게 되는 과정이라고 말해도 좋을 것이다. 이런 의미에서의 '사회의 발견'은 근대화의 핵심적인 사건이다.

사회의 발견

신분 질서라는 말을 들으면 사람들은 대개 피라미드 그림을 떠올린

---

45) 미야지마 히로시의 『양반』은 양반이라는 신분의 형성을 이런 관점에서 기술한 명저이다.

다. 꼭대기에는 왕과 귀족이 있고 바닥에는 노예나 농노가 있는, 3층이나 4층으로 이루어진 피라미드 말이다. 이런 그림의 장점은 사회를 떠받치는 자들의 노고를, 그리고 그들을 깔고 앉은 자들의 무게를 한눈에 느끼게 해준다는 데 있다. 사다리와 달리 피라미드는 아래에서 위로 올라가기도 쉽지 않다. 그러니까 피라미드는 구성원들 각자의 지위가 태어날 때부터 정해져 있고, 계층 상승의 기회가 극히 적은 사회를 나타내는 데 적당한 모형이다. 하지만 신분 질서를 피라미드와 비슷한 것으로 상상할 때, 우리는 근대화가 가져온 가장 중요한 변화를 시야에서 놓치고 만다. 한 사회의 모든 구성원이 인격을 지닌 사람으로 나타나게 되었다는 사실, 더 정확하게 말하면, 주어진 영토 위의 인구 전체가 하나의 사회 안에 들어가게 되었다는 사실이 그것이다. 노예나 농노는 단지 사회의 밑바닥에 있는 게 아니라, 가장자리에, 경계에, 또는 바깥에 있는 것이다.

그런데 '사회의 밑바닥'이라는 말과 '사회의 가장자리'라는 말에서 '사회'는 동일한 의미로 사용된 게 아니다. 우리는 사회를 이해하는 두 가지 방식을 구별해야 한다. 하나는 사회를 구조들(또는 구조화하는 실천들)의 총체로 이해하는 방식이다. 이때 '사회' 안에는 정치·경제·문화·법 등이 모두 포함된다. 그리고 사회의 경계는 국민국가의 경계와 사실상 일치한다. 정치·경제·문화·법 등이 하나의 연관된 총체를 이루는 것은 국민국가 내부에서이기 때문이다. 구조기능주의와 마르크시즘은 둘 다 이런 관점에서 사회를 바라본다. 마르크시즘의 전통은 사회구성체social formation를 분석의 구체적인 단위로 삼으면서 그 경계를 무의식적으로 국민국가의 경계와 일치시키는 경향이 있다. 다른 하나는 사회를 상상적 공동체로 이해하는 방식이다. 코뮤니타스에 대한 터너의 논의[46]나 상호작용 질서에 대한 고프먼의 논의는 모두 사회에 대한 이러한 이해 방식을 함축한다. 두 논자는 구조기능주의를 비판하면서 사회구조와 구별되는 독자적인 층위에 관심을 가졌다는 공통점이 있다.

사회를 총체로 이해하는 시각에서 사회이론의 중심 질문은 사회의 기능과 변동 ── 마르크시즘의 용어로는 재생산과 이행 ── 이다. 사회가 스스로 자유의지를 지녔다고 믿는 다수의 주체들을 포함하고 있는데도, 그리고 그 주체들이 출생과 죽음에 의해 끊임없이 교체되고 있는데도, 사회의 형태가 유지되는 비결은 무엇인가? 넓은 의미에서의 사회화 socialization가 이 질문에 대한 답으로서 주어진다.[47]

한편, 사회를 상상적 공동체로 볼 때 사회이론의 핵심에 떠오르는 것은 성원권의 문제이다. 사회가 상상적 공동체라면 그 경계는 불확정적일 수밖에 없다. 사회는 일차적으로 사람들의 머릿속에 들어 있는 것이기 때문이다. 같은 이유로 그 사회에서의 성원권 역시 불확정적이다. 사회적 성원권은 이 점에서 시민권과 분명히 구별된다. 주어지거나 주어지지 않거나 둘 중 하나인 시민권과 달리, 사회적 성원권은 의례를 통하여 끊임없이 확인되어야 한다. 사람들은 상호작용 의례나 집단적 의례에 참여함으로써 다른 사람들의 성원권을 확인하고 자신의 성원권을 확인받는다. 사회란 결국 이러한 의례의 교환 또는 의례의 집단적 수행이 가능하다고 여겨지는 상상적 지평이다.

사회에 대한 이 두번째 관점은 오늘날과 같이 개인들의 커뮤니케이션

---

46) Victor Turner, *The Ritual Process*, Ithaca/New York: Cornell University Press, 1969.

47) 이데올로기 이론은 넓은 의미에서의 사회화 이론이다. 이데올로기 이론과 사회화 이론은 동일한 질문("재생산은 어떻게 가능한가?")에 답하고 있으며, 마르크스주의 사회학 이론과 주류 사회학 이론 내부에서 각각 위상학적으로 동일한 위치를 점유한다.

지평이 국민국가의 경계를 넘어서 확대되고 있는 현실에서 특히 유용한 것 같다. 상호작용 의례는 언어의 장벽을 넘어서 교환될 수 있다. 이 사실을 이해하는 사람들에게 사회의 경계는 인류 전체로 확대된다. 다시 말해 인격을 가진 개체들individuals, 자신이 나누어 갖고 있는 '집합적 마나'를 의례의 수행을 통해 표출할 수 있는 개체들 전체의 집합으로 확대된다. 이 의례는 개인들 간에 교환되는 것일 수도 있지만(오지 한가운데서 원주민을 만난 자원봉사자는 자기가 손을 내밀면 상대방도 손을 내미는 것을 발견하고, 자신이 '인류 사회'의 일원임을 새삼 깨닫는다), '인간띠잇기'처럼 집합적인 것일 수도 있다(인간띠잇기는 국경과 인종, 성, 계급과 신분 등의 장벽을 넘어서 코뮤니타스를 만들어내는 의례이다).

　그런데 사회의 경계가 이처럼 상상 속에서 지구 전체로 확대될 수 있다고 하더라도, 현실적으로 그것은 민족국가의 경계와 일치하는 경향을 갖는다. 우리는 '사회적social'이라는 형용사의 두 가지 의미를 구별함으로써 그 이유를 설명할 수 있다. 이 단어는 한편으로는 경제나 정치가 포괄하지 못하는 일상적 상호작용의 영역을 가리키기 위해 사용되며, 다른 한편으로는 '사회적 권리' '사회문제' 또는 '사회정책'이라고 할 때처럼, 시장 메커니즘으로는 해결할 수 없는 빈곤의 문제와 관련하여 사용된다. 이 두 가지 의미, 또는 두 가지 용법은 서로 연결되어 있다. 우선 경제적 배제는 사회적 배제로 귀결되기 때문에(남에게 줄 것이 아무것도 없는 사람은 사회적으로도 고립된다), 일상적 상호작용의 장으로서 사회가 제대로 작동하려면, 그 구성원들의 사회적 권리에 대한 인정과 그것을 뒷받침하는 사회정책이 필수적으로 요청된다. 다른 한편, 경제적으로 배제된 사람들의 사회적 권리에 대한 인식은 그들이 다른 사람들과 동등한 자격으로 '사회'를 구성하고 있다는 사실에 대한 발견,

다시 말해 '사회의 발견'을 전제로 하며, 이러한 발견은 일상적 상호작용 속에서 이루어지고 확인되는 것이다.[48] 그런데 사회정책의 실시는 사회의 경계를 확정하는 것을 전제로 한다. 누구에게서 세금을 걷고, 누구에게 혜택을 줄지를 결정하려면 먼저 사회가 하나의 정치적 단위로 존재해야 하기 때문이다. 이리하여 사회는 결국 주권을 가진 민족국가와 동일한 경계를 갖게 된다.

사회가 상상적 공동체라는 주장은 사회가 모든 시대에 불변항으로 존재했던 것이 아님을 함축한다. 사회를 총체로 보는 관점에 서서, 특정한 인구 집단의 물질적이고 정신적인 삶의 내용 전체를 '사회'라고 부른다면, 사회는 그 인구 집단이 존재해온 것만큼이나 오랫동안 존재해왔다고 해야 할 것이다. 고대 사회, 봉건 사회 등등의 용어를 사용하면서 우리는 특정한 인구 집단이 동질적이고 공허한 시간 속을 천천히 나아가며 발전의 단계를 표시하는 지점들을 차례로 통과하는 모습을 상상한다. 반면에 사회를 상상적 공동체로 보는 관점에서는 그러한 상상의 역사적 기원에 대해서, 다시 말해 사회의 발견에 대해서 질문하는 것이

---

48) 사회가 19세기에 비로소 발견(또는 발명)되었다는 사실에 주목하는 논자들은 이 개념의 확산을 빈곤의 문제에 대한 국가적 개입과만 연관시키는 경향이 있다. 그 결과 사회주의적인 정책들은 빈민에 대한 시혜이거나(한나 아렌트, 『인간의 조건』·『혁명론』) 빈곤이 가져오는 사회적 위험을 최소화하려는 시도(자크 동즐로, 『사회보장의 발명』) 정도로 그 의의가 축소된다. 이 점에서 아렌트의 우파적인 비판과 동즐로의 좌파적인 비판은 기묘하게도 수렴된다. 흥미로운 점은 아렌트는 사회가 발견되는 시점을 로베스피에르의 집권기로 잡고 있는 데 비해 동즐로는 프랑스혁명의 정신이 변질되는 1848년으로 잡고 있다는 것이다. 그러나 사실 사회의 발견은 그 전까지 사회 성원이 아니었던 사람들이 신분 질서가 와해되면서 공적 공간으로 들어가게 된 것과 관련이 있으며, 사회정책의 실시에는 이들이 사회 성원으로서 어엿한 모습을 갖출 수 있도록 최소한의 물질적 조건을 마련해준다는 의미가 있다. 아렌트의 견해와 달리 사회적 권리의 인정은 '정의의 정치'에서 '동정의 정치'로의 이행을 나타내는 지표가 아니라, 정의의 정치를 인민 전체에게 확대하기 위한 조건인 것이다.

허용된다.

　사회의 발견은 신분 질서의 해체와 밀접한 관계가 있다. 좀더 정확히 말하면 사회적 의례, 즉 개인들이 신분과 무관하게 동등한 자격으로 참여하는 집단적 의례 및 상호작용 의례가 신분적 의례를 압도할 때, 사회에 대한 상상은 비로소 그 구성원들의 의식 속에 확고하게 뿌리를 내린다.[49] 사회에 대한 상상이 의례 속에서 구체화되고 재생산되는 것과 마찬가지로, 신분에 대한 관념 역시 의례를 통해 표출되고 유지되기 때문이다.

　신분을 구성하는 요소로서 의례가 갖는 중요성은 아무리 강조해도 지나치지 않다. 신분을 법적인 관점에서만 정의할 경우, 현대 사회에는 신분 질서가 존재하지 않는다고 할 수 있다. '신분에서 계약으로의 이행'이라는 명제는 마르크스주의자들을 포함하여, 근대화의 문제 설정을 지지하는 사람들에 의해 광범위하게 채택되고 있다. 하지만 베버는 신분을 사회적 위신과 사교 생활을 중심으로 좀더 구체적으로 정의함으로써, 현대 사회에도 신분 질서가 존재함을 시사한다.

　베버는 시장에서 개인이 갖는 기회를 의미하는 계급 상황class situation과 개인의 명예에 대한 사회적 평가에 의해 결정되는 신분 상황status situation을 구분한다. 계급, 즉 동일한 계급 상황에 놓인 개인들의 집합

---

49) 모든 신분 집단을 포괄하는 의례들은 근대국가의 출현 이전에도 존재했다. 성찬식에서의 공동식사가 그러한 예이다. 베버는 베드로가 안티오키아에서 이교도와 같이 식사를 한 순간에 서양적 '시민'이 잉태되었다고 말한다. "서양적 시민이 탄생한 것은 그로부터 천 년 이상이 지난 뒤 중세도시들의 혁명적 '음모집단 가입서약Coniuratio'에서부터였으나, 그것이 잉태된 것은 곧 이때였다. 왜냐하면 공동식사 —기독교의 용어로는 성찬식—가 없었다면 선서에 의해 결속된 협동단체, 중세도시의 시민도 가능하지 않았을 것이기 때문이다"(막스 베버, 『막스 베버 선집』, 임영일 외 옮기고 엮음, 까치, 1991, p. 357).

은 공동체적 행동의 토대가 될 수는 있지만, 그 자체가 공동체는 아니다. 반면에 신분 집단은 공동체를 형성하는 것이 보통이다. 신분 집단은 특수한 생활양식, 자기네끼리의 폐쇄적인 교류와 혼맥 형성, 결투를 할 자격과 같은 의례적 특권에 대한 주장 등을 통해 스스로를 사회의 나머지와 구별하고자 한다. 이러한 계층화는 순전히 관습적이다. 하지만 경제력의 안정적인 배분에 의해 이러한 계층화가 굳어지자마자 합법적인 특권으로의 길이 쉽게 열린다.[50]

이와 같이 베버는 신분을 정의함에 있어서 특정한 집단이 여타 집단들과 스스로를 구별하기 위해 동원하는 상징적이고 의례적인 요소들에 초점을 맞추고 있다. 나는 베버의 직관에 동의하면서, 신분을 법과 의례라는 두 가지 차원에서 정의해야 한다고 주장하고 싶다. 사실상 신분 사회의 법은 의례와 분리되지 않는다는 점에서 신분이 공식적으로 폐지된 사회의 법과 차이가 있다. 법의 근대화는 법과 의례의 분리를 말한다. 전통 사회에서 의례는 대개 종교의 관할 아래 놓여 있었으므로, 우리는 이러한 분리 과정을 '세속화'라고 일컬을 수 있다. 신분 질서의 폐지는 신분 질서를 재생산하는 의례들이 법과 분리되어 문화나 관습, 또는 예절이라고 불리는 영역으로 들어감을 말한다. 하지만 그렇다고 해서 이 의례들의 힘이 당장 사라지지 않는 것은 물론이다.

---

50) *From Max Weber: Essays in Sociology*, H. H. Gerth & C. W. Mills(eds.), London/Boston: Routledge & Kegan Paul Ltd., 1974, pp. 180~95; 막스 베버, 같은 책, pp. 131~53.

"사람이 되어라"

신분 질서가 지배하는 사회에서 사람대접을 받지 못했던 상민들은 근대화와 더불어 양반과 공적 공간에서 동등하게 상호작용할 권리를 얻게 된다. 그 전까지 신분적 카테고리로 구별되었던 사람들이, 그들 전체가 속하는 '사회'의 존재를 인식하면서, 이 사회의 동등한 구성원으로서 서로가 서로에게 갖는 의례적 의무와 권리를 재규정하는 것이다. 물론 이것은 전통적인 신분 질서에 애착을 느끼는 사람들의 거센 저항과 반발을 수반하였다.

근대의 도래를 알리는 일상적이면서 가장 가시적인 변화는 사람들의 겉모습에서 나타났다. 상투를 자르고 양복을 입은 사람들의 등장이 바로 그것이다. 1894~95년의 여러 개혁 조치 가운데 가장 격렬한 반발을 일으킨 것이 다름 아닌 단발령이었다는 사실은 흥미롭다. 조선 시대에 사람의 신분은 의관으로 표현되었다. 상대방의 의관을 보고 사람들은 그가 의례적 질서 속에서 어떤 위치에 있는가를 알 수 있었고, 그 사람과의 의례적 교환에서 자신이 지게 되는 의무, 혹은 갖게 되는 권리가 무엇인지도 알 수 있었다. 상투를 자른다는 것은 이러한 기호들을 가시적인 장에서 지워버린다는 것을 말한다. 단발령과 함께 사람들은 전통적인 의례 질서에 따라 규제되지 않는 상호작용의 새로운 장 속으로 떠밀려 들어가게 된 것이다. 이런 의미에서 우리는 1895년이 공적 공간이 재구성되는 시발점이라고 말할 수 있을 것이다.

하지만 이것이 곧 모든 사람들이 이 공간에 외관상 동등한 모습으로 등장하게 되었음을 의미하지는 않는다. 단발령이 실시되었다고 해서 실제로 누구나 머리를 깎고 양복을 입은 것은 아니기 때문이다. 양복을 입으려면 그것을 살 돈이 있어야 하며, 무엇보다 복장 코드에 대한 지식을 갖추어야 한다. 그래서 양복을 입는다는 것 자체가 새로운 신분적 상징이기도 했다. '모던 걸'이나 '모던 보이'에 대한 담론이 대체로 비난의 색채를 띠었던 이유도 이런 각도에서 이해할 수 있다. 모던 걸과 모던 보이는 겉모습을 통해 정체성을 주장한다. 이 정체성은 전통적인 의례 질서 속에 등록되지 않은 새로운 정체성이다. 그러면서 동시에 그것은 위장되었을 가능성을 지닌 정체성이기도 하다. 양장을 입고 초가집을 나서는 모던 걸을 풍자한 이 무렵의 신문 만평[51]은 바로 이 점을 지적하고 있다. 모던 걸에 대한 비난은 새롭게 출현한 근대적 신분 자체에 대한 비난과 신분의 위장에 대한 비난을 모두 포함한다.

그러므로 모던 걸에 대한 비난은 출퇴근길에 대학생 차림을 하는 여공들의 허영심에 대한 비난[52]과 어떤 부분에서 연결된다. 근대는 복장에 따라 여전히 신분적 차별을 가하면서도, 동시에 복장을 통한 위장의 기회를 누구에게나 열어놓는다. 이것이 복장의 민주주의가 정확히 의미하는 바이다. 옷을 제대로 차려입는다는 것이 교육받은 중산층을 기준으로 정의되어 있으므로, 노동자 계층이 이 기준을 따르는 것은 신분을 위장하는 일이 된다.

---

51) 「어듸서 그 돈이 생길가」, 『조선일보』, 1930년 4월 8일. 늘어선 오막살이 앞을 화려하게 치장한 두 여인이 지나가는 모습을 그린 이 만화에는 "치마 한 감에 삼사십 원, 양말 한 켜레에 삼사 원 손가락에 끼인 것만 해도 이삼백 원 머리에 꼬진 것만 해도 오륙백 원 얼골에 칠하는 것 중에 분갑만 해도 아츰분 낫분, 밤분 해서 사오 원, 머리만 지지는 대도 일이 원이라 하고, 초가집을 나서서는 오든 길을 또 가고 가든 길을 돌쳐서서 대활보로 거러가는 것이 소위 요사이 모던-껄이다"라는 비아냥거리는 어조의 논평이 붙어 있다(신명직, 『모던 뽀이, 경성을 거닐다』, 현실문화연구, 2003, p. 111에서 재인용).
52) 강남식, 「70년대 여성 노동자의 정체성 형성과 노동운동」, 이종구 외, 『1960~70년대 노동자의 작업장 문화와 정체성』, 한울아카데미, 2006, p. 62; 김원, 『여공 1970, 그녀들의 反역사』, 이매진, 2006, pp. 552~53.

단발령과 더불어 공적 공간의 변형을 가져온 또 하나의 일대 사건은 과거제도의 폐지와 근대적 교육제도의 확립이다(1895년은 소학교령이 선포된 해이기도 하다). 양반 계층의 신분적 명예는 대대로 유업에 종사했으며 다수의 과거 합격자를 내었다는 것에 근거를 두고 있었다. 그러므로 과거제도의 폐지는 양반 계층에게는 스스로를 다른 계층과 구별할 새로운 근거를 마련해야 한다는 압박감을 주었으며, 평민 계층에게는 신분 차별에서 벗어날 기회를 마련해주었다. 충남 부여의 두 종족 마을에 대한 박찬승의 연구는 근대 교육의 확산이 신분 의식에 미친 영향을 확인한다. 이 두 마을 중 하나는 조선 시대에 생원 진사 합격자를 열다섯 명이나 배출한 양반 마을이었고, 다른 하나는 한 명도 배출하지 못한 상민 마을이었다. 양반가의 구성원들은 나이에 관계없이 상민 집안 출신에게 말을 낮추었다. 상민 마을 사람들이 양반 마을 앞을 지나갈 때면 불러서 먹을 것을 바치게 하였고, 말을 듣지 않는 상민을 잡아다가 볼기를 때리기도 하였다. 이러한 관행은 보통교육이 일반화되는 1930년대 후반부터 서서히 사라진다. 두 마을 아이들이 같은 학교에 다니게 되자, 양반들은 더 이상 상민들을 드러내놓고 하대하지 못한다.[53]

이것은 근대화가 사회적 관계에 가져온 변화의 한 측면이다. 다른 한 측면은 전통적인 신분 질서가 근대 교육제도를 매개로 변형되고 존속된다는 것이다. 한우희는 근대 교육제도의 이용자들이 흔히 보통학교에 들어가야 양반이 된다든지, 대학 예과 입학은 과거의 초시 합격과 맞먹는다는 식으로, 신식 학교가 발급하는 새로운 증명서들의 가치를 과거

---

53) 박찬승, 「종족 마을 간의 신분 갈등과 한국전쟁: 부여군 두 마을의 사례」, 『사회와 역사』 69집, 2006.

제도의 그것과 비교하여 판단하였음을 지적한다.[54] 이러한 경향은 1920
년대까지도 계속되었다. 이는 전통적인 위계질서가 학력이라는 프리즘
을 통하여 근대적 사회 공간에 투영되었음을 말한다. 학력이 이제 신분
을 대신하여 이 공간을 분절하는 새로운 기준이 된 것이다. 오성철도
한우희를 원용하면서, 투자—수익의 합리성이라는 관점에서는 결코 일
제 시대의 교육열을 온전하게 설명할 수 없다고 말한다. 1930년대 초등
교육의 팽창을 이끈 가장 중요한 동인 가운데 하나는 "양반이고 상놈
이고 간에 초등학교라는 곳에 자신의 자질을 여아를 입학시키지 않으
면 사람 갑에 못 가는 줄"[55] 아는 세간의 인식이었다.

　상투를 자르는 것과 학교에 가는 것은 밀접하게 연관되어 있었다. 학
교에서 아이들은 그들이 어떤 집안 출신이든 간에 모두 같은 옷을 입
고, 같은 모자를 썼다. 겉모습의 수준에서 실현된 이러한 평등성은 사
회적 이동을 위한 기회를 누구에게나 똑같이 제공하겠다는 근대적인
교육제도의 약속을 상징한다. 하지만 실제로 학교가 만들어낸 것은 또
다른 불평등 혹은 사회적 균열이었다. 전통적인 사회에서 지배 계층에
속했던 사람들은 남들보다 앞서서 적극적으로 이 새로운 기회를 이용함
으로써 그들의 사회적 지위를 유지하였다. 반면 학교에 다니지 못한 사
람들은 여전히 '사람 노릇을 못하는' 존재로 남게 되었다.

　산업화와 도시화가 이루어진 후에도 많은 사회에서는 교육받은 계층
과 교육받지 못한 계층 사이에 일종의 신분적인 차별이 존재하였다. 예
를 들어, 1972년에 출판된 세넷과 코브의『계급의 숨겨진 상처』에 따르

---

54) 한우희, 「보통학교에 대한 저항과 교육열」, 『교육 이론』 6권 1호, 1991.
55) 팔봉산인, 「지배계급 교화 피지배계급 교화」, 『개벽』 1924년 1월호, p. 15(팔봉산인은 김기
　　진의 필명이다); 오성철, 『식민지 초등교육의 형성』, 교육과학사, 2000, p. 199에서 재인용.

면, 당시 보스턴에서는 배관공이 학교 선생보다 두 배나 수입이 많았지만, 둘이서 이야기를 나눌 때면 전자는 후자를 "미스터"라고 칭하는 데 비해, 후자는 전자의 이름first name을 불렀다.[56] 이는 공적 공간에서 노동자 계층의 성원들이 의례적 평등을 누리게 된 것은 서구에서도 비교적 최근의 일이었음을 뜻한다.[57]

한국의 경우, 노동자에 대한 신분적 차별은 자본의 노동 통제 전략과 깊숙이 연결되어 있었다. 김준은 1974년 현대조선 노동자의 '폭동'을 구술 자료에 기초하여 재구성하면서, 노동자들의 불만이 열악한 작업환경이나 장시간 저임금 노동뿐 아니라 사원과 기능공 사이의 '신분적 차별'에 집중되어 있었음을 드러내었다. 안전모, 복장, 명찰, 신분증, 식사의 질 등 수많은 측면에 걸쳐 있는 이런 차이들은 사소하다면 사소한 것이었지만, 그 상징적인 성격 때문에 노동자들의 분노를 샀다. 그들은 이것을 일종의 '양반-상놈 차별'로 인식했으며, '사원은 사람이고 공원은 개'라는 자조적인 유행어로 모멸감을 표현하기도 했다. 이러한 차별은 단순히 노무관리 차원에서 위에서 아래로 부여된 것이 아니었다. 실제로 사무직/생산직의 신분적 질서는 비대칭적인 경어 사용(생산직에게 나이와 관계없이 반말을 쓰지만, 생산직은 사무직에게 높임말을 쓴다)에

---

56) Richard Sennett & Jonathan Cobb, *The Hidden Injuries of Class*, New York/London: Norton, 1973, p. 35.

57) 의례적 평등의 실현은 경칭의 인플레이션을 수반하곤 한다. 몇 해 전 뉴욕에 갔을 때 길에서 핫도그를 파는 남자에게 손님들이 '써sir'라는 경칭을 붙이는 것을 보고 놀란 적이 있다. 한국의 경우, 마트의 계산원이나 중환자를 돌보는 간병인들이 '여사님'이라고 불리는 것을 예로 들 수 있을 것이다. 그런데 이러한 평등의 제스처에는 현실적인 불평등을 은폐하는 효과도 있다. 간병인들을 '여사님'이라고 부른다고 해서, 그들이 처한 열악한 노동조건이 달라지는 건 아니다. 영화 「카트」에서는 부당 해고에 맞서 싸우던 계산원들이 어느 순간부터 서로를 '여사님' 대신 '언니'라고 부르기 시작하는 장면이 나오는데, 이는 이들 사이에 싹튼 연대의식과 현실에 대한 각성을 상징적으로 드러낸다.

이미 강하게 반영되어 있었다.[58]

정영태는 1970년대에 인천 지역에서 일한 경험이 있는 노동자들과의 인터뷰를 통해 기술직(생산직)과 사무직 간의 신분적 차별이 존재했음을 확인하였다. 이것은 식당에 칸막이를 쳐놓고 기술직에게는 왕소금을 주고 사무직에게는 맛소금을 준다든지, 이발소에서 사무직 직원에게는 샴푸를 주고 기술직 직원에게는 빨랫비누를 주는 식으로, 어찌 보면 유치하다고 할 만큼 사소한 것이었다. 하지만 그럴수록 생산직 노동자들은 "못 배운 설움이 받치는" 것을 느끼며 분노하였다.[59]

이러한 상황은 1987년 노동자대투쟁 당시에도 크게 다르지 않았다. 1987년 현대중공업 파업 과정에서(현대중공업은 노동자대투쟁을 주도한 대표적 사업장이다) 터져 나온 여러 요구 가운데 맨 앞에 있었던 것이 다름 아닌 '두발 자율화'와 '복장 자율화'였다는 사실은 시사하는 바가 크다. 두발 자율화나 복장 자율화는 체벌 금지와 더불어 학생인권운동의 단골 이슈이다. 노동자들이 이런 이슈를 제기했다는 것은 그들이 그때까지 사회적으로 미성년 상태에 있었음을 암시한다. 원영미에 의하면 당시 "노동자들은 정문에서 건장한 체구의 경비로부터 사실상 '검문'을 당하고 복장 및 두발 상태를 점검받았다. [……] 경비들은 노동자의 두발 상태가 '불량한' 경우 경고를 하거나 '바리캉'이라는 이발 기구로 현장에서 즉석 이발을 강행하기도 하였다. 정문에서 이러한 통제는 군대의 규율과 같았고 그런 만큼 노동자들은 정문 통과를 큰 부담으로

---

58) 김준, 「1970년대 현대조선 노동자들의 삶과 의식」, 이종구 외, 『1960~70년대 노동자의 작업장 경험과 생활 세계』, 한울아카데미, 2005; 김준, 「1974년 현대조선 노동자 '폭동'의 연구: 문헌 및 구술 자료에 기초한 재구성」, 『사회와 역사』 69집, 2006, pp. 83~120.
59) 정영태, 「개발연대 노동자들의 공장 생활과 대응 방식」, 이종구 외, 같은 책.

생각했으며 특별한 지적을 당할 경우 큰 수모감을 느꼈다." 노동자들은 작업도구나 부품을 밖으로 가지고 나갈지도 모른다는 이유로 퇴근하는 길에 경비에게 몸수색을 당하기도 하였다.[60] 이러한 '병영적 통제'는 생산직 노동자에 대한 하대와 맞물려 있었다. 작업장 안에서 일반직 사원은 기능직 사원에 대해 매우 고압적인 태도를 보였다. 20대의 젊은 일반직 대리가 50대의 기능직 노동자에게 막말을 하거나 발길질하는 일도 드물지 않았다.

적어도 1987년까지 육체노동자에 대해 신분적인 차별이 존재했다는 사실은 한국 사회의 특유한 교육열을 설명하는 중요한 요소이다. 생산직과 관리직을 분리하는 선은 고졸 이하와 대졸 이상을 분리하는 선과 대체로 일치하기 때문이다. 대학을 나와야만 사람 취급을 받는 사회 분위기를 풍자적으로 그린 박재동의 애니메이션 「사람이 되어라」는 우리의 논의 주제를 간결하게, 함축적으로 다루면서 많은 것을 설명한다.

이 애니메이션에 나오는 아이들은 모두 유인원의 형상을 하고 있다. 오직 교사만이 사람이다. 이것은 아이들이 교사에게 사람대접을 못 받는다는 것을 상징적으로 나타낸다. 아이들과 교사의 관계는 총체적 시설에서 재소자와 직원이 맺는 관계와 비슷하다. 교사는 아무 때나 아이들의 귀를 잡아당기거나 머리를 쥐어박는다. 하지만 아이들은 여기에 저항할 수 없다. 교사의 이러한 태도는 아이들이 아직 사람이 아니라는 이유로 정당화된다.

사람이 아니라는 것은 무슨 의미인가? 사람이 된다는 것은 교육을

---

60) 원영미, 「1987년 '노동자대투쟁' 이전 현대중공업 '노동자의 세계'」(울산대학교 석사 논문), 2004.

박재동, 「사람이 되어라」, 국가인권위원회 제작

받는다는 것, 교양을 갖춘다는 것이다. 그런데 이 교육은 학교교육이어야만 한다. 학교는 무엇이 교양이냐 아니냐를 판단하는 기준을 독점한다. 개인이 교육제도 바깥에서 독학으로 쌓은 교양은 인정받지 못한다. 이것은 주인공인 원철이 혼자 숲에서 벌레들과 이야기를 나누다가 사람이 되어서 돌아왔을 때 담임선생이 보이는 반응에서 단적으로 나타난다. 원철이 사람이 되었다는 것은, 그가 벌레들의 세계를 탐구하면서 학교에서 얻지 못한 교양을 혹은 배움을 홀로 얻었음을 의미한다. 그러나 선생은 "누가 네 맘대로 사람이 되라고 했어?"라고 하면서, 막대기로 "대학 가서 사람 되자"라는 급훈을 가리킨다. 즉 누가 사람인지 아닌지 (사람대우를 받을 자격이 있는지 없는지)를 결정하는 것은 진정한 의미의 교양을 갖추었는지 여부와는 무관하게, 대학이라는, 상징 자본을 독점한 제도적 권위에 의해 판정되는 것이다. 그렇지만 이미 사람이 되는 기쁨을 경험했기에 다시 유인원의 상태로 돌아갈 수 없는 원철은 학교를 뛰쳐나가 숲으로 도망친다. 그러자 담임선생은 원철의 아버지와 함께 숲으로 찾아와서 그에게 귀가를 종용한다. "원철아, 이제라도 좋으니 집으로 돌아와라." "싫어요. 꼭 대학에 가야 사람이 되나요? 아버지도 대학 안 나왔지만 사람이시잖아요." 그러자 아버지는 머리에 쓰고 있던 사람의 탈을 벗고 울먹이며 말한다. "아버지의 진짜 모습을 봐라. 아버지는 동창회에도 못 간단다."

원철의 아버지가 사람의 탈을 쓰고 있다는 것은 복장의 민주주의가 실현된 현대 사회에서는 겉모습을 남들과 비슷하게 꾸며서 자신의 신분을 속이는 것이 가능하다는 것을 의미한다. 그러나 이것은 익명의 개인들 속에 있는 경우에만 가능하고, 서로 신상에 대한 정보를 주고받아야 하는 자리에서는 곧 폭로되고 만다. 그러므로 원철의 아버지는 자신의 정체를 들키지 않기 위해 혹은 자신의 정체를 이미 알고 있는 사람들에게 무시당하지 않기 위해 동창회에도 가지 않는다. 하지만 이러한 위장이 어디서나 통할 리 없다. 작업장에서와 같이 정체를 노출해야 하는 경우가 있을 것이고, 그런 경우 자기보다 연하인 관리자에게 반말을 듣는다든지, 심지어 정강이를 차이는 것 같은 수모를 감당해야 한다. 한국 사회의 비정상적인 교육열은 따지고 보면 이러한 설움을 자식에게만큼은 물려주지 않으려는 사람들의 자연스러운 선택의 결과인 것이다.

굴욕에 대하여

앞에서 나는 근대화에 뒤따른 공적 공간의 재편성을 상호작용 질서의 변화라는 측면에서 고찰하면서, 근대화를 그때까지 '사람대접'을 받지 못했던 사람들이 완전한 사회적 성원권을 획득하는 과정으로 이해하자고 제안하였다. 나는 이러한 전망이 지나치게 역사주의적이며 낙관적으로 보일 수 있음을 인정한다. 근대화는 모욕 ─ 우리는 사회적 제재를 받지 않는 모욕, 위반이라고 여겨지지 않는 규약의 위반에 대해 말하고 있다 — 을 없애지 못하였으며, 다만 그것을 더 넓고 눈에 띄지 않는 싸움터로 옮겼을 뿐이다. 이는 노동과 자본의 대타협에 기초한 전후 자본주의의 황금기가 끝나고 신자유주의가 세계를 휩쓸면서 더욱 분명해지고 있다.

신자유주의적 노동 통제는 신분적 모욕을 새로운 형태의, 더욱 미묘하고 일반화된 모욕으로 대체하였다. 문자 한 통으로 해고를 통보한다든가, 프로페셔널리즘의 이름으로 노예 같은 서비스를 요구하는 것이 대표적이다. 과거에는 모욕이 주로 저학력, 여성, 육체노동자의 몫이었다면, 오늘날에는 모든 노동자, 즉 노동자로서 모든 사람이 모욕의 위험에 노출되어 있다. 아마도 그 때문에 우리는 우리 자신을 소비자로서만 의식하려 하며, 노동자로서의 정체성은 되도록 잊고 싶어 한다. 노동자들이 파업을 하면, 우리는 연대 의식을 느끼는 대신에 소비자로서 겪게 될 불편을 먼저 생각한다.

한편 소비의 영역, 즉 노동력 재생산의 영역에서 신자유주의적 주체들은 각자의 상품성을 최대화하라는 압력을 받는데, 이는 자본이 원하는 이상적 주체의 모습을 널리 알리고, 거기에 맞춰 각자의 결함을 수정하는 일을 개별 주체들에게 맡기는 방식으로 이루어진다. 소비는 그 자체가 투자이다. 개별 주체들은 효과적인 투자를 통해 자신의 몸을, 스펙을, 이미지를, 요컨대 자기 자신을 만들어야 한다. "당신이 먹는 것이 바로 당신이다"라는 앤디 워홀의 문구가 수많은 광고 속에서 되풀이하여 패러디된다. 당신이 타는 차가, 당신이 입는 옷이, 당신이 사는 아파트가 당신이 누구인지 말해줄 것이다. 미디어는 날마다 천국을 보여주면서, 천국에 들어가려면 무엇이 필요한지 가르친다. 완벽한 비주얼,

유창한 영어 발음, 그리고 '예능감'은 청빈, 겸손, 근면이라는 고전적 덕목들을 대신하여 구원을 약속하는 최신의 덕목들이다. 하지만 소비주의의 모습을 하고 나타난 이 새로운 캘빈주의는 예전의 캘빈주의가 그랬듯이, 항상 더 많은 노력을 요구할 뿐 누구의 죄도 결정적으로 사해주지 않는다. 그 결과 신자유주의적 주체들은—'노바디'이건 '썸바디'이건—끊임없는 굴욕과 강등의 위협에 시달린다.

'굴욕'은 신자유주의 하에서 지배적인 모욕의 형식을 가장 잘 나타내는 단어일 것이다. 현대 사회는 타인의 인격에 대한 노골적인 공격을 금지한다. 그것이 인종적, 성적 경멸과 결합되어 있을 때는 더욱 그렇다. 의례적 평등에 대한 고양된 감각과 모욕을 처벌하는 다양한 법조항들 덕택에 우리는 과거 어느 때보다도 예의 바른 시민이 되어 있다. 하지만 다른 한편으로 우리는 여전히 (어쩌면 전보다 더) 은밀하게 타인의 굴욕을 원하며, 우리 자신의 굴욕을 두려워한다. 포털의 주요 검색어 목록에 이 단어가 자주 등장하는 것은 징후적이다. 유명 인사의 굴욕(예컨대 이효리의 뱃살)만큼 쾌감을 불러일으키며 동시에 안도감을 가져다주는 일은 드물다(이효리가 저렇다면 나의 뱃살도 용서된다). 우리는 고마운 굴욕의 장면을 좀더 즐기기 위해 화면을 캡처하고 확대하며 여기저기 퍼나르고 논평을 덧붙인다. 그리고 저토록 평범한 사람, 나와 별로 다를 것 없는 사람을 '썸바디'로 만들어준 시스템의 불공평함을 탓한다.

굴욕과 모욕의 차이는 무엇인가? 모욕에는 언제나 가해자가 있지만, 굴욕은 그렇지 않다는 점이다. 모든 사람이 서로 예의 바르게 행동하더라도 어떤 사람은 굴욕을 느낄 수 있다. 굴욕이라는 단어가 인기를 끄는 이유가 여기에 있다. 연예인의 '굴욕 사진'을 퍼나르면서 네티즌들은 자기들이 누군가를 모욕하고 있다고 생각하지 않는다. 다만 그 연예인이 '자기 관리를 못 해서' 굴욕을 당한다고 생각한다.

모욕을 당한 사람은 자신이 느끼는 모욕감을 강조하면서 단호하게 항의할수록 효과적으로 자신을 방어할 수 있다. 반면에 굴욕을 당한 사람이 택할 수 있는 최선의 전략은 가능한 한 태연한 표정을 지으며 사건 자체의 중요성을 축소하는 것이다. 굴욕에 대처하는 우리의 자세를 나타내는 두 단어가 '쿨하다'와 '찌질하다'이다. 신인 시절의 '굴욕 사진'을 들킨 연예인은 심야 토크쇼에서 성형 사실을 '쿨하게' 인정한다. 그러면 추락하던 인기가 다시 올라간다. 여기에 비해, 악플을 단 네티즌을 고소하는 것은 '찌질한' 방법이다. 그런 식의 대응은 오히려 역효과를 가져온다. 쿨하지 않으면 찌질해지는 세상에서, 가해자와 피해자를 따지는 것은 중요하지 않다. 피해자임을 주장하는 것 자체가 굴욕을 인정하는 것이며, 자기가 '루저'임을 고백하는 것이다.

신자유주의 하에서 모욕은 흔히 굴욕의 모습을 띠고 나타난다. 예고 없이 실직을 당할 때, 일한 대가가 터무니없이 적을 때, 아무리 절약해도 반지하 셋방을 벗어날 수 없을 때 사람들은 굴욕을 느낀다. 하지만 이것은 모욕으로 여겨지지 않는다. 이론적으로 모욕은 **구조**가 아니라 **상호작용 질서**에 속하는 문제이기 때문이다. 나를 해고한 사장도, 월세를 올려달라는 주인집 할머니도 나를 모욕하려는 의도가 있었던 것은 아니다. 그들은 시장의 법칙에 따라(즉 구조의 담지자로서 구조가 명하는 대로) 행동했을 뿐이다. 그들은 매우 예의 바르게, 심지어 미안해하면서 자기들의 입장을 전달하지 않았던가? 누구도 나를 모욕하지 않았다면, 내가 느끼는 굴욕감은 전적으로 나 자신의 문제가 된다. 신자유주의의 전도사들은 이것을 자존감의 결여 탓으로 돌린다. 그들의 주장은 이런 식이다. 실직은 누구에게나 일어날 수 있는 일이다. 그것이 굴욕으로 느껴진다면, 당신에게 자존감이 부족한 것이다. 당신은 혹시 어린 시절에 사랑을 충분히 못 받은 게 아닐까? 그렇다면 먼저 당신의 내면에 있는 상처받은 아이를 달래주어야 한다. 자신의 가치를 믿어라! 그리고 당당해져라! 당신이 긍정적일수록 재취업의 가능성이 높아진다!

하지만 한 사람이 자존감을 유지하려면, 그에게 실제로 자신의 존엄 dignity 을 지킬 수단이 있어야 한다. 그렇지 않다면 그의 자존감은 아큐의 '정신승리법'과 비슷해져버린다. 신자유주의의 모순은 상호작용 질서의 차원에서 (즉 상징적으로) 모든 인간의 존엄성을 주장하면서, 구조의 차원에서 사람들에게서 자신의 존엄을 지킬 수단을 빼앗는다는 것이다. 마이클 무어의 「로저와 나」(1989)는 이 모순을 잘 보여준다.

이 영화는 제너럴 모터스GM의 회장 로저 스미스가 미시간 주 플린트의 공장들을 폐쇄하고 임금이 싼 멕시코로 생산 시설을 이전하기로 결정하는 데서 시작된다. 플린트는 GM이 태어난 곳이자, 주민 대부분이 GM과 연관된 일을 하며 살아가는 소도시이다. 플린트 출신의 기자인 마이클 무어는 로저 스미스를 만나서 그런 결정이 노동자들에게 무엇을 의미하는지 이야기하려 한다. 하지만 대기업의 총수가 무명의 지방지 기자를 만나줄 리 없다. 마이클 무어는 로저 스미스가 있을 만한 곳이면 어디든 찾아가지만, 가는 곳마다 문전박대당한다. 카메라는 이 과정을 따라가면서, 다양한 이해 당사자들의 모습을 비춘다. 자본가들의 탐욕에 분노하는 노동자들과, 로저 스미스가 '따뜻한 사람'이라고 주장하는 GM 대변인, 유령 도시처럼 황폐해진 플린트에서 생존을 위해 싸우는 사람들과, 그들의 처지에 무관심한 그 지역 출신의 명사들. 영화의 마지막에 가서야 마이클 무어는 로저 스미스에게 말을 걸 기회를 얻는다. 그는 연례적인 크리스마스 축사를 마치고 연단에서 내려오는 GM

회장에게, 집세를 못 내어 크리스마스이브에 길거리로 쫓겨나는 플린트의 해고 노동자 가족에 대해 어떻게 생각하느냐고 묻는다. 그러자 그런 질문은 집주인에게 하라는 답변이 돌아온다.

이 영화의 백미라고 할 마지막 장면에서 감독은 강제 퇴거라는 차가운 현실과 로저 스미스의 따뜻한 메시지를 교차편집하여 아이러니를 극대화한다. 한쪽에는 욕설과 악다구니, 길바닥으로 끌려나온 살림살이, 분노와 수치심으로 제정신이 아닌 엄마와 한구석에 멍하니 서 있는 아이들이 있고, 다른 한쪽에는 '개인의 존엄과 가치' '친절과 자선' 그리고 '모두가 마음의 문을 활짝 여는 크리스마스'에 대한 찬양이 있다. 잘 곳도 몸을 씻을 곳도 없어진 사람들이 어떻게 스스로를 존엄하다고 생각할 수 있을까? 타인의 자존감을 이처럼 짓밟는 행위가 모욕이 아니라면 무엇인가?

굴욕에 대한 고찰은 그러므로 구조와 상호작용 질서의 관계에 대한 질문을 제기한다. 현대 사회에서 이 둘은 분리되어 있는데, 우리의 논의 맥락에서 이것은 구조의 일부인 '경제'와 (순수한 의미에서의) '사회'의 분리로 나타난다. 이러한 분리에 의해, 우리는 (총체로서의) 사회 속에서 이중적 지위를 갖게 된다. 한편으로 우리는 노동자나 자본가로서 혹은 소비자나 생산자로서 시장에서 만난다. 우리의 관계는 계약적이다. 계약의 이름으로 우리의 불평등은 정당화된다. 다른 한편 우리는 사람으로서 연결되어 있다. 사람으로서 우리는 서로 평등하다. 계약관계의 기초에는 사람으로서의 평등이 있다. 현대 자본주의 사회에서 사람들은 형식적으로 평등하지만 실질적으로 불평등하다. 하지만 여기서 우리는 물어야 한다. 경제질서 속에서의 우리의 위치가 과연 사회관계에 아무런 영향을 미치지 않을까?

「로저와 나」의 호소력은 정확히 이 이중구조의 한계를, 역설을, 기만을 지적하는 데서 나온다. 이 영화의 메시지는 제목에 이미 함축되어 있다. 평범한 노동자로서 우리는 감히 대기업 총수의 이름을 부르지 못한다. 또한 그와 내가 사람 대 사람으로 어떤 관계를 맺을 수 있다고 생각하지도 않는다(트위터에 컵라면 시식 후기를 올려서 우리가 라면 소비자로서 평등하다는 사실을 일깨워주는 재벌 2세의 자상함이 잠시 그런 환상을 불러올 수도 있겠다). 그는 거대한 요새에서 살면서 (전용기, 전용 문, 전용 엘리베이터 등으로 이루어진) 전용 통로를 이용하여 다른 요새로 이동한다. 그러니 내가 그와 마주칠 일도 없겠지만, 행여 마주치더라도 그가 건네는 말에 내가 대답이나 제대로 할 수 있을까? 아마 나는 국왕을 알현하는 평민처럼 움츠러들 것이다. 하지만 생각해보면 이건 이상한 일이다. 우리는 공식적으로 신분제도가 폐지된 사회에 살고 있기 때문이다. 대통령조차 퇴임 후에는 평범한 시골 사람으로 돌아가지 않는가?

사실 재벌 총수의 권력은 대통령보다 막강하다. 그는 누구에게서 권력을 위임받은 게 아니기에, 그것을 내놓을 일도 없다. 대통령은 국민을 해고할 수 없지만, 재벌 총수는 마음에 안 드는 직원을 아무 때나 내쫓을 수 있다. 뿐만 아니라, 직원의 얼굴에 서류철을 던지거나 정강이를 발로 찰 수도 있다(TV 드라마에 그런 장면이 심심치 않게 나온다). 물론, 모욕당할 위험 없이 남을 모욕할 수 있는 이 특권은 회사라는 울타리 안에서만 유효하다. 하지만 그런 일이 용인된다는 사실만으로도, 사회 성원들이 공유하는 평등에 대한 감각은 손상되기 마련이다.

앞에서 나는 현대 사회에서는 타인의 인격에 대한 직접적인 공격이 금지된다고 주장하였다. 하지만 이것은 어디까지나 원칙이 그렇다는 얘기다. 현실에서 우리는 이 원칙에 위배되는 사례를 무수히 발견한다. 대학원생을 몸종처럼 부리는 교수, 레지던트에게 발길질을 하는 의사, 피고에게 호통을 치는 판사…… 마치 세상 사람들이 '썸바디'와 '노바디'로 나뉘어 있고, 썸바디는 노바디에게 얼마든지 무례할 권리가 있다는 듯이 말이다. 썸바디들이 가진 지위(교수, 의사, 판사 등등)는 구조에 속하는 것으로서, 민주 사회에서는 원칙적으로 누구에게나 접근 기회가 열려 있다. 그런 만큼 그것은 우리의 사회적 성원권, 즉 상호작용 의례를 통해 확인되는 사람자격과는 무관하다고 여겨진다. 하지만 현실의 썸바디들은 이 기초적인 상식을 무시하곤 한다. 그들은 지위가 곧 그 사람을 말해준다는 듯이 거만하게 외친다. "내가 누군지 알기나 해?" 로버트 풀러는 이러한 지위의 남용을 신분주의rankism라는 말로 비판하였다. "신분주의는 아랫사람을 마치 투명인간처럼, 노바디로 대함으로써 그들의 존엄성에 상처를 준다. 노바디라는 단어는 또 하나의 'n-word'이며, 원래의 'n-word'와 마찬가지로 모욕이나 불평등을 정당화하기 위해 사용된다."[61]

신자유주의 — 그 핵심은 자본에게 무한한 자유를 주고, 노동에게 극도의 순응을 요구하는 것이다 — 는 노동시장에서, 그리고 작업장에서 노동자들의 교섭력을 약화시킴으로써 신분주의의 확산을 도왔다. 당신이 비정규직이고 언제 잘릴지 모른다면, 직장에 노조가 없거나 있으나 마나 하다면, 해고되었을 때 다시 일자리를 구할 가능성이 희박하다면, 상사가 부당한 요구를 하더라도 맞서기 어렵다.

신자유주의는 또한 '새로운 경영 기법'을 개발하는 데 있어서 자본에

---

61) 로버트 풀러, 같은 책, p. 30. 'n-word'란 nigger, negro 등 흑인을 비하하는 단어들을 가리킨다.

게 무한한 창의성을 허용함으로써, 노동자들의 일상적 굴욕을 다양한 방식으로 증대시켰다. 패밀리 레스토랑에서 종업원에게 쭈그리고 앉아서 주문을 받게 하는 것, 백화점 영업이 시작되는 시간에 직원들에게 입구에 늘어서서 "어서 오세요, 고객님. 환영합니다"를 30분씩 복창하게 하는 것, 계산원이나 조립라인 작업원처럼 한곳에 장시간 서 있어야 하는 여성들에게 성인용 기저귀를 차고 근무하게 하는 것(바버라 에런라이크에 따르면, 화장실 가는 시간을 절약하기 위해 고안된 이 기발한 방법이 미국의 여러 기업에서 활용되고 있다고 한다)[62] 등등. 이런 사례를 '신분주의'로 볼 수 있을지 모르겠다. 이것은 회사의 방침과 관련된 문제일 뿐, '지위 남용'과 무관하기 때문이다. 회사의 방침으로 말하자면, 노동계약서에 서명하는 순간(계약서가 없는 경우도 허다하지만) 노동자들은 그것을 받아들였다고 간주된다. 이는 일단 보험에 가입하고 나면 약관의 내용에 대해 더 이상 이의를 제기할 수 없는 것과 비슷하다. 다른 말로 하면, 제도가 사람을 모욕할 때 그것은 모욕으로 인정되지 않는다. 하지만 신분주의든 아니든, 이런 관행이 노동자들에게 미치는 효과는 동일하다. 그들은 자기들이 사람대접을 받지 못한다고 느낀다.

그러므로 굴욕에 대한 글을 매듭지으면서, 나는 다음을 강조하고자 한다. 구조와 상호작용 질서는 개념적으로 구별될 뿐, 현실에서는 결합되어 나타난다. 지위와 특권을 분배하는 구조를 내버려둔 채, 자신의 지위를 남용하는 사람들에게 원칙을 지키라고 호소하는 것만으로는 모욕이라는 공적 문제를 해결할 수 없을 것이다. 풀러가 21세기 미국의 신분주의를 짐 크로우 법과 비교한 것은 의미심장하다. 짐 크로우 법 하

---

62) 바버라 에런라이크, 『오! 당신들의 나라』, 전미영 옮김, 부키, 2011, pp. 145~46.

의 흑인들은 단지 상징적인 수준에서 성원권을 부정당한 것이 아니었다. 경제와 정치와 법, 요컨대 사회구조 전체가 그들을 이등 시민의 지위에 묶어놓고 있었다. 오늘날의 신분주의 역시 그 배후에는 경제적 약자에게 굴욕적인 선택을 강요하는 자본가와 그들을 비호하는 정치가, 언론인, 교수, 법관 들이 있다.

또한 나는 신분의 폐지라는 역사적인 사건이 필연적인 것도 아니고 (돌이킬 수 없다는 의미에서) 결정적인 것도 아님을 상기시키려 한다. 한국 사회가 신분제로 회귀하고 있다는 증거는 많다. 단지 소득수준이나 교육수준이 아니라 주거지, 학교, 소비시장, 심지어 언어(이중언어 사용과 단일언어 사용)에서 계층적인 분리가 뚜렷해지고 있고, 법은 그것을 저지하기는커녕 오히려 촉진하는 중이다. 즉, 한두 개의 기준이 아니라 모든 기준에서 구별되는 특수한 계층들이 생겨나 사회 안에 별개의 사회를 형성하고 있는데, 신분이란 이를 말하는 것이다. 이러한 변화를 '반동'이라고 일컫는 것은 지나친 낙관주의일 것이다('반동'이란 거꾸로 간다는 뜻이며, 역사가 결국은 올바른 방향으로 나아가리라는 기대를 드러낸다). 긴 안목에서 본다면 신분의 폐지는 인류의 역사상 매우 이례적이며 삽화적인 사건으로 판명될지도 모른다.

마지막으로 나는 신분주의와 학교 폭력의 연관성에 대해 언급하고 싶다. 우리 사회의 신분주의가 위험 수위에 이르렀음을 알리는 가장 날카로운 경고음은 교실에서 나온다. '일진'이 더 이상 가난하고 공부 못하는 아이들이 아니라는 건 잘 알려진 사실이다. 교실 내의 위계는 사회의 위계를 닮았다. 가진 게 많은 아이들, 지배 문화의 요구에 가장 잘 부응하는 아이들이 꼭대기에 있고, '자본'이 가장 부족한 아이들이 밑바닥에 있다. 위에 있는 아이들은 아래 있는 아이들을 괴롭힌다. 별다른 이유 없이, '장난삼아' 그래도 된다는 것을 알기 때문에. 이 관계를 지배하는 감정은 경멸이다.[63] 학교는 겉으로는 존중을 이야기하면서 실제로는 경멸을 가르친다. 공부 못하는 아이들을 모욕하고, 가난한 아이들을 투명인간 취급하며, 힘센 어른은 힘없는 아이들을 막 대해도 된다는 것을 몸소 보여주면서 말이다. 그래서 겉치레로 하는 말과 진짜 메시지를 구별할 만큼 영리해진 아이들은 자기보다 못한 아이를 경멸함으로써 학교의 가르침을 실천한다. 마치 어른들이 입 밖에 내고 싶어 하지 않는 사회의 진실을 아이들이 연극의 형식으로 보여주는 것 같다. 교실이라는 무대 위에서 날마다 상연되는 잔혹극. 그러니 이 연극에서 몇 명쯤 죽어나가더라도 너무 호들갑 떨지 말기로 하자. 지금 아이들은 사회에 나갔을 때 꼭 필요한 두 가지 기술—경멸하는 법과 경멸에 대처하는 법—을 익히는 중이다.

---

63) 바버라 콜로로소는 학교 폭력이 발생했을 때 갈등 중재 위원회를 열어 가해자와 피해자를 억지로 화해시키는 관행을 비판하면서, "괴롭힘은 갈등의 문제가 아니라 경멸의 문제"라고 단언한다. "해소되어야 할 갈등 따위는 존재하지 않는다. 괴롭히는 아이들은 어른들 앞에서 귀여운 척하고, 후회하는 척한다. 이것은 각본을 바꾼 새로운 연극일 뿐이다. 괴롭힘당하는 아이들은 어떤 휴식도, 지원도 얻지 못하며, 괴롭히는 아이 역시 진정한 공감이나 사회친화적인 행동을 배우지 못한다. 괴롭히는 아이는 보복의 기회를 노릴 것이고, 표적이 된 아이는 보복이 두려워 진술을 번복할 것이다. 괴롭힘은 계속될 가능성이 높다"(Barbara Coloroso, *The Bully, the Bullied and the Bystander*, New York: Harper, 2008, p. 111).

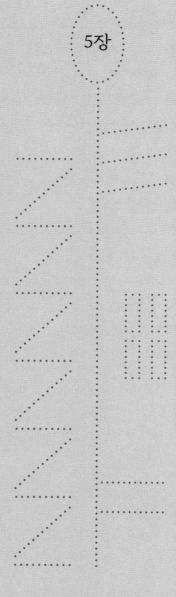

5장

우정의 조건

모욕이라는 주제와 관련하여 우리가 기억해야 할 한 가지 사실은 인격에 대한 노골적인 공격이 아닌, 온화한 경멸 역시 상처를 준다는 점이다. 이런 이유에서 현대 사회는 동정과 자선을 경계하며, 베푸는 사람과 받는 사람의 인격적인 접촉을 최소화하려고 노력한다.

자선은 순수한 선물처럼 보이지만, 사실은 그렇지 않다. 자선의 숨겨진 동기에 대해서는 굳이 따지지 말기로 하자. 비록 동기의 순수함을 의심하는 목소리가 언제나 있었지만 말이다.[1] 우리가 정작 문제 삼아야 하는 것은 자선의 일방적인 성격이다. 자선에는 마르셀 모스가 "돌려줄

---

[1] 볼탕스키에 의하면, 서구 사상사에는 동정심과 이타적 욕망을 센티멘털리즘(맨더빌, 홉스), 위선(보들레르), 질병(니체), 권력의지의 변형(바타유) 등으로 격하하는 긴 전통이 있다(Luc Boltanski, *La Souffrance à distance*, Paris: Métailié, 1999).

의무"라는 말로 설명했고, 피에르 부르디외가 전략의 관점에서 분석했던 것, 즉 선물을 불러오는 선물의 힘이 결여되어 있다.[2] 이는 자선이 일반적인 선물 교환과 다르다는 것을 뜻한다.

인정투쟁의 관점에서 본다면, 선물 교환을 개시하는 행위는 결투를 신청하는 것과 유사하다. 거기에는 상대방이 명예를 가진 인간인가를 묻고, 답변을 기대하는 의미가 있다. 도전에 제때 응대할 수 없다면, 상대방은 체면을 잃고 두 사람의 관계에는 금이 간다. 반면에 적당한 때 비슷한 가치의 다른 물건으로 답례를 한다면,[3] 그의 체면은 유지되고 둘의 관계는 더 돈독해진다. 자선은 되갚을 능력이 없는 사람에게 주어지는 선물이므로, 그 안에 이미 상대방의 명예에 대한 평가절하가 들어 있다. 다른 말로 하면, 자선을 베푸는 사람과 받는 사람은 동등한 위치에서 관계를 맺을 수 없다.

그러므로 일대일의 자선, 서로 얼굴을 아는 상태에서 이루어지는 자선은 현대 사회의 구성 원리와 맞지 않는다. 현대 사회에서 이런 형태의 자선은 받는 사람이 아이일 때만 허용된다(굿네이버스나 월드비전이 시행하는 결연 프로그램이 좋은 예이다). 아이가 어른에게서 무언가를 받는 것은 정상적이라고 여겨지기 때문이다. 하지만 그런 경우에도 기부자가

---

2) 선물의 수수께끼를 해명하면서 부르디외는 명예의 관념, 모스는 인격의 관념을 열쇠로 삼는다. 그런데 앞에서 보았듯이 이 두 관념은 본질적으로 연결되어 있다. 인격의 핵심은 얼굴이고, 얼굴은 명예 또는 신성한 것의 다른 이름이다. 다시 말해서 두 사람의 설명은 모두 선물 교환에 내재된 인정의 차원을 강조한다. 부르디외에게는 그것이 투쟁의 형식으로 나타나고, 모스에게는 도덕적 질서의 형식으로 나타난다는 차이가 있을 뿐이다.

3) 부르디외는 선물 교환이 성립하려면 (1) 증여와 답례 사이에 시간적 간격이 있어야 하며 (2) 증여된 물건과 답례품이 달라야 한다고 주장한다. 즉 선물 교환은 지연과 차이(둘 다 불어로 différence이다)에 의해 이중적으로 규정된다. 증여와 답례가 동시에 이루어진다면 이는 물물교환이며, 증여된 물건과 답례품이 같다면 이는 빌린 물건을 돌려받는 것과 마찬가지이다 (Pierre Bourdieu, *Esquisse d'une théorie de la pratique*, Paris: Seuil, 2000, p. 339).

수혜자에게 인격적인 영향을 행사할 수 없도록 기관이 언제나 중간에 개입한다(후원자가 결연 아동을 만나거나 선물을 주려면 기관을 거쳐야 한다).

사람들이 걸인에게 돈을 줄 때 눈길을 피하는 이유를 이런 각도에서 생각해보아도 좋을 것이다. 걸인에 대한 이 같은 '비인격 취급'은 상호작용 의례의 위반이라고 할 수 있지만, 다른 한편으로 걸인을 도우려고 하는 이상 어쩔 수 없는 일이기도 하다. 걸인에게 말을 거는 순간, 당신은 더 이상 그에게 돈을 줄 수 없게 된다.

나는 개인적인 경험을 언급하고 싶다. 대학 시절 나는 졸업논문의 주제를 찾다가, 길에서 구걸하는 노인과 친해진 적이 있다. 그는 중국에서 온 교포였는데, 내가 늘 지나다니는 버스 정류장 근처에 자리를 펴고 초라한 행색으로 앉아 있었다. 내가 말을 걸자 당황하는 기색이었지만, 이내 마음을 열고 이런저런 이야기를 들려주었다. 조금 뒤에 우리는 식당으로 가서 국수를 먹었다. 내가 말하고 싶은 것은 그가 한사코 나를 대접하려고 했다는 점이다. 나는 그가 힘들게 번 돈을 쓰게 하고 싶지 않았지만, 그는 내가 계산을 하도록 내버려두지 않았다. 식사를 마친 후에 그는 약국에 들어가서 나에게 줄 박카스와 자기가 마실 활명수를 샀다(그는 위장병이 있는 것 같았다). 그때도 나는 지갑을 꺼내려다가 제지당했다. 우리가 서로 모르는 사이일 때 나는 그에게 종종 돈을 주었지만, 그날부터는 더 이상 그럴 수 없었다.

나는 걸인에게 돈을 줄 때는 시선을 마주치지 않는 것이 예의라고 말하려는 게 아니다. 그것이 규범이라면, 왜 우리는 규범을 따르면서 그렇게 마음이 불편해지는가? 사실 걸인에게 예의 바르게 적선을 하는 방법 같은 것은 존재하지 않는다. 걸인으로서는 거기 있다는 것 자체가 이미 굴욕이기 때문이다. 그를 그 자리에 버려둠으로써 사회는 이미 그를 모욕하고 있다.

걸인의 존재는 현대 사회의 구성 원리에 내재하는 모순을 폭로한다. 현대 사회는 우리가 **구조** 안에서 어떤 위치에 있든 — 사장이든 말단 사원이든, 부자이든 가난하든 — **사람**으로서 서로 평등하다고 가르친다. 하지만 어떤 사람에게 주어진 구조적인 위치가 남들에게 구걸을 해서 먹고살아 가야 하는 위치라면, 그는 사람으로서도 결코 다른 사람들과 동등할 수 없다.

순수한 우정과 순수한 선물

현대 사회의 구성적 모순은 우정의 조건에 대해 생각해볼 때 가장 확연하게 드러난다. 우정은 선택을 전제하지만, 그 선택의 기준이 지위나 부 같은 물질적 조건이어서는 안 된다. 우정에 대한 많은 격언들은 벗을 선택할 때 오직 그의 영혼만을 고려하라고 조언한다. 하지만 우정이 주고받음을 통하여 만들어지는 이상, 물질적인 문제를 무시하는 것은 일종의 기만을 초래한다. 먼저 우정이 선택적인 관계임을 분명히 하기로 하자. 이 점에서 우정은 환대와 다르다. 환대는 시민적 의무이지만, 우정은 의무가 아니다. 환대를 거부하는 것(환대를 표현하지 않는 것 또는 받아들이지 않는 것)은 모욕으로 해석되지만, 우정을 거절하는 것은 모욕이 아니다. 환대는 우정의 가능성을 열어두는 것이다. 현대 사회는 보편적인 환대에 기초해 있다. 이 말은 모든 사람이 잠재적으로 친구임을 뜻한다. 하지만 환대가 우정으로 나아가는 데는 차별화의 원리가 작용한다. 우정은 차별성의 인정("너는 다른 사람들과 달라")이다. 우정이란 무수히 많은 사람 가운데 어느 한 명을 선택하는 것이고, 그를 특별하게 대우하는 것이다. 우정의 관점에서 보면, 누구에게나 줄 수 있는 것을 준다는 것은 아무것도 주지 않는 것과 마찬가지이다.

상대방에 대한 앎(또는 알아나감)에 기초한다는 점에서 우정은 기독교적 사랑과 구별된다. 기독교적 사랑은 무차별적이며, 개인들의 차이를 괄호 안에 넣는다. 그래서 아렌트는 기독교적 사랑의 진정성을 의심하였다. "기독교인은 모든 사람을 사랑할 수 있는데 그 이유는 각각의 사람이 오직 기회에 불과하기 때문이다. 적, 그리고 심지어 죄인조차도 사랑을 발휘할 수 있는 기회에 불과하다. 이와 같은 이웃에 대한 사랑에서 실제로 사랑받는 사람은 이웃이 아니다 — 그것은 사랑 그 자체이다."[4] 아렌트의 신랄한 지적에 따르면, 기독교적 사랑은 타자에게 모든 것을 내주는 것처럼 보이지만, 실제로는 타자에게 무관심하며 어떤 의미에서 타자를 이용한다. 타자에 대한 그 같은 헌신 밑에 있는 것은 증여를 통해 자아의 결핍을 메우려는 욕망이다.[5]

우정은 이와 달리 상대방의 고유한 특징을 인식하고 평가하는 데서 시작된다. 하지만 정확히 어떤 특징인가? 우정은 영혼과 영혼의 만남이므로 외적 요소, 즉 육체나 환경에 속하는 특징들은 중요하지 않다. 인종이나 성, 연령, 사회적 지위나 출신 계급 따위는 영혼들이 우연히 걸치게 되는 외피 또는 우연히 처하게 되는 조건에 불과하므로, 우정을 허락하거나 거부하는 이유가 될 수 없다. 우정의 관념은 어떤 종류의 귀족주의와 결합할 수 있지만, 그 귀족주의는 순수하게 정신적인 것에 기

---

4) 한나 아렌트, 『사랑 개념과 성 아우구스티누스』, 서유경 옮김, 텍스트, 2013, p. 171; 리처드 세넷, 『불평등 사회의 인간 존중』, 유강은 옮김, 문예출판사, 2004, p. 181에서 재인용.
5) 리처드 세넷, 같은 책, pp. 180~83.

반해야 한다. 문제는, 정신적인 특징들 역시 따지고 보면 환경의 산물이라는 점이다. 예를 들어 흔히 영혼의 깊이를 측정하는 수단으로 사용되곤 하는 음악에 대한 취향은 청소년기에 어떤 음악에 주로 노출되느냐에 따라 달라지며, 이는 다시 계급적이고 세대적인 변수들로 환원된다.[6] 그러므로 우정이 지고의 가치로 찬양될수록, 벗을 선택하는 기준 자체는 —데미안이 싱클레어의 이마에서 발견한 카인의 표지처럼— 막연하게 제시되는 경향이 있다.

게다가 엄격하게 말해서 영혼과 정신은 같지 않다. 정신적인 특징들은 결국 육체에 의존하며, 그만큼 가변적이기 때문이다. 예를 들어 교통사고로 머리를 크게 다친 사람은 전과 같은 방식으로 생각하고 말할 수 없을 것이다. 하지만 우리는 이런 변화가 그의 영혼에 영향을 미친다고 생각하지 않는다. 그의 벗들은 달라진 그의 모습을 보고 슬퍼하겠지만, 그래도 그를 떠나지 않을 것이다. 우정은 선택적 관계이므로, 선택을 철회할 가능성 역시 내포한다. 하지만 그러한 철회—절교—가 정당화되는 것은 상대방의 영혼이 타락하여 친구로서 자격이 없다고 판단될 때뿐이다.

육체적인 것이든 정신적인 것이든, 개인의 매력은 시간과 더불어 스러지거나 변질될 수 있는 만큼, 우정의 진정한 근거가 되기 어렵다. 우정은 이 점에서 인기와 다르다. 인기는 매력이 없어지는 순간 사라진다. 인기의 중심에 있는 인물이 계속 바뀐다는 사실은 인기의 대상이 사람이 아니라 그가 체현하는 매력임을 말해준다. 그러므로 우정을 개인의 가변적 특성들보다 더 단단한 토대 위에 올려놓으려는 노력은 삶의 일

6) 피에르 부르디외, 『구별짓기』, 최종철 옮김, 새물결, 2005.

회성 혹은 영혼들의 장소성을 강조하는 쪽으로 나아간다. '내가 다른 사람이 아닌 너를 친구로 택한 것은 내가 외로웠을 때 우연히 네가 그 자리에 있었기 때문이다. 나를 매혹시켰던 너의 특징들이 희미해진 뒤에도 내가 너에게 충실한 것은 우리 뒤에 함께한 세월이 있기 때문이다……' 우정의 이유는 이렇게 해서 관계 자체가 된다.

하지만 순수한 관계를 지향할수록 우정은 쉽게 좌초한다. 우정은 연애처럼 안전한 정박지를 향해 나아가지 않는다. 우정은 맹세의 말이나 서약의 징표, 의례와 기념일, 증인과 보증인, 시작과 끝을 공식화하는 서류들을 알지 못하며, 처음부터 끝까지 두 사람만의 관계로 머문다(반면 결혼은 하나의 계약으로, 모든 계약이 그렇듯이 그 효력을 보증하는 제삼자를 포함한다). 우정을 지탱하는 것은 당사자들의 기억뿐이다. 그런 의미에서 우리는 우정을 순수한 시간으로 환원할 수 있다. 이는 우정이 그만큼 많은 결별의 계기들을 품고 있다는 말도 된다.

우정을 불안정하게 만드는 가장 큰 요인은 우정이 주고받음에 의지하면서도, 그러한 주고받음을 가능하게 하는 물질적 조건에 대해 생각하려 들지 않는다는 사실이다. 순수한 우정의 관념은 순수한 선물의 관념과 연결되어 있다. 현대 사회는 선물을 전략적으로 사용하는 것을 부도덕하게 여긴다. 선물은 경제적인 계산에 따라 주어서도 안 되고, 상대방에게 굴욕감이나 부채 의식을 안기려는 의도로 주어서도 안 된다. 선물은 순수한 마음의 표시여야 한다. 선물의 가치는 상징적인 데 있으므로, 경제적인 관점에서 그것을 평가하는 것은 잘못이다. 선물이 보잘것없다고 화내서는 안 되듯이, 비싼 선물을 받았다고 지나치게 고마워해서도 안 된다. 지나친 감사는 나를 상대방보다 낮은 곳으로 떨어뜨리고, 나의 의지를 그의 의지에 종속시킬 위험이 있다. 이는 너무 비싼 선물은 거절하는 게 낫다는 말도 된다. 우정은 동등성을 전제하므로, 우정을 만드는 모든 교환은 두 사람 사이의 균형을 깨지 않는 선에서 이루어져야 한다.[7]

순수한 선물이란 결국 경제적으로 의미를 갖지 않는 선물, 실제로 그것이 지니는 물질적인 가치와 무관하게, 상징적인 관점에서만 평가되는 선물을 말한다. 이는 경제활동과 선물 교환이 별개의 영역이며, 개인들이 선물 교환에 의지하지 않고 경제적인 문제를 해결해야 한다는 것을 뜻한다. 다른 말로 하면, 순수한 우정의 관념은 경제적으로 자율적인 개인들로 이루어진 사회를 가정한다. 자율적 개인의 이상이 함축하는 경제와 개인의 관계를 우리는 다음과 같은 그림으로 나타낼 수 있다.

〈그림 1〉

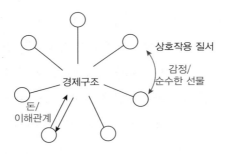

7) 이 점에서 우정은 의리와 다르다. 의리는 장기적인 호혜 관계와 관련된 개념이다. 이 개념은 한쪽이 다른 쪽에게 (혹은 쌍방이 서로에게) 갚아야 할 빚이 있음을 암시한다. 빚이 많을수록 의리는 두터워지며, 도저히 갚을 수 없는 빚을 졌다면, 죽음으로써 지켜야 할 만큼 의리가 중해진다. 이는 의리가 동등성을 전제하지 않기 때문이다. 유교에서 의리는 무엇보다 군주와 신하의 관계를 유지하는 데 필요한 덕목이었다君臣有義. 의리에 해당하는 영어 단어는 fidelity 또는 loyalty인데, 둘 다 수직적 관계에 적용될 수 있다.

이 그림에서 개인들의 만남은 두 가지 방식으로 이루어진다. 그들은 경제구조 안에서 경제구조를 매개로, 특정한 지위/역할의 담지자(자본가와 노동자, 소비자와 서비스업 종사자, 계약서의 '갑'과 '을')로서 만나거나, 상호작용 질서 안에서 직접적이고 인격적으로 만난다.[8] 구조를 매개로 만나는 개인들이 "이해관계"에 의해 연결된다면, 구조의 바깥에서 인격적인 만남을 갖는 개인들을 연결하는 것은 "감정"이다. 합리적인 계산이 원의 중심, 즉 구조를 향하는 동안 감정은 원의 둘레를 따라 흘러가며, 인격적인 관계에 투자된다. 선물 교환은 이 두번째 흐름 속에서 이루어진다. 즉 그것은 구조의 바깥에서 일어나는, 순수하게 상호작용적인 사건이다.

구조와 상호작용 질서, 이해관계와 감정을 구별함으로써 현대 사회는 지위와 역할이 다른 사람들이 동등한 위치에서 우정을 맺을 수 있다고 주장한다. 이론적으로는 사장과 말단 사원이 친구가 되는 것이 가능하다. 그들은 이웃에 살면서 같은 교회에 나가고 주말이면 함께 테니스를 치는 사이일 수 있다. 사장이 말단 사원의 승진이나 연봉 인상을 결정할 수 있다는 것, 심지어 그를 해고할 수 있다는 것은 중요하지 않다. 왜냐하면 그런 조치들은 **구조를 매개로** 이루어지기 때문이다. 사장은 주주들의 요구나 당면한 경제 위기, 회사가 지고 있는 막대한 채무 등을 이유로 들면서, 자기에게는 달리 방법이 없었다고 말할 수 있다. 현대 사회는 우리에게 이런 경우 사장을 냉혹하다고 비난하는 것은 잘못이라고 가르친다. 사장은 감정(친구에 대한 동정심)과 경제적 합리성(감원이

---

8) 이 구별은 공적인 것/사적인 것의 구별과 다르다. 계약은 구조, 즉 법이라는 제삼자를 매개로 이루어지지만, 사적 영역으로 간주된다.

불가피하다는 사실)을 구별했을 뿐이다. 오히려 그럴 때 말단 사원이 사장에게 개인적으로 선처를 부탁하는 것(이는 실적이 더 좋은 다른 사원이 대신 해고될 수도 있음을 의미한다)이야말로 부적절한(현대 사회에 적합하지 않은) 행동으로 여겨진다.

이 모델은 어떤 조건 아래서는 훌륭하게 작동할 수 있다. 예를 들어 해고된 사원이 얼마 지나지 않아 비슷한 조건의 다른 일자리를 구한다면, 그래서 자기를 해고하고 나서 미안해하는 사장에게 기쁜 마음으로 이 소식을 알릴 수 있다면, 혹은 그가 두둑한 퇴직금을 받고 실업을 재충전의 기회로 삼을 수 있다면, 그러다가 문화센터에서 만난 아름다운 강사와 사랑에 빠져서 제2의 인생을 살게 된다면(「로맨틱 크라운」에 나오는 톰 행크스처럼 "해고야말로 내 인생에서 일어난 가장 멋진 사건이었다"고 외치면서), 우정을 나누는 데 지위의 차이는 문제 되지 않는다는 현대 사회의 이데올로기가 아무 타격을 받지 않을 것이다. 하지만 현실은 보통 이런 식으로 돌아가지 않는다. 말단 사원은 사장과의 우정이 자기에게 아무것도 아니었음을 깨닫는다. 뿐만 아니라, 시간이 지남에 따라 그는 다른 친구들과의 우정도 하나둘 잃기 시작한다. 그는 예전처럼 친구들에게 밥을 살 수 없다. 그가 돈을 내려 하면 다들 말린다. 이것은 고마우면서도 자존심 상하는 일이다. 그는 초라한 자기 모습이 싫어서 친구들 모임에 점점 안 나가게 된다……

얼굴을 유지하는 데는 돈이 든다. 사회라는 연극 무대에서 성공적으로 배역을 수행하려면, 적절한 의상과 소품을 갖추어야 하기 때문이다. 우리의 자아 이미지는 그리고 자기에 대한 감각은, 우리를 다른 사람들과 구별해주면서 동시에 동등하게 만들어주는 이런 소유물들에 크게 의지하고 있다. 그래서 수도원에서 군대에 이르기까지 모든 총체적 시설은 먼저 입소자들에게서 이런 물건들을 빼앗는 것이다. 얼굴을 유지하려면 또한 사교라고 불리는, 명예가 걸린 게임에 참여할 수 있어야 한다. 선물은 이 게임에 사용되는 화살이자 방패이다. 경제력을 상실한 사람은 이런 무기들을 살 수 없기 때문에, 자연스럽게 게임에서 탈락하게 된다. 경제적인 소외가 이리하여 사회적인 소외로 이어진다.

가부장제를 보완하는 국가

"경제적 자율성에 기초한 자유로운 관계"라는 우정의 이상은 경제적으로 소외된 사람들, 혹은 타인의 경제력에 의지하여 살아가는 사람들의 문제를 간과한다. 이들의 위치를 표시하려면 〈그림 1〉을 다음과 같이 수정해야 한다.

〈그림 2〉

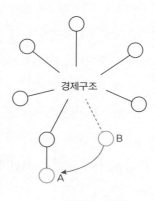

A는 경제적으로 독립하지 못하고 타인과의 인격적 관계에 의지하여 살아가는 사람을 나타낸다. 독자적인 소득이나 재산이 없는 전업주부가 대표적이다. 물질적인 면에서 전업주부의 삶은 남편이 어떤 사람이냐에 따라 달라진다. 그가 돈을 잘 버는가 못 버는가? 관대한가 인색한가? 가정적인가 아닌가? 하지만 남편이 어떤 사람이든 그에게 생계를 의지하고 있다는 사실만으로, 전업주부는 우정이라는 영역 속으로 들어가는 데 어려움을 겪는다. 우선 남편과 그녀 사이에는 우정이 생기기 어렵다. 남편은 그녀가 주는 모든 것을 자기가 준 것의 일부를 돌려받은 것으로 간주할 수 있기 때문이다(그녀가 남편의 생일에 선물한 넥타이는 남편의 돈으로 산 것이다). 그녀는 자기가 좋아하는 사람들에게 마음껏 선물을 할 수도 없다. 그녀가 가지고 있는 것은 모두 남편으로부터 받은 것이며, 남편의 선물이기 때문이다. 선물을 다른 사람에게 다시 선물하는 것은 처음 선물한 사람에게 불쾌감을 줄 수 있다(아내가 아무리 비싼 옷을 사도 나무라지 않는 관대한 남편이라도, 아내가 자기 몰래 친구에게 돈을 빌려주었다는 것을 알면 화낼 수 있다). 간단히 말해서 전업주부는 증여자giver가 되는 데 어려움을 겪는다. 우정은 일종의 선물이기 때문에, 우정을 나누려면 먼저 증여자가 되어야 한다.

B는 실직이나 파산 등으로 경제력을 상실한 사람이다. 그는 아직 소비자로서 경제구조와 접속을 유지하고 있지만, 언제까지 그럴 수 있을지 모른다. 그가 구호 기관에 수용된다면, 소비자로서의 지위마저 잃을 것이다. 그는 감옥이나 군대에 있는 사람처럼 최소한의 배급품으로 살아갈 것이고, 더 이상 물건을 통해 자신을 표현하거나 확인할 수 없을 것이다.

한국 사회는 B와 같은 사람들의 문제를 다음 두 가지 방법으로 처리해왔다. 하나는 그들을 특수한 범주로 분류하여 관리하면서, 최소한의 생존을 보장하는 것이다. 시설에 수용하거나 생활보호 대상자로 지정하는 것이 그런 예이다. 이 경우 관리 대상이 된 사람들은 일방적으로 받는 입장에 놓이며, 그 결과 자기들을 관리하는 사람들(사회복지사나 시설 직원)이나 그러한 활동을 외부에서 지원하는 사람들(자원봉사자와 기부자)보다 '낮은' 위치로 떨어진다. 냉소적으로 말해서, 그들의 처지는 애완동물과 비슷하다. 그들은 아무 때나 다가오는 '온정의 손길'—겨울이나 선거철에 갑자기 바빠지는 '소외된 이들을 보듬는' 손길—을 피할 수 없으며, 밥그릇에 놓인 것은 무엇이든 감사히 먹어야 한다. 빈민의 주된 용도는, 애완동물과 마찬가지로 그들을 쓰다듬는 사람의 인간다움을 돋보이게 하는 데 있다. 이는 그들이 언제든 관객들 앞으로 끌려나올 수 있음을 뜻한다. 다른 말로 하자면, 그들에게는 타인의 시선에서 벗어난 '자기만의 공간'이 없다. 사람을 연기하려면 적절한 무대 장치와 함께, 연기를 중단하고 들어가 쉴 수 있는 무대 뒤의 공간이 필요하다.[9] 언제나 타인의 시선에 노출되어 있는 사람, 예를 들어 노숙인이나 재소자는 이러한 공간의 구분이 무너져 있기 때문에 사람을 연기하기 어렵다. 예고 없이 빈민가를 방문하여 '봉사 활동'을 하는 유명 인사들—나는 카메라를 향해 미소 지으며 쪽방으로 기어들어가는 박근혜의 모습을 생각하고 있다—은 시혜의 대상이 된 빈민에게 원치 않는 노출을 강요함으로써, 그들이 상대방을 동등한 사람으로 여기고 있

---

9) 무대 전면과 후면의 구분이 반드시 공간의 물리적인 분할을 뜻하지는 않는다. 평소에 어질러 놓고 살던 사람이 손님을 맞이하기 위해 집을 치우면, 무대 후면이 전면으로 바뀐다. 문제의 핵심은 남에게 보여주고 싶은 나와 보이고 싶지 않은 나를 구별하고 선택적으로 표현할 자유가 있느냐 하는 것이다.

지 않음을 무의식적으로 드러낸다. 독거노인을 '어르신'으로 부르는 따위의 정치적 수사학이 이 사실을 감추지는 못한다.

한국 사회가 경제적으로 소외된 사람들을 다루는 또 하나의 방법은 효도나 돌봄 같은 전통적인 가치를 강조하면서 가족에게 짐을 떠넘기는 것이다. 조금 전에 생활보호 대상자를 애완동물에 비유했지만, 한국에서는 애완동물이 될 자격조차 아무에게나 주어지지 않는다. 폐지를 주워 팔면서 혼자 사는 노인이 장성한 자녀가 있다는 이유만으로 기초생활수급권을 얻지 못하는 일이 허다하다. 이런 사례를 조명할 때 언론은 이 장성한 자녀에게 실제로 부양 능력이 있느냐에 초점을 맞춘다. 만일 부양 능력이 있는데도 노인을 모시지 않는 거라면, 그 자녀는 '인륜을 저버렸다'는 비난을 받는다. 요컨대 문제는 시스템이 아니라 도덕과 풍습이라는 것이다. '시스템의 한계'가 논의되는 것은 자녀 역시 막노동을 하거나 몸져 누워 있는 등 극단적인 빈곤 상태에 처해 있을 때뿐이다.

간단히 말해, 한국 사회는 B와 같은 사람들을 일차적으로 A의 위치로 옮겨놓으려 하며, 그것이 여의치 않을 때만 공적부조 시스템을 가동한다. 우리는 '가부장제를 보완하는 국가'라는 말로 이러한 시스템을 정의할 수 있을 것이다. 이 국가는 사회의 기초가 개인이 아니라 가족이라고 믿는다. 그리고 가족을 부양자와 피부양자, 대표자(호주)와 나머지 구성원으로 나눈다. '경제'와 '정치'에 접속되어 있는 사람(돈을 벌어오고 신문을 읽는 사람)은 전자, 즉 부양자-대표자이다. 후자 역시 소비자이자 유권자로서 경제와 정치에 연결되어 있지만, 그들의 역할은 제한적이며 수동적인 성격을 띤다.

가부장제의 문제점은 피부양자-비대표자가 부양자-대표자에게 쉽게 인격적으로 종속된다는 것이다. 체사레 베카리아는 가족을 구성단

위로 하는 국가에서는 자녀들이 가장의 전횡 아래 있기 때문에 온전한 의미에서 시민이 될 수 없다고 주장하였다. "한 사회에 10만 명의 사람이 있다고 하자. 혹은 가장을 포함한 5명으로 구성된 가족이 2만 단위가 있다고 하자. 만약 그 사회가 사람들로 이루어져 있다면, 거기에는 10만의 시민이 있고, 노예는 한 명도 없다. 그러나 그 사회가 가족으로 구성된 결사체인 경우라면 그 사회에는 2만의 시민과 8만의 노예가 존재하는 셈이다."[10]

가부장제는 또한 가족 구성원들을 경제적 이해관계로 엮어놓음으로써, 그들 사이에 순수한 감정이 흐르는 것을 막는다. 이혼과 동시에 생계가 막막해지는 여자가 사랑과 타산을 구별할 수 있을까? 또한 그 남편은 아내의 마음을 믿을 수 있을까? 자기 말대로 하지 않으면 재산을 물려주지 않겠다고 위협하는 아버지에게 아들이 애정을 느낄 수 있을까? 또 그 아버지는 아들의 복종을 존경의 표시로 받아들일 수 있을까? 뒤르켐은 물건에서 비롯되는 유대와 사람에게서 비롯되는 유대를 구별하면서, 사회가 발전함에 따라 가족의 토대가 전자에서 후자로 바뀐다고 주장하였다. "우리가 가족에게 애착을 느끼는 것은 아버지, 어머니, 아내, 아이들을 그 사람 자체로서 좋아하기 때문이다. 과거에는 이와 달리, 물건에서 비롯되는 유대가 사람에게서 비롯되는 유대보다 더 중요하였다. 가족이라는 조직 전체는 무엇보다 재산을 잘 관리하는 것을 목표로 삼았고, 사람에 대한 고려는 부차적이었다."[11]

한마디로 가부장제는 이념형으로서의 현대 사회와 **원리적으로** 대립

---

10) 체사레 베카리아, 『범죄와 형벌』, 한인섭 옮김, 박영사, 2006, p. 100.
11) Émile Durkheim, "La famille conjugale"(1892), François de Singly, *Sociologie de la famille contemporain*, Paris: Nathan, 1993, pp. 7~8에서 재인용.

한다. 현대 사회는 모든 구성원이 사람으로 나타나는 사회이며, 지위나 역할, 또는 이해관계를 떠나 사람으로서 서로를 대할 수 있는 사회이다. 다른 말로 하면, 현대 사회에서는 모두가 모두에 대해 우정의 가능성을 열어둔다. 가부장제는 이 이념형의 대립물을 구성하는데, 우선 집주인 =남자만 온전한 사람의 지위를 누리고 나머지 구성원은 그의 소유물과 비슷한 처지라는 점에서, 그리고 사람에 대한 관심이 아니라 물건에 대한 관심이 가족 관계를 지배한다는 점에서 그러하다. 가부장제에서 여자와 아이들에게 주어지는 성원권의 불완전함은 우정의 제약으로 이어진다. 우정은 남성적인 미덕이며, 주로 남성 주체의 인격적 성숙이라는 테마와 결부된다.

뒤르켐이나 베카리아 같은 현대성modernity의 지지자들은 가부장제의 해체가 역사적인 필연이라고 믿었다. 뒤르켐의 진화론적 도식을 참조하여 (그의 설명에만 기대지는 않으면서) 이 과정을 그려본다면 다음과 같다. 전통적 가족의 토대는 재산(토지, 가업 등등)이다. 가족은 하나의 경제적 단위로서, 이 재산에 붙어서 살아가며 또 이 재산을 둘러싸고 싸움을 벌인다. 재산을 통제하는 사람은 나머지 구성원들을 통제할 수 있다. 현대 가족은 이와 달리 애정을 결속의 기초로 삼는다. 이는 산업화가 많은 일자리를 만들어내어, 자녀들에게 부모의 재산을 물려받지 않아도 자기의 재능과 노력으로 먹고살아 갈 기회를 주기 때문이다. 공교육 제도의 확립과 능력주의meritocracy의 확산은 특히 가난한 집 아이들에게 계층 상승의 통로를 열어주는데, 이는 그들이 부모가 알지 못하는 세계로 들어가 부모와 다른 방식으로 살게 되리라는 것을 의미한다. 청소년기의 삶의 내용이 학교를 중심으로 채워지고, 학교가 아이들을 어른의 세계로 인도하는 결정적인 역할을 담당하면서, 부모는 일찍부터 자녀를 독립된 개체로 바라보게 된다. 한편 여성은 남성과 동등하게 교육받고 직업을 가지면서, 가부장적 가족 안에 고정되어 있었던 자신의 위치, 영원한 미성년의 위치에서 벗어난다. 가족 구성원들이 각자 자율성을 얻음에 따라 가족 관계는 수평적으로 바뀌며, 가족은 이해관계를 떠나 순수한 애정을 주고받을 수 있게 된다.

하지만 한국 사회가 (뒤르켐이 가부장제의 종말과 연관시켰던) 고도의 산업화와 학력화, 그리고 신분 질서의 해체를 겪는 동안, 가족은 위의 그림과 사뭇 다른 모습으로 진화하였다. 뒤르켐의 예견과 달리, 능력주의 사회의 도래는 상속제도의 소멸을 가져오지 않았다. 상속의 방식 혹은 전략을 바꾸어놓았을 뿐이다. 부모들은 재산을 직접 물려주는 대신에, 자녀의 몸에 그것을 투자하고 그 몸을 물려주기로 마음먹는다. 그리하여 아이들은 상속자이면서 동시에 투자 대상, 즉 재산 자체가 된다. 외관상 많은 점에서 가부장제와 거리가 있어 보이는 이 새로운 가족 안에서, 재산의 관리—즉 아이들의 몸과 시간표의 관리—는 여전히 구성원들의 관심을 지배한다. 상속이 특정한 시점이 아니라 양육 기간 전체에 걸쳐 이루어지기 때문에, 가족은 만성적인 갈등상태에 놓인다. 부모의 상속 프로젝트에 동의하지만, 물건 취급당하는 것을 원하지 않는 아이들, 재산관리인으로서 자신의 역할을 인정받고 싶어 하는 엄마, 가장이면서도 이 프로젝트에서 소외되어 있다고 느끼는 아빠가 갈등의 세 주역이다. 해마다 늘어만 가는, 학교와 집을 떠나는 청소년의 숫자는 가족의 위기를 알리는 다양한 징후들과 함께, 이 프로젝트가 얼마나 위험하고 성공하기 어려운 것인지 말해준다.

한국 가족은 구성원들 간의 유대가 물건에서 비롯되는 만큼, 경제 위기에 매우 취약하다. 가장의 실직은 쉽게 가정불화, 폭력, 이혼, 자녀 유기로 이어진다. 돈을 벌어오지 못하면 아버지가 아니라고 사람들이 말하고, 아내가 말하고, 무엇보다 그 자신이 그렇게 생각하기에, 일자리를 잃은 아버지들은 초라해지고 그만큼 난폭해지기도 한다. 아버지만 그런 게 아니다. 가족 전체가 같은 논리에 매여 있다. 밥을 안 해주면 엄마가 아니다, 공부 못하면 자식이 아니다, 늙으면 죽어야 한다…… 마치 자신의 유용성을 입증하지 못하면 가족의 일원이 될 수 없다는 듯이 (유용성은 물건의 속성이다).

한국 가족은 왜 '사람에 토대를 둔 가족'으로 이행하지 못하는 것일까? 이 질문에 대답하려면 우정의 조건에 대한 논의로 돌아가야 한다. 사람에 토대를 둔 가족, 혹은 관계 그 자체가 중요한 가족 ─'관계적 가족'[12] ─ 의 구조는 우정의 구조와 비슷하다. 관계 속의 개인들이 서로를 도구화하지 않고 사람으로 대할 수 있는 것은 경제적인 관심을 관계 바깥으로 밀어냈기 때문이다. 경제적인 관심이 가운데 놓이자마자, 관계는 복잡해지고 불안정해진다. 마음이 돈으로 환산되고, 돈이 마음을 대신하며, 함께했던 시간 전체가 투자, 기대, 이익, 손해, 청산 같은 경제 용어로 기술되기 시작한다. 하지만 경제적인 약자들이 기댈 수 있는 마지막 보루가 가족이라면, 경제적인 관심을 가족의 바깥으로 밀어내는 것이 어떻게 가능하겠는가? 자본주의적 산업화는 무급가족종사자나 전업주부처럼 가족을 매개로 경제에 간접적으로 접속되어 있는 개인들을 노동시장으로 끌어내는 경향이 있다. 비계약관계에서 계약관계로, 또는 선물경제 영역에서 화폐경제 영역으로의 이러한 이동은 개인들을 인격적 종속의 위험에서 벗어나게 해주며, 노동의 가치를 인정

---

12) François de Singly, 같은 책, pp. 6~7.

받기 위한 끊임없는 투쟁에서 해방시킨다. 하지만 자본주의의 발전이 가족의 경제적 기능을 완전히 박탈하는 것은 아니다. 오히려 자본주의 경제 안에서 가족은 노동력 재생산의 거점으로서, 그리고 실업의 충격을 흡수하고 경기 확장에 대비하여 예비 인력을 저장하는 장소로서 특별한 중요성을 갖게 된다. '가부장제를 보완하는 국가'가 시대착오적이라는 비난을 받으면서도 자본주의와 훌륭하게 조화를 이루는 이유가 여기에 있다. 가부장적 가족에서 관계적 가족으로의 이행은 산업화가 수반하는 자동적인 변화가 아니다. 두 형태의 가족은 동시성 속에 있으며, 자본주의는 후자를 만들어내는 만큼이나 전자를 필요로 한다.

결국 가족을 우정의 원리에 따라 재조직하려는 현대의 기획은 우정이 부딪치는 것과 동일한 장애물에 부딪친다. 타인과의 인격적인 관계에 의지하여 물질적인 필요를 해결하는 사람들의 존재가 그것이다. 그들이 사람으로서 다른 사람들과 자유롭고 평등하며 타산적이지 않은 관계를 맺는 것은 어떻게 가능한가?[13] 사람의 지위를 법적이고 의례적 측면에서만 — 즉 형식적인 관점에서만 — 규정하고, 사람 노릇을 하는 데 필요한 물질적 자원의 문제를 무시한다면, 우리는 이 질문에 대답할 수 없다. 우정의 조건에 대한 논의는 이렇게 해서 우리를 증여와 환대의

---

13) 가사 노동의 가치를 계산하려는 여성주의자들의 노력을 우리는 이런 관점에서 재평가해볼 수 있다. 이들은 가사 노동이 대가가 지불되지 않은 재생산 노동이라는 것, 자본은 가사 노동의 대가를 지불하지 않음으로써 재생산 비용을 낮춘다는 것, 또는 가족 임금의 형태로 지불함으로써 가사 노동의 가치를 평가하는 일을 가장에게 넘기고, 가족 안에서 여성의 종속을 심화시킨다는 것 등등을 강조한 후에, '집에서 논다'는 말을 듣는 여자들 — 전업주부들 — 이 실제로 경제에 얼마나 큰 기여를 하고 있는지 숫자로 나타내어 보여주려고 한다. 이는 가장이 증여했다고 생각되었던 것 중 일부를 원래 주부가 받아야 했던 것으로 만듦으로써, 주부의 증여자로서의 지위를 회복하려는 전략이다. 하지만 이 전략은 노동이 자유와 평등의 기초임을 전제하고 있기 때문에, 노동 능력을 잃은 여성은 종속적인 지위를 감수할 수밖에 없느냐는 반문에 대답하지 못한다.

관계에 대한 고찰로 이끈다.

증여와 환대

환대에 대한 논의는 아마도 그 어원의 영향으로 쉽게 주인과 손님의 대립 속에 갇히며, 손님의 몫을 주인의 관점에서 결정하는 문제, 곧 증여의 문제로 귀착되곤 한다. 증여의 의무가 관습과 도덕의 영역에 속하듯이, 환대의 권리 역시 법의 틀 바깥에 있다고 여겨진다. 하지만 칸트가 『영구평화론』에서 "모든 사람이 누릴 수 있는 일시적 체류의 권리이자 교제의 권리"로서 환대의 권리를 주창했을 때, 그는 이 권리의 근거를 주인과 손님의 관계 윤리가 아니라 "인류에게 공동으로 귀속되는 지구의 표면에 대한 공통의 권리"에서 찾았다. 칸트는 무엇보다 자신이 박애가 아니라 법적인 **권리**에 대해 말하고 있음을 분명히 하였다.[14]

---

14) 칸트는 영구평화를 위한 세 가지 조건으로 (1) 시민헌법의 수준에서, 모든 국가에 공화정을 수립하는 것 (2) 국제법의 수준에서, 자유로운 국가들의 연방 체제를 건설하는 것 (3) 세계 시민법의 수준에서, 보편적 우호를 보장하는 것을 꼽으면서, 마지막 조항에 대해 다음과 같이 설명한다. "앞 조항에서처럼 여기서의 문제도 박애에 관한 것이 아니라 **권리**에 관한 것이다. **우호**(손님으로서의 대우)란 이방인이 낯선 땅에 도착했을 때 적으로 간주되지 않을 권리를 뜻한다. 추방으로 인해 그 외국인이 생명을 잃지 않는 한, 그 국가는 그를 자기들의 땅에 발붙이지 못하도록 할 수도 있다. 그러나 그가 평화적으로 처신하는 한, 그를 적대적으로 다루어서는 안 된다. 이방인이 영속적으로 **방문자**이기를 요구할 권리는 없다. (이방인에게 일정한 기간 동안 방문 거주자일 수 있는 권리를 주기 위해서는 특별한 우호적 동의가 요청된다.) 모든 사람이 누릴 수 있는 것은 **일시적인 체류의 권리**요, 교제의 권리이다. 사람들은 지구 땅덩어리를 공동으로 소유함에 의해 그런 권리를 갖는다. 사람들은 지구 위에서 세세토록 점점이 흩어져 살 수 없는 까닭에 결국 서로의 존재를 인정해야 한다. 본래는 어떤 사람도 지구상의 특정 지역에 대해 남보다 더 우선적인 권리를 갖고 있지 않다……"(임마누엘 칸트, 『영원한 평화를 위하여』, 이한구 옮김, 서광사, 1992, pp. 36~37).

환대를 주인이 손님에게 베푸는 호의로 이해할 경우, 환대의 범위 또는 한계에 대한 질문이 곧바로 제기된다. 초대하지 않은 손님 역시 환대해야 하는가? 찾아온 사람이 손님이 아니라 도둑이라도 마찬가지인가? 그에게 무엇을 베풀어야 하는가? 한 끼 식사? 잠자리? 아니면 그저 친절한 말 몇 마디? 그를 얼마나 머무르게 할 것인가? 내가 원할 때 그를 내보낼 자유가 나에게 있는가? 마지막으로, 환대의 윤리를 주권자(국민 또는 국가)와 외국인의 관계에 적용할 수 있는가?

어떤 이들은 환대를 단순한 우호의 몸짓으로 이해한다. 놀러 온 이웃에게 차 한잔을 대접하는 것처럼 말이다. 이런 환대는 사소한 증여를 포함할 수 있지만, 그 증여의 의미는 상징적인 것에 그친다. 말하자면 이런 환대는 우정의 전 단계를 구성하는 것으로, 여기서 한 걸음 더 나아가느냐 마느냐는 전적으로 환대하는 사람에게 달려 있다고 여겨진다. 상대방이 기대에 어긋나게 행동한다면, 환대하는 사람 — 주인 — 이 호의의 표현들을 거두어들일 수도 있을 것이다. 환대가 '가진 자의 논리'를 대변한다는 비판은 이 개념에 대한 이러한 이해 방식에서 비롯된다.

조건부로 주어지는 이 인색한 환대의 맞은편에, 타자에 대한 사적 공간의 무조건적이고 전면적인 개방이 있다. 예고 없이 방문한 이방인을 위한 환대, 보답을 기대하지 않으며 심지어 상대방이 누구인지조차 확인하지 않는 환대. 데리다는 이러한 환대 — '순수한' 환대 혹은 '절대적' 환대 — 가 불가능한 이상이라고 말한다.[15] 페넬로페 도이처가 부연

---

15) Jacques Derrida, "Hospitality, Justice and Responsibility: A Dialogue with Jacques Derrida," *Questioning Ethics: Contemporary Debates in Philosophy*, R. Kearney & M. Dooley(eds.), London/New York: Routledge, 1998, pp. 70~71; 페넬로페 도이처, 『How To Read 데리다』, 변성찬 옮김, 웅진지식하우스, 2005, pp. 119~22.

한 바와 같이, "내가 아무리 개방적인hospitable 사람일지라도, 오는 사람 모두에게 문을 열어주지는 않을 것이며, 그들에게 조건이나 제한 없이 무엇이든 갖게 하지도 않을 것이다."[16] 하지만 이 불가능성은 무의미하지 않다(고 도이처는 믿는다). 현실적인 (조건부의) 환대는 이 불가능한 환대의 그림자 속에서 일어나며, 이 불가능성과 관계 맺음으로써 스스로를 변형의 가능성 앞에 개방하기 때문이다.[17]

그런데 대척점에 있는 것 같은 이 두 가지 입장은 겉보기만큼 다르지 않다. 데리다처럼 하나를 불가능한 이상의 편에, 다른 하나를 가능한 현실의 편에 둔다면 더욱 그렇다. 두 입장은 삼각형의 이데아와 현실의 삼각형처럼 서로를 반영하고 승인하면서, 둘 사이의 심연을 강조한다. 이 심연이 건널 수 없는 것처럼 보이는 것은 우리가 사적 공간의 개방과 공공성의 창출을 혼동하고 있기 때문이다. 한 사람이 자기 집 문을 두드리는 모든 사람을 들어오게 하여 먹여주고 재워주는 것은 가능하지 않다. 하지만 한 사회가 그 사회에 '도착한' 모든 낯선 존재들을 — 새로 태어난 아기들과 국경을 넘어온 이주자들을 — 조건 없이 환대하는 것은 얼마든지 가능하다. 우리는 모두 낯선 존재로 이 세상에 도착하여, 환대를 통해 사회 안에 들어오지 않았던가?

환대의 범위와 한계에 대한 질문은 나와 타자의 대립을 슬그머니 '우리'와 '그들'의 대립으로 바꾸어놓음으로써 혼란을 가중시킨다. "아무리 개방적인 사람일지라도, 오는 사람 모두에게 문을 열어주지는 않을 것"이라고 말한 후에, 도이처는 아주 당연하다는 듯이 "무조건적인 이

---

16) 페넬로페 도이처, 같은 책, p. 123.
17) 같은 책, p. 133.

민을 허용하는 국가에 대해서도 동일한 말을 할 수 있다"고 덧붙인다 (아무리 관대한 이민정책을 펴는 국가라도 '관용의 문턱'이 있을 거라고). 환대의 주체는 이렇게 해서 '나'에서 '우리'로 바뀐다. 하지만 만일 절대적 환대가 불가능하다면, 나는 어떻게 '우리'가 될 수 있었던 것일까? 아니, 내가 '우리'에 속하는지 아닌지 나는 어떻게 아는가?

게다가 환대에 대한 논의가 '한계' 또는 '문턱'에 초점을 맞출 때("그를 들일 수 있는 곳은 여기까지이다" "이것이 내가 줄 수 있는 것의 한계이다"……) 환대는 증여와 혼동되는 경향이 있다. 그러나 내가 내 집을 방문한 이웃에게 (그가 경제적으로 곤경에 처해 있음을 알면서도) 고작 차 한잔만 대접한다면, 이는 반드시 내가 인색해서가 아니라 그 이상의 대접이 어떤 의미에서 금지되어 있기 때문이다. 가난한 친구에게도 때로는 밥을 얻어먹어야 하는 것과 같은 이유에서 말이다. 물론 이 말이 이웃을 돕는 행위가 환대의 이름으로 금지되어 있다는 뜻은 아니다. 주는 사람이 주었다는 사실을 잊고, 받는 사람이 받았다는 사실을 망각하는 한, 환대는 주는 행위를 포함할 수 있다. 그러므로 환대와 증여는 동일한 것이 아니다. 우정의 조건은 환대임을 주장하면서, 나는 무엇보다 이 점을 강조하고자 한다.

먼저 환대가 재분배를 포함한다는 점을 확인하기로 하자. 환대란 타자에게 자리를 주는 것 또는 그의 자리를 인정하는 것, 그가 편안하게 '사람'을 연기할 수 있도록 돕는 것, 그리하여 그를 다시 한 번 '사람'으로 만들어주는 것이다. 사람이 된다는 것은 사회 안에 자리를 갖는다는 것 외에 다른 게 아니기 때문이다. 사람을 연기하려면 최소한의 무대장치와 소품이 필요하다. 이를테면 누군가를 초대할 수 있는 공간, 갈아입을 옷, 찻주전자와 차를 살 돈 같은 것 말이다. 그러므로 환대는 자원의 재분배를 포함하기 마련이다. 이것은 아이들이 소꿉놀이를 시작할 때 먼저 장난감을 나누는 것과 비슷한 이치이다. 아무리 욕심 많은 아이라도 상대방이 아무것도 갖고 있지 않으면 서로 초대할 수도, 선물을 주고받을 수도 없다는 걸 알기에, 기꺼이 살림을 나누어준다.

재분배는 증여와 어떻게 다른가? 칼 폴라니는 시장 바깥에서 이루어지는 교환을 모두 증여로 간주하면서, 재분배를 증여의 한 형태로 보았다. 그는 증여를 크게 호혜적 교환과 재분배로 나누었는데, 양자의 차이는 선물이 움직이는 방향에 있다. 전자의 경우, 선물의 흐름이 두 점 사이를 오가는 화살표로 나타난다면, 후자는 화살표가 중심에서 사방으로 뻗어나간다.[18] 이러한 분류의 문제점은 증여의 외연이 지나치게 넓어진다는 것이다(폴 벤느는 "그리스인이 아닌 사람은 모두 야만인이라고 정의하는 것이나 마찬가지"라고 비아냥거린다).[19] 친구에게 밥을 사는 것에서 실업자에게 연금을 주는 것까지, 극히 다양하고 이질적인 실천을 하나의 개념에 쓸어 담는다면, 그 개념은 분석의 도구로서 유용성을 잃을 것이다. 벤느는 폴라니를 비판하면서, 증여의 본질이 개인적인 관계 personal relation의 추구에 있다고 주장한다. 개인적인 관계를 추구하지 않는 호혜적 교환, 예컨대 물물교환은 증여가 아니다(화폐의 사용 여부는 중요한 기준이 못 된다). 마찬가지로 현대 복지국가에서 이루어지는 다양한 방식의 소득재분배는 증여의 범주에서 제외되어야 한다.[20] 벤느의 정의는 폴라니의 것보다 더 견고해 보이지만, 여전히 빈틈이 발견된다. 기부donation는 증여인가 아닌가? (신장 기증이나 아동 후원처럼) 받

---

18) Paul Veyne, *Le pain et le cirque*, Paris: Édition du Seuil, 1976, p. 73.
19) 같은 책, p. 76.
20) 같은 책, pp. 76~92.

는 사람이 누구인지 알 수 있으면 증여이고, (헌혈이나 불우이웃돕기처럼) 수혜자가 불특정 다수일 때는 증여가 아닌가? 아니면 이 둘은 모두 진정한 의미에서 개인적 관계를 추구하는 것이 아니므로 증여에서 제외해야 할까? 기부를 두 범주로 나누는 것도, 증여에서 아예 제외하는 것도 그리 설득력 있는 해결책 같지 않다.

증여에 대한 폴라니와 벤느의 논의가 놓치고 있는 것은 증여가 내포하는 인정의 차원——증여가 인정을 추구하며, 인정을 통해서 비로소 구성된다는 사실——이다. 국가가 세금을 걷어서 가난한 사람을 도울 때와 자선단체가 모금을 하여 같은 일을 할 때, 물질의 흐름이라는 관점에서는 아무 차이가 없다. 두 경우 모두 형편이 넉넉한 사람에게서 그렇지 못한 사람에게로 부가 흘러간다. 그래서 폴라니는 그 두 가지를 모두 재분배에 포함시킨다. 하지만 행위자들의 입장에서 그 둘은 결코 같지 않다. 주는 사람의 입장에서 세금을 납부하는 것은 의무이지만, 모금에 참여하는 것은 자발적인 선택이다. 받는 사람의 입장에서 실업수당이나 생활보조금을 수령하는 것은 권리이지만, 자선단체의 도움을 받는 것은 '고마운 일'이다. 고마워한다는 것은 도움받은 사실을 잊지 않는다는 뜻이다. 기부자는 익명으로 기부를 한 경우에도 자신의 행동이——"이름 모를 사람의 작은 선행"으로나마——기억되기를 원한다. 이 점에서 기부는 개인적 관계를 추구하는 선물——벤느가 엄밀한 의미의 증여라고 생각했던 것——과 하나의 카테고리로 묶일 수 있다. 순수한 의도에서건 이해관계에 따라서건, 답례를 바라건 바라지 않건, 선물을 할 때 우리는 받는 사람의 마음에 기억을 남기려 한다. 이는 복지국가가 수행하는 재분배와 대조를 이룬다. 국가가 납세자의 돈을 복지수급자의 통장으로 옮길 때, 돈을 낸 사람은 어떤 인정도 기대하지 않으며,

받는 사람은 어떤 기억의 의무도 지지 않는다.

증여는 인정을 추구할 뿐 아니라, 인정을 통해서 비로소 구성된다. 폴라니는 재화와 서비스의 이동 방향에 따라 재분배와 호혜적 교환을 구분하는데, 이는 증여가 실물의 흐름으로 이루어져 있다는 인상을 준다. 폴라니의 관심이 근대 경제학의 언어가 포섭하지 못하는 실물의 흐름으로서의 '살림살이 경제'를 향하는 만큼, 그의 독자들은 언어의 너울을 걷어내고 순전히 물질적인 것의 층위에서 증여를 분석할 수 있다고 생각하기 쉽다. 하지만 소유가 그렇듯이, 증여는 인정의 문제이다. 소유가 사람과 물건의 관계가 아니라 사람과 사람의 관계라는 점을 앞에서 이미 설명하였다(1장 "노예" 절 참조). 내가 어떤 물건을 소유한다는 것은 다른 사람들이 나를 그 물건의 소유자로 인정한다는 뜻이다. 증여도 마찬가지이다. 주는 행위 자체는 증여가 아니다. 주는 행위를 증여로 구성하는 것은 준 사람과 받은 사람의 관계에 대한 특정한 해석이다. 노예가 주인에게 아무리 헌신적으로 봉사해도 그것은 증여로 인정되지 않는다. 노예가 주는 모든 것은 이미 주인에게 속해 있다고 여겨지기 때문이다. 그래서 노예가 주인에게 몸값을 지불하고 풀려나는 경우에도, 해방은 주인의 순수한 증여로 간주되었다.[21] 마찬가지로 우리는 식당 종업원이나 아파트 경비원이 우리의 한 끼 식사와 편안한 잠자리에 얼마나 큰 기여를 하든, 그들이 보수를 받고 일하는 한 개인적으로 감사할 필요가 없다고 생각한다. 그 보수가 아무리 형편없더라도 말이다. "가난한 노동자들은 다른 모든 사람들에게 자비를 베푸는 익명

---

21) Orlando Patterson, *Slavery and Social Death*, Cambridge/Massachusetts: Harvard University Press, 1982, pp. 212~14.

의 기부자"[22)]라는 바버라 에런라이크의 말은 문제의 핵심을 정확히 찌르고 있다. 이는 증여의 논리가 환대의 논리와 전혀 다른 것임을 의미한다. 환대 역시 주는 행위이지만, 이 줌은 증여로 계산되지 않는다. 환대란 주는 힘을 주는 것이며, 받는 사람을 줄 수 있게 만들어주는 것이다.

공동체에 관한 두 개의 상상

우정의 조건은 절대적 환대이다. 환대의 조건 또는 한계에 대한 논의들이 암시하는 바와 달리, 절대적 환대는 자아와 타자 사이의 경계를 완전히 허무는 것을 의미하지 않는다. 사람들 사이에 어떤 벽도 존재하지 않는 '절대 공동체'에 대한 환상은 매우 오래된 것이다. 혁명의 시간이나 축제의 시간에 사람들은 실제로 그런 공동체의 임재를 경험하곤 한다.[23)] 하지만 절대 공동체를 시적 형태가 아니라 산문적 형태로 현실 속에 고정시키려는 시도는 번번이 끔찍한 결과를 낳았다. 문도 없고, 문지방도 없으며, '자기만의 방' 따위는 더더구나 없는 그런 공동체에서 우정은 가능하지 않을 것이다. 거기서는 비밀을 간직할 수도 고백을 할 수도 없고, 혼자만의 시간을 즐기는 일도 함께하는 시간을 기다리는 일도 없을 것이기 때문이다.

칼 세이건의 『코스모스』에는 사방으로 훤히 열려 있고 투명한 의사소통이 이루어지는 공동체의 예가 나온다.

---

22) 바버라 에런라이크, 『노동의 배신』, 최희봉 옮김, 부키, 2012, p. 296.
23) 최정운은 『오월의 사회과학』(오월의봄, 2012)에서 해방광주(광주항쟁 당시 계엄군의 일시적 철수에 따라 생겨난 시민자치 공간)를 절대 공동체로 규정한다.

긴수염고래는 20헤르츠의 소리를 아주 크게 낸다. 20헤르츠는 피아노가 내는 가장 낮은 옥타브의 소리에 해당한다. 바닷속에서 이렇게 낮은 주파수의 소리는 거의 흡수되지 않는다. 미국 생물학자 로저 페인의 계산에 따르면, 지구상에서 가장 먼 두 지점에 떨어져 있더라도 두 마리의 고래가 상대방의 소리를 알아듣는 데 아무런 어려움이 없다고 한다. 남극해의 로스 빙붕에 있는 고래가 멀리 알류샨열도에 있는 상대방과도 대화할 수 있다는 이야기다. 고래는 자기들 역사의 거의 전 기간 동안 지구적 규모의 통신망을 구축하고 살아왔던 것이다. 광대무변의 심해에서 1만 5천 킬로미터나 떨어져 있다고 하더라도 고래들은 사랑의 노래로 서로의 관계를 확인할 수 있다.[24]

---

24) 칼 세이건, 『코스모스』, 홍승수 옮김, 사이언스북스, 2004, pp. 540~41. '인간의 죽음'에 익숙해진 오늘날의 독자들에게 이 책에 담긴 순수한 휴머니즘, 예컨대 "별의 재가 별을 생각한다"는 멋진 표현 속에 압축된 헤겔주의나, 커뮤니케이션의 발달을 진보의 척도로 삼는 콩도르세 식의 발상은 새삼스러운 놀라움과 함께 일말의 향수를 불러일으킨다. 『인간 정신의 진보에 관한 역사적 도표Esquisse d'un tableau historique des progrès de l'esprit humain』에서 콩도르세는 인류의 진보를 가늠케 하는 중요한 사건들에 분절화된 언어의 사용, 알파벳의 발명, 과학의 탄생과 분화, 인쇄술의 발명과 공론장의 형성, 그리고 프랑스혁명을 포함시킨다. 열 단계로 이루어진 진보의 마지막 단계는 인류의 구성원이면 누구나 자유자재로 구사할 수 있는 '보편 언어'의 창설이다. '인류의 완성'을 꿈꾸면서 콩도르세가 이처럼 커뮤니케이션 수단의 진화에 초점을 맞추는 것은 이상하지 않다. 이 도표의 보이지 않는 소실점은 코즈모폴리턴의 이상이며, 코즈모폴리턴이란 다름 아닌 인류의 소통 가능성을 믿는 사람이기 때문이다. 콩도르세가 '보편 언어'의 창설에 힘입은 전 인류의 자유로운 의사소통을 진보의 마지막 단계로 설정했다면, 세이건은 거기에 인간이 아닌 지적 생명체와의 대화라는 새로운 단계를 덧붙인다. 우리는 먼저 고래나 침팬지 같은 고등동물들과 대화해야 하고, 나아가 외계의 지적 생명체를 탐사해야 한다. 드넓은 바다를 유유히 헤엄치며 지구 전체에 흩어진 동료들과 교신하는 긴수염고래들은 우리의 첫 접촉 대상이자, 우리가 언젠가 만나게 될지도 모르는 외계인의 모습을 암시한다 ─ 인류가 아직 도달하지 못한 단계에 도달해 있는, 인류의 미래상으로서의 외계인.

대양을 가로질러 신호를 주고받는 두 마리 고래에 대한 묘사는 장거리 국제전화로 사랑을 확인하는 연인의 모습을 떠올리게 한다. 세이건이 말하지 않은 것은 이들의 통화 내용이 다른 고래들에게도 모두 들린다는 점이다. 게다가 그 고래들 역시 통화 중이다! 바닷속은 모든 사람이 제각기 전화기에 대고 큰 소리로 떠드는 지하철 안처럼 엄청나게 시끄러울 것이다. 그렇게 굉장한 음파의 진동 속에서 무언가를 알아들을 수 있게 하려면, 모두가 같은 소리를 내는 방법밖에 없다. 매미의 합창이나 개구리의 울음소리, 아니면 시위대의 구호와 노래처럼 말이다. 집단적이고 직접적인 커뮤니케이션을 통해 전달되는 메시지는 단순할 수밖에 없다.

이 공동체를 『코스모스』의 마지막 장에 나오는 또 하나의 열린 공동체와 비교해보기로 하자. 바로 거대한 도서관이 있었던 도시 알렉산드리아이다. 알렉산드리아 도서관의 방대한 장서, 책을 사들이고 연구를 후원하는 데 돈을 아끼지 않았던 왕들과 그 밑에 모여들었던 고대 최고의 지성들, 화재로 소실되기 전까지 700년에 걸쳐 이곳에 축적되었던 인류의 정신적 유산에 대해 감회 어린 말투로 언급한 후 세이건은 덧붙인다.

알렉산드리아는 서구 역사에서 가장 위대한 도시였다. 많은 지성들이 세계 곳곳에서부터 이곳으로 몰려와서 같이 생활하고 서로 배우면서 교류했다. 알렉산드리아의 거리는 하루도 빠짐 없이 상인, 학자, 여행객 들로 넘쳐났다. 그리스, 이집트, 아라비아, 시리아, 히브리, 페르시아, 누비아, 페니키아, 이탈리아, 갈리아 등지에서 온 사람들이 이곳에 모여 각 지방의 상품과 사상을 교환했다. 코즈모폴리턴이라는 단어가 진정한 의

미를 가진 곳도 바로 여기였을 것이다.[25]

　고래들의 공동체와 마찬가지로, 이 고대의 코즈모폴리스를 조직하는 원리는 열린 커뮤니케이션 — 누구나 제약 없이 참여할 수 있다는 의미에서 — 이다. 하지만 그것이 열려 있는 방식은 사뭇 다르다. 고래들은 아무 매개 없이 동시성 속에서, 모두가 모두에게 직접 연결되어 있다. 동일한 소리의 장場 안에 갇혀 있기에, 그들은 교신 대상을 선택할 수 없으며 침묵 속으로 물러날 수도 없다. 다른 말로 하면 그들은 서로에게 청각적으로 완전히 노출되어 있는데, 이는 언제나 상대방을 침범할 수 있고, 또 상대방에 의해 침범될 수 있음을 뜻한다. 반면 도서관의 도시 알렉산드리아에서 영혼들은 책을 매개로 서로에게 접근한다. 그들을 연결하는 것은 소통이 아니라 소통 가능성이다. 커뮤니케이션의 지평 전체를 감싸는 소리의 궁륭이 아니라, 도처에서 조용히, 산발적으로 일어나는 교류들이다. 이 교류는 거리에서 사람들과 이야기를 나누는 것과 혼자 책 속으로 침잠하는 것을 모두 포괄한다. 독서와 대화 사이에는 아무런 본질적인 차이가 없다. 독서는 또 다른 대화 — 비동시적으로 이루어지는 대화 — 이기 때문이다.

　공동체에 대한 이 두 가지 상상은 서로 경합하면서 지성사 안에서 꾸준히 마찰을 일으켜왔으며, 그 찌꺼기가 대중, 공중, 다중 같은 개념 안에 침전되어 있다. 유감스럽게도 오늘날 공동체에 대해 이야기하는 사람들은 고래들의 소통 방식을 배타적으로 선호하는 경향이 있다. 공동체를 나타내는 전형적인 이미지는 강강수월래를 할 때처럼 모든 사람이

---

25) 칼 세이건, 같은 책, p. 664.

손에 손을 잡고 둥글게 둘러서 있는 것이다. 모두가 모두의 얼굴을 볼 수 있고, 모두를 향해 말할 수 있도록 말이다. 시선과 귀와 두 손을 온 전히 타인에게 내어주는 이 '열린' 자세에 비해, 도서관에 웅크리고 앉 아 책을 읽는 사람의 모습은 너무나 '개인주의적'이고 '폐쇄적'으로 보 인다. 수그린 머리는 나의 관심사는 오직 책이라고 말하는 것 같고, 구 부린 등은 그러니 부디 건드리지 말아달라고 말하는 것 같다. 책을 읽 는 것은 자신을 눈앞에 보이는 세상보다 더 큰 세상과 연결하는 행위이 다. 하지만 도서관의 적막함은 이 사실을 자꾸 잊게 만든다. 내가 대학 에 다닐 때, 도서관에서 공부하는 학생들은 '밀실'에 숨어 있다고 여겨 졌으며, '광장'으로 나오라는 부름을 받곤 했다.

공동체에 대한 이 같은 제한된 표상은 공동체Gemeinschaft와 사회 Gesellschaft를 대립시키는 전통과 관련이 있다. 페르디난트 퇴니에스 이 래 다양하게 변형되어온 이 대립을 요약하자면 이러하다. 공동체는 소 규모이고, 단순하며, 구성원들이 혈연이나 지연으로 이어져 있고, 대면 적이고 정서적인 관계를 맺는다. 반면 사회는 대규모이고, 복잡하며, 구 성원들이 형식적이고 계약적인 관계 외에는 아무 관계도 맺지 않은 채 익명의 개인으로서 서로를 대한다. 도덕과 관습의 지배를 받는 공동체 와 달리, 사회에서는 이득과 손실에 대한 냉정한 계산이 우선한다.

이러한 이분법은 이론적으로 여러 가지 난점을 야기하지만, 여기서는 그냥 넘어가기로 한다(독자들은 구조와 상호작용 질서에 대한 앞의 논의 와 이 이분법을 비교해보아도 좋을 것이다. 형식적이고 계약적인 관계와 대 면적이고 정서적인 관계는 현대 사회를 조직하는 씨줄과 날줄일 뿐, 상이한 시간과 공간에 속하는 대립하는 원리가 아니다). 내가 말하고 싶은 것은 이러한 이분법이 현대 사회(및 도시 문화)에 대한 적대와 전통 사회(또는 시골 생활)의 이상화로 쉽게 이어진다는 점이다. 도시는 삭막하고 차갑고 '옆집에서 누가 죽어도 모를 정도로' 사람들이 서로 무관심한데, 시골에서는 '누구네 집 숟가락이 몇 개인지, 누구네 집에 쌀이 떨어졌는지도 훤히 안다'는 식이다. 대낮에도 문을 걸어 잠그고 지내는 도시의 주부들과 남의 집 부엌을 제 집처럼 드나드는 시골 아낙들, 학원에서 컵라면으로 저녁을 때우는 도시 아이들과 남의 집에 가서 밥도 얻어먹고 숙제도 하는 시골 아이들 등등.

하지만 이렇게 친밀한 공동체 속에서 살아가는 것이 과연 즐겁기만 할까? 대학을 졸업하고 지리산 자락의 고향 마을로 내려간 친구의 말이 떠오른다. 다른 건 다 좋은데 저녁마다 술병을 들고 찾아오는 이웃 때문에 미칠 지경이라고. 초대하지 않은 손님의 방문을 순수한 마음으로 환영하지 못하는 건 그가 지나치게 개인주의적이기 때문일까(데리다는 순수한 환대란 초대하지 않은 손님에 대한 환대라고 말한다)? '공동체적 삶'을 택한 이상, 어느 정도의 사생활 침해는 감내해야 하는 것일까? 공동체와 사회의 대립은 이리하여 공동체주의와 개인주의의 대립으로 나아간다. 공동체주의를 열렬히 지지하는 사람이라도 개인의 욕구를 완전히 부정하지는 못하기 때문에, 이것은 결국 비율의 문제로 귀착된다(공동체주의와 개인주의를 어떻게 '조화'시킬 것인가).

절대 공동체에 대한 환상은 이처럼 '개인이냐 공동체냐'라는 잘못된 양자택일을 강요한다. 공동체에 속한다는 것이 나와 다른 사람 사이의 벽을 없애는 것 — 문자 그대로 '하나가 되는 것' — 을 의미한다면, 공동체에 대한 옹호는 사생활 침해를 정당화하는 구실로 쉽게 전락할 것이다. 하지만 개인과 공동체는 결코 대립적인 개념이 아니며, 공동체 정신을 추구하는 것과 사생활의 자유를 갖는 것 사이에는 본디 아무 모순도 없다. 개인에게 자리/장소를 마련해주고 그의 영토에 울타리를 둘러주는 것이 바로 공동체의 역할인 까닭이다. 뒤르켐이 지적했듯이, 공공성이 강화될수록 사생활의 자유는 오히려 커진다. 가부장제 하에서 기혼 여성과 미성년 자녀는 사생활의 자유를 갖지 못한다. 그들은 집안에서도 마음 편히 쉴 수 없고, 가부장의 눈치를 보면서 일종의 대기 상태에 있어야 한다. 물론 가부장의 성격이 어떠냐에 따라 그들이 느끼는 압박의 정도는 달라진다. 하지만 가부장이 언제든지 그들을 야단칠 수 있고 심지어 때릴 수 있다는 사실은 바뀌지 않는다(개인 공간에 대한 침범은 최종적으로 몸에 대한 침범으로 나타난다. 몸은 자아의 마지막 영토이자, 나머지 영토들 ― "개개의 인간 존재를 둘러싼 가상의 구" ― 에 대해 개인이 행사하는 주권의 원천이다). 그런데 가부장이 이런 권력을 행사할 수 있는 것은 국가가 가정을 가부장의 사적 영토로 간주하고 그 안에서 일어나는 일에 대해 개입을 자제하기 때문이다. 다른 말로 하면, 가부장 사회의 약자들이 겪는 사생활 박탈은 그들이 공공의 힘이 미치지 않는 곳에 고립되어 있다는 사실과 관련된다. 좀더 일반적으로 말해서, 프라이버시의 결여 ― '자기만의 방'이 없다는 것 ― 와 공적 공간에서의 배제는 장소 상실placelessness의 두 형태로서, 동전의 양면처럼 맞붙어 있다. 사회 안에 자리/장소가 없는 사람, 사회의 바깥에 있는 사람은 자신을 위해 나서줄 제삼자를 갖지 못했기에, 사적 관계 안에서도 자신의 자리/장소를 지킬 수 없다.

개인과 공동체, 사적인 것과 공적인 것의 관계를 이렇게 이해할 때, 비로소 우리는 절대적 환대의 가능성에 대한 질문에 절충주의적 답변(절대적 환대는 불가능하지만 그 불가능성의 지평을 향해 나아가는 것은 가능하다 등등) 이상의 것을 제시할 수 있게 된다. 절대적 환대가 사적 공간의 무조건적이고 완전한 개방을 의미한다면, 우리는 데리다가 그 랬듯이 최악의 상황을 머릿속에 그리면서 그러한 환대가 과연 가능한 지 자문해야 할 것이다.[26] 하지만 절대적 환대가 타자의 영토에 유폐되 어 자신의 존재를 부인당하는 사람들에게 도움의 손길을 뻗치는 일, 그 들을 인지하고 인정하는 일, 그들에게 '절대적으로' 자리를 주는 일, 즉 무차별적이고 무조건적으로 사회 안에 빼앗길 수 없는 자리/장소를 마 련해주는 일이라면, 우리는 그러한 환대가 필요하며 또 가능하다고 말 할 수 있다. 그러한 환대는 실로 우정이나 사랑 같은 단어가 의미를 갖 기 위한 조건이다.

그러므로 환대에 대한 질문은 필연적으로 공공성에 대한 논의로 나 아간다. 환대는 공공성을 창출하는 것이다. 아동학대방지법을 만드는 일, 거리를 떠도는 청소년들을 위해 쉼터를 마련하는 일, 집 없는 사람 에게 주거수당을 주고 일자리가 없는 사람에게 실업수당을 주는 일은 모두 환대의 다양한 형식이다. 자유로운 인간들의 공동체라는 현대적 이상은, 생산력이든 자본주의의 모순이든 역사의 수레바퀴가 어떤 자 동적인 힘에 의해 앞으로 굴러감에 따라서가 아니라, 이러한 공공의 노 력을 통해 실현된다.

---

26) "사실 내가 맞이한 사람은 강간범이나 살인자일 수도 있다. 그는 집을 난장판으로 만들지 도 모른다. 생각할 수 있는 모든 일이 일어날 수 있다. 그런데 순수한 환대, 보증이 없는 환대 의 경우 타자가 소동을 피우고, 최악의 예측 불가능성을 만들 가능성, 그리고 우리가 무력 하게 끌려갈 가능성을 받아들여야 한다. 순수한 환대의 원칙에는 이러한 위협이 본질적이 고 비타협적인 방식으로 도사리고 있다. 그래서 순수한 환대의 원칙은 불안과 증오 반응을 초래한다"[Jacques Derrida, "Une Hospitalité à l'infini," *Autour de Jacques Derrida. Manifeste pour l'hospitalité*, Mohammed Seffahi(dir.), Grigny: Paroles d'Aube, 1999, p. 100].

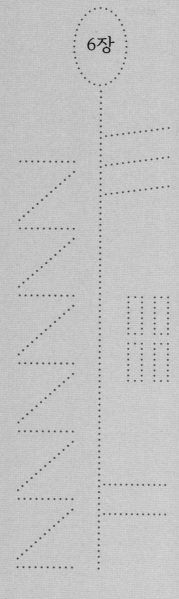

6장

절대적 환대

환대란 타자에게 자리를 주는 행위, 혹은 사회 안에 있는 그의 자리를 인정하는 행위이다. 자리를 준다/인정한다는 것은 그 자리에 딸린 권리들을 준다/인정한다는 뜻이다. 또는 권리들을 주장할 권리를 인정한다는 것이다. 환대받음에 의해 우리는 사회의 구성원이 되고, 권리들에 대한 권리를 갖게 된다.

환대에 해당하는 영어 단어 hospitality는 '우호'로도 번역되는데, 이러한 번역을 통해 이 단어가 우정이나 적대와 맺는 관계를 좀더 분명하게 표시할 수 있다. 사회가 잠재적인 친교의 공간을 가리킨다고 할 때, 누군가를 환대한다는 것은 그를 이 공간 안으로 들어오게 한다는 것, 그를 향한 적대를 거두어들이고 그에게 접근을 허락한다는 것을 의미한다. 그는 아직 나의 벗이 아니지만, 언젠가 그렇게 될지도 모른다.

노예의 조건에 대한 고찰은 환대의 이 두 차원—자리를 주는 것과 적대를 중지하는 것—이 어떻게 연결되는지 이해하는 데 도움을 준다. 어떤 사람이 노예가 되는 데는 크게 두 가지 경로가 있다. 하나는 자기가 태어난 사회에서 처음부터 성원권을 얻지 못했거나 어떤 계기로 성원권을 상실하는 것이고, 다른 하나는 아웃사이더로서 다른 사회에 억류되는 것이다. 전자의 경우 노예의 신분은 자리 없음placelessness과 그에 따른 무권리 상태의 결과로 나타난다. 환대는 여기서 자리 없는 자에게 자리를 만들어주고 무권리인 자에게 권리를 회복시켜주는 적극적인 행위이다. 조금 다른 방식으로, 하지만 본질적으로 같은 의미에서 포로로 잡혀 노예가 된 자 역시 환대의 문제에 직면한다. 그는 적의 땅에서, **적대 속에서** 목숨을 부지하고 있다. 고대 그리스인들과 로마인들은 노예가 자유를 생명과 맞바꾸었다고 생각하였다. 노예가 이미 끝났어야 하는 삶을, 즉 유예된 죽음을 살아가고 있다는 생각은 노예에 대한 폭력을 정당화하였다. 노예는 사형선고를 받은 자로서, 일종의 집행유예에 처해 있는 것이다. 노예제의 상징이기도 한 채찍질은 연기된 형이 언제라도 집행될 수 있음을 암시한다. "적대란 타인의 존재에 대한 부정"이라는 슈미트의 말을 상기할 때, 환대의 이 두 가지 의미는 하나로 합쳐진다. 환대란 타인의 존재에 대한 인정이며, 이러한 인정은 그에게 자리를 마련해주는 몸짓과 말을 통해 표현된다.

　환대에 대한 기존의 논의들은 환대를 사회의 외부에서 온 이방인들이 직면하는 문제로 여긴다. 하지만 이미 사회 안에 있는 사람들도 그들의 자리가 조건부로 주어지는 한, 환대의 문제를 겪는다. 절대적 환대라는 말로써 나는 데리다가 그랬던 것처럼 신원을 묻지 않고, 보답을 요구하지 않으며, 상대방의 적대에도 불구하고 지속되는 환대를 가리키려고 한다. 데리다는 이러한 환대가 불가능하다고 말한다. 하지만 우리는 절대적 환대에 기초한 사회를 상상할 수 있다. 아니 사회란 본디 절대적 환대를 통해 성립한다고 말해야 할지도 모르겠다. 절대적 환대가 불가능하다면, 사회 역시 불가능할 것이다.

신원을 묻지 않는 환대

신원을 묻지 않는 환대는 현대 사회의 기본적인 작동 원리이다.[1] 우리는 이것을 세 가지 층위에서 확인한다. 첫째, 모든 인간 생명은 출생과 더불어 사람이 된다. 둘째, 공적 공간에서 모든 사람은 의례적으로 평등하다. 셋째, 자기가 누구인지 말할 수 있는 사람은 자기뿐이다(정체성 서사의 최종 편집권은 당사자에게 있다).

모든 인간 생명은 출생과 더불어 사람이 된다.

고대 로마에서는 아버지가 인지하지 않은 아이는 죽임을 당하거나 버려졌다. 가부장제 사회였던 로마에서 새로 태어나는 생명을 환대하

---

1) 이것은 민주주의가 현대 정치의 기본 원리라고 말할 때와 같은 의미에서이다. 실제로 우리가 경험하는 정치는 민주주의와 거리가 멀다. 그러나 우리는 정치적 삶을 이해하고 비판하기 위해 끊임없이 이 원리로 돌아간다. 헌법은 이 원리에 따라 만들어져 있으며, 우리는 이 원리에 의거해서만 법을 검토하고 수정할 수 있다. 민주주의의 실현이 아무리 요원하다고 해도, 우리는 결코 민주주의가 '불가능하다'고 말하지 않는다. "인간은 항상 자기가 해결할 수 있는 문제만을 제기한다"는 마르크스의 생각이 옳다면, 우리가 민주주의에 대해 이야기하고 민주주의를 위해 싸운다는 사실 자체가 이미 민주주의의 가능성을 말해주는 것이다.

는 일은 온전히 아버지의 몫이었기 때문이다.[2] 사적 행위가 공적 의미를 가진다는 점에서 이 환대의 행위는 노예 해방과 비교될 수 있다. 로마 시민이 그의 노예 가운데 한 명을 해방시키면, 풀려난 노예는 특정한 상황을 제외하고는 자동적으로 로마 시민권을 획득하게 되었다. 사적 개인이 순전히 사적으로 사실상 시민권의 부여를 결정할 수 있었던 것이다.[3] 현대 사회에서는 어떤 개인도 이런 종류의 특권을 갖고 있지 않다. 모든 인간은 태어남과 동시에 사람이 되며, 죽음과 더불어 사람의 지위를 잃는다. 프랑스의 법학자 오렐 다비드의 표현을 빌리면, 사람은 출생과 더불어 우리 눈앞에 나타나며, 죽음과 더불어 사라진다.[4]

오늘날 인간이라는 것과 사람이라는 것은 너무나 긴밀하게 연결되어 있어서, 사람다움이 개체들이 원래 가지고 있는 분류학적이며 생리학적

---

2) 즉 가장은 새로 태어난 아이를 가족의 일원으로 맞이하느냐 마느냐를 결정할 권한이 있었다. 이 결정은 다소간 의례적인 방식으로 이루어졌는데, 알베르토 안젤라는 그 순간을 다음과 같이 묘사한다. "사람들은 어린아이를 씻기고, 탯줄을 자르고 아버지에게 데려갈 것이다. 아버지는 홀 한가운데에 서 있을 것이다. 아들은 아버지 앞의 바닥에 눕혀질 것이다. 이 순간 몇 초 사이에 아주 오래된 고대의 의식에 따라서 어린아이의 운명이 결정될 것이다. 만약에 아버지가 몸을 굽혀 아이를 안아 올리고 모든 친척들의 이마 높이까지 아이를 들어 올린다면, 아이를 가족으로 인정하고 받아들인다는 의미이다. 반대로 아버지가 무표정하게 움직이지 않는다면 그리고 아이를 안아 올리지 않는다면, 아이를 가족으로 받아들이지 않는다는 의미이다"(알베르토 안젤라, 『고대 로마인의 24시간』, 주효숙 옮김, 까치, 2012, pp. 250~51). 아이를 거부하는 이유는 다양했는데 키워야 할 아이가 너무 많거나, 강간이나 간통으로 잉태되었거나, 분명한 장애를 안고 태어난 경우 등이다. 거부당한 신생아는 보통 들판이나 길거리에 버려졌다. 엑스포지티오expositio라 불리는 이러한 관습은 아이를 부모가 직접 죽이는 것 — 익사나 질식사가 선호되었다 — 보다 인간적이라고 여겨졌다. 엑스포지티오에 대한 자세한 논의는 W. V. Harris, "Child-Exposure in the Roman Empire," *The Journal of Roman Studies*, Vol. 84, 1994, pp. 1~22 참고.
3) 모시스 핀리, 『고대 노예제도와 모던 이데올로기』, 송문현 옮김, 민음사, 1998, p. 151.
4) "법은 개인들의 출생과 죽음을 인정한다. [……] 하지만 죽음과 출생의 메커니즘에 대해 언급하지 않는다. [……] 과학적인 관점에서 이 현상들을 기술한다면, 개인이 출생과 더불어 우리 **눈앞에** 나타나며, 죽음과 더불어 우리 **눈앞에서** 사라진다고 말해야 한다"(Aurel David, *Structure de la personne humaine*, Paris: PUF, 1955, pp. 23~24).

인 특질(인간의 몸을 가졌고, 살아 있다)로 여겨지곤 한다. 하지만 모든 인간이 태어나자마자 사람으로 "나타나는" 것은 출생이라는 사건이 환대의 의례를 대신하기 때문이다. 다른 말로 하면, 모든 인간이 어머니의 몸에서 벗어나 이 세상으로 나오는 동시에 사회 안으로 들어가기 때문이다. 이런 의미에서 무조건적인 환대는 현대 사회의 기본 원칙이다. 이 원칙을 위반하는 행위 —— 아기를 몰래 낳아서 죽이거나, 가두어서 키우는 일 따위 —— 는 어떤 것이든 중대한 범죄로 간주된다.

태어난 생명을 무조건적으로 환대한다는 것은 그 생명이 살 가치가 있는지 (더 이상) 따지지 않는다는 것이다. 칸트 철학의 전통에서 사람은 지극히 가치 있는 존재라기보다 가치를 따질 수 없는 존재임을 여기에 부기해두자. 칸트는 가격을 갖는 **사물**과 존엄성을 갖는 **사람**을 대립시킨다. 가격을 갖는다는 것은 비교할 수 있으며 대체 가능하다는 뜻이다. 인간은 그 자체가 목적인 존재이기에 가격을 갖지 않는다. "존엄성의 가격을 계산하고 비교하는 것은 곧 그것의 신성함을 모독하는 것이다."[5] 타자를 사람으로 인정한다는 것은 그의 가치를 인정하는 것이 아

---

5) 임마누엘 칸트, 『도덕 형이상학을 위한 기초 놓기』, 이원봉 옮김, 책세상, 2002, p. 94. 오렐 다비드는 칸트의 이러한 생각을 법적인 관점에서 더욱 명료하게 진술한다. "순수하게 물리적인 세계에서는 가치의 관념이 존재하지 않는다. 가치는 사람들을 포함하는 시스템들 속에서만 나타나며, 따라서 사람과 관련이 있다. 하지만 가치는 사물들의 속성으로 여겨진다. 모든 사물은 평가될 수 있지만, 사람 자체는 가치를 갖지 않으며 평가될 수 없다. 가치의 관념은 물건에 대한 법 전체를 에워싸고 있다. 예를 들어 쌍무계약은 재화나 서비스를 동등한 가치로 교환하는 것이다(서비스는 물질이 아니지만 사람에게서 나오는 어떤 것으로 간주된다). 하지만 사람에 관한 법 —— 신원, 이름, 혼인, 친자 확인, 양자 등등 —— 에는 가치의 관념이 나타나지 않는다. 사람을 팔거나, 주거나, 저당 잡히는 일은 불가능하다. 그래서 사람은 가치나 평가에 관한 일체의 관념 바깥에 머문다. 경우에 따라 잠정적으로 거래에서 제외되는 사물들이 있다. 하지만 사람은 본질적으로 그리고 결정적으로 팔 수 없으며, 평가할 수 없다"(Aurel David, 같은 책, p. 29).

니라, 가치에 대한 질문을 괄호 안에 넣은 채 그를 환대하는 것을 말한다. 타자가 도덕적 공동체 안으로 들어오는 것은 이러한 환대를 통해서이다. 타자는 사회 안에 그의 자리를 마련해주는 우리의 몸짓과 말을 통해 비로소 사람이 되고, 도덕적 주체가 된다(사람이란 법적, 도덕적 주체의 다른 이름이다).

공적 공간에서 모든 사람은 의례적으로 평등하다.

몸짓과 말로 서로의 자리를 인정하는 우리의 행위는 상대방의 개별적이고 구체적인 특성과 무관하게 보편적으로 일어나야 한다.[6] 사람의 개념은 바로 이러한 믿음의 산물이다. 로버트 솔로몬은 사람의 개념이 중요해진 것은 우리가 익명성과 비인격성이 지배하는 사회에 살고 있기 때문이라고 지적한다.

도시에서 낯선 사람으로 살아가는 경험이 '고향 마을에서' 지내는 것만큼이나 흔해지는 사회에서는 사람에 대한 존중이라는, 특별히 확장된 개념이 요구된다. 이는 우리가 다른 문화보다 더 '문명화'되었기 때문이 아니라, 우리가 정체성과 관련된 문제를 더 많이 겪기 때문이다. 어떤 사람을 개인적으로 전혀 모르더라도 사람으로서 존중하는 것은 우리 사회와 같은 사회의 존립을 위해 반드시 필요하다. 보통 '사회계약'과 결부되는 일련의 규약으로서가 아니라, 직접적인 **인과적** 전제 조건으로서 말이

---

6) 대통령처럼 공적으로 중요한 역할을 하는 사람에게 주어지는 특별한 예우는 어디까지나 그의 지위에 대한 것이지 그의 인격에 대한 것이 아니다. 공직에서 물러나는 순간 그는 평범한 사람으로 돌아와 다른 사람들과 똑같이 존중의 의례를 주고받는다.

다. 우리가 사람들을 사람으로서 존중하지 않았다면, 우리 사회는 살아 남지 못했을 것이다.[7]

비유컨대 사람이 된다는 것은 그림자를 갖는 것과 같다. 몸에 붙어 다니면서 몸의 자리를 표시해주는 무엇, 몸과 닮아 있고 몸을 흉내내지만, 몸의 고유한 표정을 모두 지워버리면서 그렇게 하는 무엇, 몸이 태어날 때 함께 나타나고, 몸이 죽을 때 함께 사라지는 무엇 말이다. 사람으로 인지된다는 것은 구체적이고 개별적인 몸이 아니라 그림자로 인지된다는 것이다. 공적 공간에서 교환되는 상호작용의 의례는 개별적인 몸을 향하는 것 같지만, 기실 그림자에 바쳐지는 것이다.[8]

『그림자를 판 사나이』에는 그림자의 크기가 남보다 작거나 희미한 사람들에 대한 언급이 있다. 하지만 원칙적으로 모든 사람은 동일한 크기의 그림자를 갖는다. 의례적 평등은 바로 이 점을 표현한다. 4장에서 나는 이 개념에 대해 자세히 설명하였다. 의례적 평등은 오랜 투쟁을 거쳐서 서서히 성취되었다. 그 과정은 사람이 아니었던 이들이 사람으로 인정받는 과정, 또는 불완전한 성원권을 가지고 있었던 이들이 완전한 성원권을 쟁취하는 과정이라고 할 수 있다.

---

7) Robert Solomon, "Reflections on the Meaning of (Fetal) Life," *Abortion and the Status of the Fetus*, William B. Bondeson et al.(eds.), Dordrecht/Boston: D. Reidel, 1983, pp. 209~26.

8) 개성은 인격의 본질적인 특성이 아니다. 뒤르켐은 칸트를 원용하면서 다음과 같이 말한다. "인간을 한 명의 사람으로 만드는 것은 그를 다른 인간들과 구별할 수 없게 하는 무엇, 그를 특정한 인간이 아닌 보편적인 한 인간이 되도록 만드는 무엇이라고 말할 수 있을 것이다. 감각, 육체, 한마디로 개별화하는 모든 것은, 칸트에 의해서 인격의 대립물로 여겨졌다"(나는 이 구절을 4장에서 인용하였다. 하지만 강조하는 의미에서 한 번 더 인용하고자 한다).

자기가 누구인지 말할 수 있는 사람은 자기뿐이다.

공적 공간에서의 의례적 평등은 '정체성을 괄호에 넣은 환대'라는 말로도 바꾸어 쓸 수 있다. 신분 사회에서는 공적 공간에서 정체성 정보의 게시가 의무화되어 있었다(옷이나 모자, 특별한 장식, 머리 모양, 인도에서 기혼 여성이 이마에 찍는 점 등). 하지만 오늘날에는 누구든 자기가 원하는 정보를 선택적으로 게시할 수 있으며, 실제와 다른 정보를 게시하는 것도 허용된다. 근대화 초기에 모던 걸, 모던 보이에 대한 재현이 신분의 위장 가능성에 집중되었던 것은 이 같은 규범의 변화에 대한 저항으로 해석될 수 있다.

하지만 여기에는 중대한 예외가 있는데, 젠더에 관한 정보가 그것이다. 젠더 정보를 게시하지 않거나 실제와 다르게 게시하는 것은 사회규범의 심각한 위반으로 간주된다. 물론 이 규범은 현대 사회의 작동 원리에 어긋난다. 사람의 수행performing person이 젠더화되어야 할 논리적 이유가 하나도 없기 때문에, 길게 본다면 법적 주체의 탈젠더화 추세[9]와 더불어 이 규범도 무너질 것이라고 기대할 수 있다(오늘날 사회운동의 무대에서 성소수자들의 인정투쟁이 차지하는 특별한 위치를 이런 맥락에서 조명해보아도 좋을 것이다. 낸시 프레이저는 '인정'에 초점을 맞춘 신사회운동이 '재분배' 프레임에 갇힌 전통적인 노동운동을 대체하였다는 통속적인 진단에 반대하면서, 인정과 재분배는 서로 연결되어 있으며, 사회운동의 역사를 이해하는 데 이 두 가지 차원이 모두 중요하다고 주장하였다.[10] 실제

---

9) 법의 탈젠더화의 예로 프랑스에서 혼인에 대한 법이 시민연대협약으로 대체된 것을 들 수 있다.
10) Nancy Fraser & Axel Honneth, *Redistribution or Recognition?*, London/New York: Verso, 2003.

로, 1987년 노동자대투쟁에서 보듯이, 재분배 이슈는 인정투쟁과 결합할 때 가장 강력한 힘을 발휘하는 것 같다. 분배 정의를 포함하여, 정의에 대한 모든 요구는 성원권의 인정을 전제하기에, 인정은 재분배보다 더 본질적인 문제라고 말할 수도 있다. 1987년 이후 우리 사회에서 노동자에 대한 신분적 차별은 크게 완화되었다. 노동자 정체성을 갖는 것은 더 이상 굴욕이 아니다. 반면 사람의 수행이 동시에 젠더의 수행을 의미하는 한, 성소수자들은 여전히 사람다움을 인정받기 위해 싸워야 한다).

한편 현대 사회에서는 개인의 의사와 무관하게 주어져 있는 정체성의 규정 요소들, 예컨대 국적이나 출신 계급이나 인종이나 성별, 심지어 언어와 문화는 개인의 정체성 서사에 통합되는 한에서만 중요하고, 그렇지 않으면 우연하고 부수적인 요소로 간주되어야 한다는 생각이 널리 받아들여지고 있다. 이는 개인의 정체성의 핵이 더 이상 이런 요소들이 아니라, 그것들을 바탕으로 정체성 서사를 써나가는 주체의 저자성 authorship 자체임을 뜻한다. 정체성에 대한 인정은 특정한 서사 내용("나는 레즈비언이다")에 대한 인정이 아니라, 서사의 편집권에 대한 인정이다. 우리는 정체성운동에 대해 많은 지식을 갖지 못했더라도(펨femme이나 부치butch 같은 단어를 모른다 해도) 그저 귀를 기울이고 고개를 끄덕이는 행위를 통해 그러한 인정을 표현할 수 있다("네가 레즈비언인지 아닌지는 중요하지 않다. 네가 오늘은 레즈비언이라고 고백하고 내일은 그것을 부인해도 상관없다. 나는 너에 대해서 가장 잘 말할 수 있는 사람이 너 자신임을 인정한다").

보답을 요구하지 않는 환대

절대적 환대는 보답을 요구하지 않는 환대이다. 환대가 사회 안에 자리를 마련해주는 행위라면, 환대에 보답하는 것은 사실상 가능하지 않다. 우리는 벌거벗은 생명으로 이 세상에 왔고, 우리가 가진 모든 것은 우리를 맞이한 사람들로부터 받은 것이기 때문이다. 우리가 그들을 위해 무엇을 하든, 그것은 우리가 받은 것의 일부를 되돌려주는 것에 지나지 않는다. 만일 그들이 우리에게 준 것을 모두 빚으로 계산하고, 완전한 청산을 요구한다면, 우리는 그들의 노예가 될 수밖에 없을 것이다.

고대 로마에서 부모에게 버림받은 아이들이 노예가 되었던 것은 바로 이러한 논리에 의해서였다. 앞에서 언급했듯이, 로마에서는 영아 유기 expositio가 성행했는데, 유기된 아이를 데려다 키운 사람은 그 아이를 종으로 부리든지 내다 팔든지 마음대로 할 수 있었다(양자로 삼을 수도 있었지만 그런 경우는 드물었다).[11] 아이가 버려졌을 때 이미 "죽은 목숨"이었다는 생각이 이러한 관행을 정당화하였다. 말하자면, 아이가 자기를 거두어준 사람에게 생명을 빚졌다는 생각, 그리고 생명에 대한 빚은 생명으로만(즉 일생을 바쳐서만) 갚을 수 있다는 생각이다.

그러나 이것은 증여의 논리이지 환대의 논리가 아니다. 환대라는 관점에서 보면, 버림받은 아이는 목숨을 건진 뒤에도 사회 안으로 들어오

---

11) 유기된 아이들을 데려가는 사람은 대부분 노예 상인이었다. 로마 시대에는 아이를 버리는 곳으로 알려진 특정한 장소들이 있었고, 노예 상인은 이런 장소들을 돌면서 아이를 수집하였다(알베르토 안젤라, 같은 책, pp. 251~52). 노동력이 부족한 시기에는 수집 활동이 더 활발해졌고, 버려진 아이가 살아남을 확률도 더 커졌다. 인구학적·경제적 관점에서 보자면, 영아 유기는 로마 사회가 노예 노동력을 충원하는 주요 수단 중 하나였다(W. V. Harris, 같은 글, pp. 18~19).

지 못한다고 말할 수 있다. 그를 구조한 노예 상인은 그의 죽음을 유예했을 뿐, 그를 환대한 게 아니다. 그들의 관계를 특징짓는 것은 오히려 지속적인 적대이다. 노예 상인은 아무 때나 아이를 죽일 수 있고, 매질과 모욕으로 끊임없이 죽음을 환기시키면서 아이의 복종을 끌어내기 때문이다.

이러한 고찰은 환대가 면책 혹은 망각과 관련되어 있음을 암시한다. 부모는 아이가 자기들로부터 나왔고, 한때 자기들의 일부였다는 사실을 잊어야 한다. 부모는 무엇보다 아이에게 생명을 준 사람이 자기들이고, 그들이 아이를 죽일 수도 있었다는 사실을 잊어야 한다. 이 망각으로부터 사회의 가능성이 생겨난다. 고대의 음유시인들은 이 점을 이해하고 있었던 게 분명하다. 그리스 신화는 신들의 계보를 설명하면서 맨 앞에 자기 아이를 잡아먹는 아버지를 등장시킨다.

시간의 신 크로노스는 하늘의 신 우라노스와 대지의 신 가이아 사이에서 태어났다. 아버지를 내쫓고 천상의 지배자가 된 크로노스는 자기 자리를 빼앗길까봐 두려워서 자식들이 태어나는 족족 잡아먹었다. 크로노스의 아내 레아는 아이를 잃을 때마다 슬픔의 눈물을 흘렸다. 여섯 번째로 임신한 레아는 가이아와 의논하여 아이를 낳자마자 숨기고 크로노스에게는 배내옷에 싼 돌을 건네주었다. 크로노스는 조금도 의심하지 않고 돌을 삼켰다. 이렇게 해서 살아난 아이가 제우스이다. 성인이 된 제우스는 가이아의 말에 따라 크로노스에게 구토제를 먹였다. 크로노스는 먼저 큰 돌을 토한 후, 제우스의 누이와 형들을 삼켰을 때와 반대 순서로 토해냈다. 포세이돈, 하데스, 헤라, 데메테르, 헤스티아가 차례로 나왔다. 제우스는 자기를 대신했던 돌을 세계의 중심인 파르나소스 산

프란시스코 고야, 「자식을 잡아먹는 크로노스」, 1819~23

에 올려놓고 승리의 기념으로 삼았다. 그리고 크로노스를 땅의 가장 깊은 곳에 있는 타르타로스에 가두었다. 크로노스로부터 왕좌를 빼앗은 제우스는 형제들과 더불어 올림포스 산에 거처를 정하고 세계를 다스린다. 크로노스가 삼켰던 자식들은 제우스보다 먼저 태어났지만, 크로노스가 다시 토해낼 때 제우스는 성인이었고 형과 누이들은 갓난아기였기 때문에 제우스가 천상의 제일 윗자리를 차지하게 되었다.[12]

우리는 이 신화를 아주 추상적인 수준에서 해석할 수도 있을 것이다.

---

12) 김성대 엮음, 『그리스 로마 신화』, 삼양미디어, 2007, pp. 50~53 요약.

크로노스는 끊임없이 생산하고 또 파괴하는 자연의 힘을 상징하며, 제우스는 그 속에서 질서를 창조하려는 인간의 노력을 상징한다. 하지만 많은 예술가들이 그랬듯이, 그것을 액면 그대로 식인에 대한 이야기로 간주할 수도 있다. 고야의 「자식을 잡아먹는 크로노스(사르투누스)」는 이러한 해석의 가능성을 열어준다. 이 그림에서 크로노스는 섬뜩할 만큼 흉포하고 또 비루하게 그려진다. 시간의 신으로서의 위엄은 찾아볼 길 없는 벌거벗고 추악한 식인귀의 모습이다. 루벤스와 렘브란트도 같은 제목의 그림을 남겼는데, 고야만큼 인상적이지는 않지만 크로노스를 인간의 형상을 한 괴물로 표현하고 있다.

이런 그림들을 보고 있노라면, 그리스 신화의 첫머리를 장식하는 이 삽화가 그리스인들의 우주관을 표현하기보다는 오히려 식인의 금지라는, 사회질서를 수립하는 시원적 사건을 설명하는 게 아닐까 하는 생각이 스친다. 사회질서의 기원에는 제 자식을 잡아먹는 야만을 중단시키고 그것을 금기로 만드는 정치적 행위가 있었다고 말이다.

여기서 죽이는 것과 잡아먹는 것의 차이를 지적해두기로 하자. 식인은 단순히 죽이는 것과 다르다. 사람은 살해된 뒤에도 여전히 사람으로 남아 있을 수 있다(즉 '살해된 사람'으로). 하지만 그가 먹힌다면 그는 더 이상 사람이 아니라 음식으로(즉 사물로) 바뀌게 된다. 다른 말로 하자면, 어떤 컨텍스트에서는 우리는 우리가 살해하는 대상을 여전히 존중할 수 있다. 하지만 우리가 먹는 대상에 대해서는 그럴 수 없다. 먹는다는 것은 타자의 존재를 부정하는 행위이다(타자는 나에게 삼켜지고 나의 일부가 된다). 그러므로 사회의 토대를 이루는 명령으로서 식인 금기는 타자의 개체성individuality에 대한 인정의 의무를 표현한다고 말할 수 있다. 자식은 부모의 신체 일부에서 생겨났지만, 일단 세상으로 나온 이상 독립된 개체이고, 부모가 다시 흡수하여 무화할 수 없는 타자성을 가지고 살아가는 것이다.

루쉰이 「광인일기」에서 유교를 식인의 도덕으로 매도했던 이유를 우리는 이런 각도에서 생각해볼 수 있다. 「광인일기」의 주인공은 마을 사람들이 몰래 사람 고기를 먹는다고 의심하면서, 자기도 언제 잡아먹힐지 모른다는 불안감에 시달린다. 그는 누이동생 역시 큰형에게 잡아먹혔다고 믿는데, 어린 시절 어렴풋이 들었던 말이 그 근거이다. "내가 네댓 살쯤 되었을 때라고 기억된다. 마루 앞에 앉아 바람을 쐬고 있을 때였다. 큰형님이 말했다. 부모가 편찮으시면 자식은 자기의 살점이라도 베어 푹 삶아 드시게 해야 효자라고. 그러자 어머니께서도 안 된다고 하시지는 않았다. 한 점을 먹을 수 있다면 송두리째도 먹을 수 있다는 이야기가 아닌가?" 광인은 밤새 역사책을 연구한 끝에 중국인들이 무려 4천 년 동안 사람을 잡아먹어왔음을 깨닫는다. "나는 역사책을 한번 훑어보았다. 그러나 역사책에는 연대도 기록되어 있지 않고 그저 비뚤비뚤하게 '인의도덕仁義道德'이라는 몇 자만 씌어 있었다. 나는 도무지 잠을 이룰 수가 없었다. 밤새도록 자세히 살펴본 결과 그제야 글자와 글자 사이에 온통 '식인食人'이란 두 글자가 빽빽이 박혀 있음을 알 수 있었다."[13]

루쉰이 여기서 공격하는 것은 봉건적 윤리, 그중에서도 효孝의 관념이다. 유교는 부모와 자식의 관계를 일종의 채무 관계로 규정한다. 부모는 자식을 길러주었을 뿐 아니라, 그 이전에 낳아주었다. 자식은 부모에게 생명이라는, 갚을 수 없는 빚을 진 것이다. 부모는 이 빚을 기억하고

---

13) 루쉰, 『아Q정전·광인일기』, 정석원 옮김, 문예출판사, 2013, pp. 87~106.

있으며, 자식 역시 기억하기를 바란다. 효의 관념은 바로 이러한 소망의 반영이다. 효에 대한 언설은 자식의 몸이 여전히 부모에게 속해 있다고 주장하는데,[14] 이는 부모가 아플 때 자식이 자기 신체의 일부를 공양하는 의례에서 극적으로 표현된다. 『삼강행실도』에는 병든 부모를 위해 허벅지를 베어내거나割股 손가락을 자른斷指 효자에 대한 이야기가 여럿 실려 있다. 고산 향리 유석진은 악질에 걸려 발작을 일으키는 아비를 구하려고 무명지를 베어 약에 섞어 먹였고, 고려의 위초는 다리 살을 베어 만두 속에 넣어 병든 아비에게 먹였다. 백제의 상덕은 어머니의 종기에 넓적다리 살을 베어 먹였고, 성각은 어머니가 늙고 이가 약해져서 채식을 못 하자 자기 다리살을 베어 바쳤다.

효자는 자기 몸의 일부를 베어내는 대신에 그 자신의 아이를 희생시킬 수도 있다. 죽을 병에 걸린 어머니를 위해 어린 아들을 솥에 넣고 삶았는데, 뚜껑을 열어보니 동자삼이 들어 있더라는 이야기가 강원도와 경상도 여러 곳에 전해 내려온다. 이 설화의 원형은 『삼국유사』에 나오는 손순의 이야기일 것이다. 손순은 흥덕왕 때 사람인데, 품을 팔아 얻은 양곡으로 홀어머니를 봉양했다. 어린 아들이 항상 어머니의 음식을 빼앗아 먹으므로, 손순은 "아이는 다시 얻을 수 있지만 어머니는 다시 얻을 수 없다"고 생각하고, 아내와 의논하여 아이를 땅에 묻기로 했다. 아이를 업고 산에 가서 땅을 파는데 돌종이 나왔다. 부부는 아이를 살리려는 하늘의 뜻이라고 여겨 종을 가지고 돌아왔다. 종을 들보에 매달아 두드리니 은은한 소리가 대궐까지 들렸다. 왕이 손순을 불러 종에

---

14) "몸과 터럭과 살은 부모로부터 받은 것이니 삼가 다치지 않게 하는 것이 효의 시작身體髮膚 受之父母 不敢毁傷 孝之始也"이라는 『효경』의 구절이 대표적이다.

얽힌 이야기를 듣고 그의 효심을 칭찬하며 큰 상을 내렸다.[15]

하지만 이런 예들로부터 유교 문화가 아이들을 소중히 여기지 않았다고 결론짓는 것은 잘못이다. 이야기 속의 효자는 도덕적 시험을 겪는 주체로 나타난다. 그는 자연스러운 본성(자기의 몸이나 자기가 낳은 자식을 아끼는 마음)과 문화적 명령(부모에게 진 빚을 먼저 갚아야 한다) 사이에서 하나를 선택해야 한다. 마치 이삭을 번제로 바치라는 말을 들은 아브라함처럼 말이다. 이야기의 힘은 오히려 둘 중 하나를 택하는 것이 어렵다는 데서 나온다. 자연스러운 본성을 누르는 것이 불가능하다고 느낄수록, 청중은 이야기에 빨려 들어가며 결말을 기다리게 된다. 그리고 효자가 문화적 명령을 따르면서도 행복을 잃지 않는 것을 보고 안도한다. 아이를 묻으려고 땅을 파던 손순이 돌종을 발견하는 것은 아브라함이 이삭을 바치려고 데려간 자리에서 제물로 쓸 양을 발견하는 것과 비슷하다. 하늘은 효자의 진심을 확인하자 그를 시험에서 놓아주는데, 만일 그렇지 않았다면 이런 종류의 이야기가 그처럼 오랜 세월 동안 인기를 끌지 못했을 것이다.

게다가 유학자들이 모두 이같이 극단적인 방식의 효도를 좋아했던 것도 아니었다. 성호 이익은 명나라 태조가 자식을 죽여서라도 어머니를 살리고자 한 강백아를 도리어 처벌한 예를 들며, 효자라는 말을 들으려고 인륜을 저버리는 사람들을 비난하였다.

『여동록』에 이르기를 "강백아가 병중에 계신 어머니에게 갈빗살을 베어 먹였으나 낫지 않으므로 신에게 기도하되 '만약 어머니를 낫게 해준

---

15) 일연, 『삼국유사 2』, 고려대학교출판부, 2014, pp. 785~86.

다면 내 자식을 죽여서라도 신에게 사례하고자 한다' 하였는데, 어머니가 낫자 마침내 세 살 난 아들을 죽였다. 이 사실이 조정에 알려지자 명나라 태조는 윤리를 저버린 그 행위에 노하여 곤장을 때려 귀양 보냈다. 예부에서 의논하기를 '우매한 무리들이 한때의 감정이 격발하여 되도록 남다른 행동을 해서 세속을 깜짝 놀라게 함으로써 정표를 얻고 잡역을 피하려고 허벅지 살을 베는 데 그치지 않고 자식을 죽이는 지경에까지 이르렀으니 도리를 어기고 생명을 살해함이 이보다 심한 것이 없다. 이제부터는 이런 일이 있어도 정표의 예에 넣지 않는다'라고 하였다" 하였다. 자식을 죽이는 것은 천하의 지극히 잔인한 일인데, 감히 이런 짓을 한다면 무슨 짓인들 못하겠는가. 또 어찌 자살은 아니하면서 도리어 자식을 죽인단 말인가. 딴 뜻을 두고 한 짓임을 족히 알 수 있다.[16]

윗글을 읽으면, 유교의 지배력이 절정에 달했던 조선 후기에도 부모가 자식을 아끼는 마음은 오늘날과 크게 다르지 않았다는 느낌이 든다. "자식을 죽이는 것은 천하의 지극히 잔인한 일"이라고 생각한 사람이 이익만은 아니었을 것이다. 그렇다면 왜 제 살점을 베어내어 부모에게 먹이는 것 같은 ─ 오늘날의 시선으로 보면 엽기적이라고 할 수밖에 없는 ─ 행위가 효도의 표본으로 자리 잡은 것일까?

한유의 「호인대鄠人對」(호인에 대하여)에 대한 김일손의 비판은 이 의문을 푸는 데 실마리를 제공한다. 당나라 때 호 지방에 자기 허벅지 살을 베어 병든 어머니를 낫게 한 사람이 있었다. 고을 수령이 조정에 아뢰어 그 집안에 표창을 내리고 세금과 부역을 면제토록 하였는데, 한유가 여

---

16) 이익, 『성호사설』, 솔, 1997, p. 88.

기에 대해서 쓴 글이 「호인대」이다. 한유는 어미가 병이 깊으면 약이나 침으로 치료하는 데 그쳐야 하며, 자기 몸을 손상시키면서까지 고치려 하는 것은 효도가 아니라 불효라고 주장하였다. 그는 "잔인하고 과감하고 도리에 맞지 않는 행위를 하여 한때의 상을 바라는" 자들을 경계하면서, "위난에 빠졌을 때 충효의 마음을 확고히 하여 구차히 살아나려고 하지 않는 경우라야 그 문려에 정표하고 자손에 작록을 내리는 것이 권면의 방도가 될 수 있다"고 말하였다. 이에 대해 김일손은 자식이 효에 죽고 신하가 충에 죽는 것은 본질적으로 동일하다고 지적하였다. "역란에 임하여 신명身命을 아끼지 않는 것이 당연한 것이라면, 위급한 병세를 앞에 두고 내가 죽음에 이르지 않는데도 한 덩어리의 살을 아까워하겠는가? 위급한 병세를 앞에 두고 한 덩어리의 살을 아끼는 자는 역란에 임하여서도 구차하게 생존하려고 하지 않겠는가?"[17] 이익에 의하면, 퇴계는 이 문제에 대해 제자들과 토론하면서 처음에는 한유를 편들었지만, 나중에는 뜻을 굽혀 김일손을 따랐다고 한다.[18]

「호인대」를 둘러싼 논쟁은 허벅지를 베고 손가락을 자르는 행위가 유교 문화 전체에서 지엽적인 것도 일탈적인 것도 아님을 시사한다. 이러한 신체공양 의례는 실로 유교적 도덕관의 핵심을 표현한다. 자식이 부모에게, 그리고 신하가 군주에게 자기의 존재 자체를 빚지고 있다는 생각이 그것이다. 효와 충은 각각 이 빚을 잊지 않으려는 마음가짐을 나타낸다. 자식의 몸은 부모로부터 온 것이므로("나의 지체肢體는 부모의 유체遺體이다") 자식은 자기 몸을 소중히 해야 하지만, 또한 부모를 위

---

17) 김일손, 「호인대를 비판함非鄗人對」, 『탁영집』 권1, 권경열 옮김, 한국고전번역원(www.itkc.or.kr).
18) 이익, 같은 책, p. 87.

해 희생할 줄도 알아야 한다. 부모가 자식의 몸을 먹는 것은, 적어도 상
징적인 수준에서는, 허용될 수 있는 일이다. 부모는 자식에게 몸을 주
었으므로, 다시 가져갈 수도 있을 것이다. 물론 자식의 몸을 기꺼이 먹
는 부모를 상상하기란 쉽지 않다. 윤리가 인간의 자연스러운 감정을 토
대로 삼아야 한다고 믿었던 많은 유학자들은 신체공양 의례에서 불쾌
하고 작위적인 무언가를 발견하였다. 하지만 효는 충과 연결되어 있다.
유교적 가산제patrimonialism는 부모와 자식의 관계를 군주와 신하의 관
계에 투영한다. 자식이 부모의 은덕으로 살아가듯, 신하는 군주의 은
덕─성은─으로 살아간다. 군주와 신하의 관계에서 은恩을 베푸는
사람, 즉 증여자는 언제나 군주이다. 신하가 군주를 위해 무엇을 하든
이는 보은, 즉 증여에 대한 보답으로 간주될 뿐, 은으로 간주되지 않는
다. 성은은 무한히 큰─망극한─것이므로, 신하는 늘 빚진 상태에
있다. 이 빚은 실로 그의 목숨보다 무겁다. 그 앞에서는 목숨이 도리어
'깃털처럼 가벼운' 것이다. 충신이란 이 빚의 무거움을 아는 사람을 말
한다. 그는 왕을 위해 죽는 것을 마다하지 않고, 그것을 성은에 보답할
기회로 여긴다. 퇴계처럼 자연스러운 도덕적 직관에 따라 신체공양 의
례를 비판했던 유학자들이 물러섰던 지점이 여기이다. 그들은 부모가
자식의 살에 대해 권리를 갖는다는 생각에 거부감을 느꼈지만, 군주가
신하에게 생명을 요구할 수 있다는 주장만큼은 반박할 수 없었다.

결국 신체공양 의례가 제기하는 문제는 중국인(혹은 한국인)의 야만
적인 습속에 관한 것도 아니고, 유별나게 잔인한 심성에 대한 것도 아
니다. 그보다는 한 사회가 성원권을 부여하는 방식에 대한 것이다. 유교
사회의 구성원들은 갚을 수 없는 빚을 지고 있다는 점에서 노예와 비슷
하다. 물론 그들과 노예 사이에는 결정적인 차이들이 존재한다. 노예는

사람이 아니지만, 그들은 사람이다. 노예에게는 아무런 명예가 없지만, 그들은 명예를 지니며 명예를 추구한다. 노예는 목숨을 부지하기 위해 사람의 지위를 포기한다. 반면 효자와 충신은 사람다움을 지키기 위해 목숨을 건다. 하지만 이 차이들은 어떤 역설에 의해서 희미해진다. 유교 사회의 구성원들은 사람다움을 증명하는 한에서, 조건부로만 사람이 될 수 있다. 그들의 인격은 지속적인 시험 아래 놓이며, 언제나 잠재적인 비난에 노출되어 있다. 그들이 모든 비난의 가능성으로부터 해방되는 것은 죽음으로써 이 시험을 통과했을 때뿐이다. 유교 국가는 '효에 죽은' 자식과 '충에 죽은' 신하를 기리기 위해 비와 문을 세운다. 이 비와 문은 사회 안에 있는 그들의 자리를 표시한다. 그들은 비록 몸을 잃었지만, 그 덕택에 누구보다 확고한 자리를 갖게 된 것이다.

제2차 세계대전 당시 가미카제 특공대를 지탱한 것은 바로 이러한 도덕이었다. 수많은 꽃다운 생명을 죽음으로 몰고가는 데 새로운 언어나 논리가 필요했던 건 아니었다. 낡은 도덕의 어떤 요소들을 강조하는 것으로 충분했다. '황은皇恩'의 무거움과 목숨의 가벼움, 그리고 희생자들이 사후에 얻게 될 자리의 영원함을……

환대라는 관점에서 보면, 자살 비행으로 짧은 생을 마감한 이 젊은이들은 '자기들의' 국가와 적대 관계였다고 말할 수 있다. 비록 국가는 끝까지 이 사실을 숨기려 했지만 말이다. 전쟁을 하는 모든 국가에서 군인은 자기가 속한 국가와 적대 관계에 놓인다. 하지만 이 사실은 명예와 희생, 그리고 채무의 수사학에 의해 철저히 숨겨진다. 일본에서 전몰자에 대한 위령이 그토록 까다로운 정치적 쟁점인 까닭이 여기에 있는데, 전쟁의 희생자들을 공적으로 애도하는 일이 금지됨으로써, 그들이 어떤 명예도 가지고 있지 않으며, 다만 물건처럼 소모되었다는 사실을 은

폐할 수 없게 되었기 때문이다. 즉 다른 모든 '정상 국가'가 행하는 기만이 일본에게만 허용되지 않기 때문이다.

사물의 본질은 종종 극단적인 사례 속에서 드러난다. 가미카제 특공대는 유교적인 채무 윤리를 한계까지 밀어붙인 예이다. 이 예를 가만히 들여다보면 어떤 역설 또는 모순을 깨닫게 되는데, 이를 통해 우리는 사회적 유대의 본질에 접근할 수 있다. 특공대의 전사들은 그들이 진 빚을 갚기 위해 죽음 속으로 뛰어들었다. 하지만 그들은 도대체 무엇을 빚진 것일까? 물건은 빚을 질 수 없다. 돌멩이나 페이퍼 나이프는 이 세상에 아무런 빚도 지고 있지 않다. 특공대의 전사들이 빚을 졌다고 말하기 위해서는 그들이 사람임을 인정해야 한다. 빚을 갚은 후에 비로소 사람이 되는 게 아니라, 이미 그 자체로서 온전한 사람이라고 말이다. 유교의 채무 윤리 전체에 대해 우리는 같은 말을 할 수 있다. 어떤 사람에게 그의 의무에 대해 설교하면서 동시에 그의 살을 먹는 것은 가능하지 않다. (유교 문화뿐 아니라 노예제도가 존재하는 모든 곳에서 발견되는) '채무노예'라는 관념에 이미 모순이 내포되어 있다. 노예는 사람이 아니기에 빚을 질 수 없다. 그는 어떤 빚도 없이 주인과의 비관계 속에, 순수한 적대 속에 있을 뿐이다.

루쉰이 광인의 입을 빌려 중국인들이 4천 년간 인육을 먹어왔다고 폭로했을 때, 그가 말하고 싶었던 것은 바로 이 점이라고 나는 생각한다. 중국이 4천 년간 '사회'의 개념을 알지 못했다는 것. 의무와 빚에 대해 말하는 것으로는 사회를 만들 수 없다. 사회를 만드는 것은 망각이다. 상대방을 죽일 수 있고 먹을 수 있다는 사실에 대한, 순수하고 어린아이 같은 망각인 것이다.

복수하지 않는 환대

절대적 환대를 규정하는 마지막 항목은 적대적인 상대방에 대해서도 환대가 지속되어야 한다는 것이다. 이것은 신원을 확인하지 않는 환대나 답례를 기대하지 않는 환대보다 훨씬 더 실천하기 어려운 미덕처럼 보인다. 우리는 모르는 사람에게 호의를 베풀 수 있고, 대가를 전혀 계산하지 않고도 그럴 수 있다. 하지만 그 사람이 돌변하여 우리를 해치려 할 때도 여전히 그럴 수 있을까?

데리다는 이 어려움을 강조하면서, 절대적 환대가 불가능하다고 말한다. "그 타자가 당신에게서 가정이나 지배력을 빼앗는다 해도, 당신은 그것을 받아들여야 한다. 이것을 받아들인다는 것은 끔찍한 일이지만, 그것이 무조건적 환대의 조건이다 — 당신은 당신의 공간, 가정, 나라에 대한 지배력을 포기한다. 그것은 견딜 수 없는 일이다. 하지만 순수한 환대가 있다면, 그것은 이런 극한까지 고양되어야 한다."[19] 순수한 환대가 그런 것이라면, 과연 우리는 그것을 거부할 수밖에 없을 것이다. '타자'가 죽음이나 운명의 메타포라면 또 모르겠지만 말이다.

하지만 환대를 반드시 그렇게 이해할 필요는 없다. 데리다의 오류는

---

19) 페넬로페 도이처, 『How To Read 데리다』, 변성찬 옮김, 웅진지식하우스, 2005, p. 119. 나는 데리다의 이 말에 역설이나 반어가 숨어 있다고 생각하지 않는다. 데리다는 건전한 상식에 입각해서 절대적 환대라는 '과장법'에 반대하는 것이다. 『데리다 평전』의 저자인 제이슨 포웰은 1996년에 통과된 드브레 법 — 미등록 외국인에 대한 '관용'의 철회가 핵심인 — 과 관련하여, 데리다의 입장을 다음과 같이 설명한다. "데리다가 이주와 시민권에 관한 법률의 개혁에 전적으로 반대했던 것은 아니다. 그러나 데리다는 그러한 개정은 딜레마에 처할 수밖에 없다고 보았다. 환대가 피난자가 누려야 할 권리로서 제공되어야 하지만 그러나 그때 다른 세부 사항은 조건적일 수밖에 없다. 그리고 드브레 법은 경계가 지나쳤다"(제이슨 포웰, 『데리다 평전』, 박현정 옮김, 인간사랑, 2011, p. 437).

첫째, 환대를 사적 개인이 다른 사적 개인에게 자신의 사적 공간을 개방하거나 개방하지 않는 문제와 결부시킨다는 점이고 둘째, 주인의 자리에 사적 개인 대신 '국민'이 오는 것을 허용한다는 점이다. 절대적 환대가 공간에 대한 지배력의 포기를 함축한다고 주장하면서, 데리다는 가정과 나라를 나란히 놓는다("당신은 당신의 공간, 가정, 나라에 대한 지배력을 포기한다"). 환대는 이렇게 해서 외부인을 맞이하는 문제, 또는 울타리를 개방하는 문제가 되어버린다. 환대는 주인과 손님의 대립 속에 갇힌다. 하지만 우리는 우리가 '주인'이라는 것을 어떻게 아는가? 우리는 어떻게 해서 국민이 되고, 가족의 일원이 되는가?

'주인'은 내부에 타자들을 포함한다. 환대의 권리를, 칸트가 그랬듯이 **공간에 대한 권리**이자 **교제의 권리**, 즉 친교의 가능성으로 충전된 현상학적 공간——사회——에 들어갈 권리로 이해한다면, 우리는 환대가 단지 이방인들이 겪는 문제가 아니며, 반드시 국경선과 관련된 문제도 아님을 깨닫게 된다. 서류상으로 엄연히 미국 시민이었지만, 공공장소에 대한 접근권이라는 면에서 외국인보다 못하였던, 민권운동 이전의 미국 흑인들이 좋은 예이다. 신체적으로나 정신적으로 '정상'이 아니라는 이유로 다른 사람들 틈에 끼지 못하고 고립된 삶을 살아야 했던 무수한 이들은 또 다른 예일 것이다. 환대의 권리가 인류의 구성원이면 누구에게나 주어지는 권리라면, 이 권리를 부정당하는 사람은 '인류 공동체'에 속한다는 사실을 부정당하는 셈이다.

그러므로 환대란 어떤 사람이 인류 공동체에 속해 있음을 인정하는 행위, 그가 사람으로서 사회 속에 현상하고 있음을 몸짓과 말로써 확인해주는 행위라고 말하기로 하자. 그 경우 데리다가 제시하는 절대적 환대의 세번째 조건을 수용하는 것은 어렵지 않다. 어떤 사람을 절대적으로 환대한다는 것은 그가 어떤 행동을 하든 처벌하지 않는다는 게 아니라, 어떤 경우에도 그의 사람자격을 부정하지 않는다는 것이다.[20] 살인같이 반사회적 행동을 한 사람 역시 사회의 구성원으로 계속 환대된다. 다시 말해 그는 사회 안에서 자기 자리를 유지하며, 성원권을 박탈당하지 않는다.

그런데 이런 의미의 절대적 환대는 이미 우리의 형법 안에서 실정적인 원리로 작동하고 있다. 위의 원칙은 다음과 같이 바꾸어 표현할 수 있다. **사회는 개인에게 복수하지 않는다.** 범죄를 저지른 사람에게 벌을 주는 것은 유사한 범죄의 재발을 막기 위함이지, 사회가 피해자를 대신하여 가해자에게 복수하기 위함이 아니다. 체사레 베카리아의 『범죄와 형벌』 ── 이 책은 근대적 형사제도의 초석이라 일컬어진다 ── 은 이러한 생각을 간결하게 피력한다. "형벌의 목적은 오직 범죄자가 시민들에게 새로운 해악을 입힐 가능성을 방지하고, 타인들이 유사한 행위를 할 가능성을 억제하는 것이다. 따라서 형벌 및 그 집행의 수단은, 범죄와 형벌 간의 비례관계를 유지하면서, 인간의 정신에 가장 효과적이고 지속적인 인상을 만들어내는 동시에, 수형자의 신체에는 가장 적은 고통을 주는 것이어야 한다."[21] 베카리아에 따르면, 형벌의 무게는 "범죄자가 형벌을 통해 받은 해악이 범죄로부터 얻는 이익을 넘어서는 정도

---

20) 교정 시설에 수감된 사람은 입소의 순간부터 인격을 부정당하는 경험을 하는 게 보통이다. 하지만 범죄에 대해 책임을 묻는 것 그 자체가 범죄자에 대한 환대의 철회를 의미하는 것은 아니다. 오히려 그 반대로, 법 앞에 선다는 것이야말로 사람이라는 증거라고 말할 수 있다. "범죄는 [무국적자가] 인간적 평등을 다시 얻을 수 있는 최고의 기회"라는 아렌트의 냉소적인 발언은 이 점을 가리키는 것이다(한나 아렌트, 『전체주의의 기원 1』, 이진우·박미애 옮김, 한길사, 2006, pp. 517~18).

21) 체사레 베카리아, 『범죄와 형벌』, 한인섭 옮김, 박영사, 2006, p. 49.

로 충분하다."[22] 여기서 형벌의 경중을 결정하는 잣대는 피해자가 받은 고통이 아니라, 가해자의 관점에서 계산한 이익과 손해이다. 이런 접근은 범죄자가 형벌을 받음으로써 "죄를 씻어야 한다" — 이 표현은 형벌이 의례(복수 의례이자 정화 의례)의 성격을 강하게 띠었던 시대의 흔적을 드러낸다 — 는 생각과 분명하게 단절하고 있다.

형벌이 범죄자에 대한 공공의 복수가 아니라는 생각은 사형폐지운동이나 감옥개혁운동의 이론적인 출발점이자, 대중이 가장 자주 오인하는 형법의 원리이다. 대중은 형벌의 무게가 피해자의 고통에 비례하여 결정되어야 한다고 믿는다. 성폭력 피해자가 여전히 후유증에 시달리는데도 가해자가 형기를 마치고 풀려나는 일을 그들은 이해하지 못한다. 또한 수십 명을 잔인하게 살해한 사이코패스가 안락한 감방에서 여생을 마친다는 사실을 납득하지 못한다. 복수를 다룬 영화가 인기를 끄는 이유는 그 때문이다. 대중은 악인이 자기가 저지른 것과 똑같은 일을 당하는 모습을 보며 통쾌해한다. 그러면서 현실에서는 왜 이런 식의 해결이 금지되어 있는지 의아하게 여긴다.

사적 복수의 금지는 결투의 금지와 더불어 '국가에 의한 폭력의 독점'이라는 견지에서 설명되곤 한다. 엘리아스와 베버의 이름이 이와 관련하여 자주 언급된다. 하지만 폭력의 독점이 그만큼의 문명화를 의미하는 것도 아니고, 국가가 개인의 복수권을 환수하여 대신 행사함을 뜻하는 것도 아니다. 폭력의 독점이 일찌감치 이루어졌던 중국의 경우, 태형을 비롯한 신체형corporal punishment이 오랫동안 남아 있었다. 특히 대역죄인에게 가해지는 정교하고 잔인한 신체형은 군주에 의한 복수의 성

---

22) 같은 책, p. 106.

격을 띠었다(즉 중국은 이런 측면에서 '문명화'되지 않았다). 현대 사회로 말하자면, 가해자를 개인적으로 응징하지 못하게 함은 물론, 공공의 이름으로 그렇게 하는 것 역시 막고 있다. 사적 복수뿐 아니라, 복수 자체가 합법성의 영역에서 배제된 것이다.

법은 어째서 범죄자에 대한 복수를 포기한 것일까? 여러 가지 설명이 가능하겠지만, 법이 군주의 의지의 표현이 아니라 사회계약으로 이해되기 시작했다는 사실이 가장 결정적이라고 말하고 싶다. 법을 어긴 사람은 그가 이미 동의한 규칙에 따라 벌을 받는다. 즉 벌은 계약의 일부이며, 벌을 받는 동안에도 계약은 유지된다. 이것은 축구 경기에서 레드 카드를 받은 선수가 운동장 바깥으로 나간 뒤에도 여전히 규칙의 지배 아래 있는 것과 같은 이치이다. 벌이 보복이라고 말한다면, 벌이 지니는 이 계약적인 속성이 깨어진다. 보복이란 본래 보복당하는 사람의 동의를 필요로 하지 않는 행위이기 때문이다. 더구나 보복은 상대방의 인격에 대한 공격을 내포한다. 그 결과, 보복당한 사람은 보복한 사람과 예전의 관계로 완전히 돌아갈 수 없다(복수가 복수를 부르는 건 그 때문이다. 보복당한 사람이 다시 반격하지 않으면, 그는 상대방보다 '낮은' 위치로 떨어진 채 남아 있게 된다). 반면 현대 사회에서 형벌은 규칙의 위반에 대해서만 책임을 묻고, 위반한 사람의 인격을 문제 삼지 않는다. 형기를 마친 사람은, 레드 카드를 받은 선수가 다음 경기에 출전하는 것처럼, 명예에 아무런 손상을 입지 않고 자연스럽게 원래의 자리로 돌아올 수 있어야 한다. 이것은 그 사람이 사회계약에 계속 참여하기 위한 필수 조건이다. 모든 계약은 주체들의 인격적 동등성을 전제하는 까닭이다. 신체형이 폐지된 이유도 이렇게 설명할 수 있다.[23] 신체형은 아무리 가벼운 것이라도 수형자를 모욕한다.[24] 특히 절단형이나 낙인형은 수형자의 신체에 영구한 흔적을 남겨서 그의 과거를 공공연히 드러내므로, 수형자의 사회 복귀와 재통합을 목표로 하는 새로운 형법 정신에 어긋난다.[25]

물론 사회계약설의 신봉자들이 모두 이런 관점을 공유했던 것은 아니었다. 베카리아와 같은 시대를 살았던 계몽주의자들 중에도 형벌을 공공의 복수로 간주하는 사람들이 적지 않았다. 『범죄와 형벌』과 거의 비슷한 시기에 출간된 『사회계약론』에서 루소는 범죄자는 사회의 적이기 때문에 제거되어야 한다고 말한다. "사회적 권리를 침해하는 범법자는 누구나 자신의 죄악으로 인해 조국에 대한 반역자가 되고 배신자가 된다. 그는 조국의 법을 위반함으로써 그 구성원의 자격을 상실하고 나아가서는 조국에 대해 전쟁을 하는 것이 된다. 이렇게 되면 국가의 존립과 그의 존립이 양립할 수 없으며 둘 중 하나가 없어져야 한다. 그래서 범법자가 처형당할 때는 시민으로서라기보다 차라리 적으로 간주된다. 〔……〕 왜냐하면 그와 같은 적은 법률적 인격체가 아니라 단순한 인간에 불과하며, 이 경우 전쟁의 권리는 피정복자를 죽일 수 있는 것이다."[26]

미셸 푸코는 『감시와 처벌』에서 『사회계약론』의 이 구절을 분석하면

---

23) 푸코는 신체형을 구성하는 요소로 고통의 의도적인 생산과 의례적인 전시를 꼽는다(미셸 푸코, 『감시와 처벌』, 오생근 옮김, 나남, 2003, pp. 67~69). 이 기준에 따르면 감옥형은 신체형에 들어가지 않는다.

24) 푸코에 의하면 신체형은 형벌의 희생자에게 흔적을 남기며, 그를 불명예스러운 인간으로 만든다. "범죄의 '정화'라는 기능을 갖고 있다 하더라도, 신체형은 사실상 그 대상을 깨끗이 순화하지 않는다. 그것은 수형자 주위에, 그리고 신체 그 자체에 지워지지 않는 표시를 새겨놓는다"(같은 책, p. 69).

25) "죄수를 복권시켜 사회에 복귀하도록 하는 것이 주요 목적이 되자, 신체를 불구로 만들거나 낙인을 찍는 일은 용인할 수 없게 되었다"(린 헌트, 『인권의 발명』, 전진성 옮김, 돌베개, 2009, p. 160).

26) 장 자크 루소, 『사회계약론』, 이환 옮김, 서울대학교출판부, 1995, p. 48.

서, "처벌권이 군주에 의한 보복에서 사회를 수호한다는 의미로 방향 전환된 것"이라고 진단한다. 하지만 이것이 형벌의 완화 또는 '인간화'를 논리적으로 함축하는 것은 아니다. 그렇기는커녕 범죄자가 사회 전체의 적이 되면서, 무제한의 처벌이 가능해진다. 그래서 징벌의 권력에 대해서 형의 경감 원칙을 세울 필요가 생겨나는데, 푸코에 따르면 이 원칙은 우선 감성적인 언술로 표명된다. "이 원칙은 과도하게 많은 잔인한 장면을 보거나 상상함으로써 분노하는 신체의 외침처럼 격앙되어 나타난다. 개혁가들에게 형벌제도가 '인간적'이어야 한다는 원칙의 표명은 일인칭의 형태로 이루어진다. 마치 말을 하는 당사자의 느낌이 직접 표현되는 것 같으며 또한 철학자나 이론가의 신체가 사형 집행인의 잔혹성과 사형수 사이에서 자신의 법을 주장하고, 최종적으로는 그것을 전체적인 형벌의 경제성에 억지로 담아놓으려는 것과 같다." 푸코가 이러한 감성적 호소의 표본으로 꼽는 것이 베카리아의 『범죄와 형벌』이다. 푸코는 〔베카리아가 의존하는 것 같은〕 "그러한 서정적 표현이 형벌을 정하는 계산의 합리적 기초를 발견하지 못하는 무력함을 드러내주는 것"은 아닌지 의심한다. 그러면서 거기에는 아마도 어떤 합리성이 존재하지만, 그 합리성이 고려하는 것은 범죄자의 고통이 아니라 재판관과 구경꾼의 고통이라고 냉소적으로 지적한다.[27]

하지만 베카리아가 무제한의 처벌권을 인정하면서 단지 감성적인 호소에 의존하여 형벌의 경감을 시도한다는 것은 사실이 아니다. 베카리아는 오히려 범죄에 대한 처벌이 사회계약의 틀 내에서 이루어져야 한다고 역설한다. 범죄자는 사회의 바깥에서 사회와 적대하면서 무한한

---

27) 미셸 푸코, 같은 책, p. 150.

복수의 가능성에 노출되는 게 아니라, 사회 안에 있으면서 그 자신도 동의하는 규칙에 따라 정해진 만큼만 처벌받는 것이다. 베카리아는 바로 이런 이유에서 사형에 반대한다. 사형은 범죄자를 사회 바깥으로 내몰고 사회의 적으로 취급하기 때문이다. 하지만 그가 사회의 적이라면, 그는 더 이상 사회의 규칙을 따를 필요가 없어진다. 그의 행위를 범죄로 규정하는 법의 힘은 그에게 미치지 못하고 그의 앞에서 멈추어 선다. 그는 법의 바깥에 있으므로 범죄를 저지른 게 아니다. 따라서 사형은 더 이상 형벌이 아니다. 그것은 순수한 폭력일 뿐이다. 베카리아의 다음과 같은 말은 사형이 내포하는 역설을 정확히 지적한다. "사형은 어떤 의미에서도 권리가 아니다. 그것은 한 사람의 시민에 대한 국가의 전쟁이다."[28] 그런데 이 말은 범죄자를 사회의 적으로 간주하는 한, 다른 모든 형벌에도 해당된다. 범죄자가 사회 바깥에 있다면, 우리는 그에게 어떤 처벌의 "권리"도 주장할 수 없다. 권리에 대해 말하기 위해서는 주체들이 먼저 상호 인정 관계 속에 들어와야 하기 때문이다.

베카리아는 이처럼 루소와 동일한 명제 — 사형은 전쟁이다 — 에 기대는 것 같으면서도, 반대되는 결론을 끌어낸다. 루소는 사회가 범죄자와 전쟁 중이기 때문에 범죄자를 죽일 권리가 있다고 말한다. 반면 베카리아는 사형은 범죄자를 상대로 전쟁을 벌이는 것과 마찬가지이므로 사형을 형벌에 포함시켜서는 안 된다고 말한다. 어느 쪽이 옳은 걸까? 앞에서 인용한 루소의 글 마지막 문장에 해답의 열쇠가 있다. "왜냐하면 그와 같은 적은 법률적 인격체가 아니라 단순한 인간에 불과하며, 이 경우 전쟁의 권리는 피정복자를 죽일 수 있는 것이다." 논의가 다소

---

28) 체사레 베카리아, 같은 책, p. 112.

길어질 위험을 무릅쓰고 이 문장의 옳고 그름을 따져보기로 하자. 범법자가 법률적 인격체legal person가 아니라 단순한 인간에 불과하다는 말은 그가 범법 사실로 말미암아 사회로부터 추방되었음을 뜻한다. 그는 사회 바깥에 있기 때문에 권리의 주체가 될 수 없다. 따라서 우리는 그의 신체를 마음대로 처분할 수 있다. 하지만 여기서 의문이 생겨난다. 마음대로 할 수 있다는 말은 권리가 있다는 말과 동의어인가? 범법자에게는 살 권리가 없다. 그러므로 우리는 그를 죽일 수 있다. 하지만 이것이 우리에게 그를 죽일 **권리가 있다**는 뜻은 아니다. 범법자가 사회 바깥에 있다면, 즉 그가 우리에 대해 아무런 의무를 지지 않는다면, 우리가 그를 향해 권리를 주장하는 것이 어떻게 가능하겠는가? 그런데 루소는 "전쟁의 권리"에 대해 이야기하고 있다. 루소의 오류가 드러나는 것이 이 지점이다. 전쟁의 승자가 포로를 마음대로 처분할 수 있는 것은 포로가 원래 속해 있던 사회 바깥으로 끌려나와 사물의 상태로 떨어졌기 때문이다. 전쟁에서 패한 나라 또는 부족이 포로를 되찾아오지 않는 한, 포로는 그 상태에 머물게 된다. "전쟁의 권리"를 인정한다는 것은 패자가 포로를 포기했음을 뜻한다. 즉 승자에 대해 "전쟁의 권리"를 인정해주는 상대방은 포로 자신이 아니라 그가 속해 있던 나라 또는 부족이다. 포로 자신은 더 이상 법적 주체가 아니기 때문에 타인의 권리를 인정해줄 수 없다. 사회 바깥으로 추방된 범법자는 포로와 같은 위치에 놓인다. 범법자를 처형하는 사회는 범법자로부터 자신의 권리를 인정받을 수 없다. 또한 범법자가 어디에도 속하지 않기 때문에 다른 사회로부터 그것을 인정받을 수도 없다. 결국 사회는 자신의 권리를 스스로 확언할 뿐이다. 이 경우 권리라는 단어는 아무 내용도 없는 무의미한 수사에 지나지 않는다.

18세기 형법 개혁에 결정적인 영향을 준 사상가는 루소가 아니라 베카리아이다. 하지만 푸코는 두 사람의 차이를 간과하면서, 아니면 의도적으로 무시하면서 "범죄자는 조국을 상대로 전쟁을 선포한 자"라는 루소의 언명을 이 시기의 역사적 변화를 추적하는 실마리로 삼는다. 나는 이러한 간과 또는 무시가 사회와 전쟁을 연속성 속에서 파악하려는 시도와 관련이 있다고 생각한다. 사회계약론의 전통 속에서 전쟁은 사회의 대립물로 이해된다. 사회는 전쟁을 가장자리로 밀어내고 확보한 우호의 공간이다. 그런데 형벌이 전쟁과 본질적으로 동일하다면, 형벌이 존재하는 한 사회는 내부에 전쟁을 포함하게 될 것이며, 사실상 전쟁의 연속이 될 것이다. 범죄자를 내부의 적으로 간주하는 루소의 언명은 사회를 전쟁으로부터 분리할 수 없음을 암시하면서 사회계약론의 내적 모순을 드러내는 것처럼 보인다.

루이 16세의 처형은 이 문제와 관련하여 푸코의 논의에서 특별한 위치를 차지한다. 국왕을 재판 없이 처형해야 한다는 자코뱅의 주장── 결국 받아들여지지 않았지만[29]── 에서 푸코는 인종주의와 테러리즘의 징후를 읽는다. 생쥐스트는 루이 16세에게 반역과 음모의 죄목을 적용하자는 입법위원회의 제안에 대해 이렇게 대답한다. 형법의 이 조항은 사회계약의 결과로 생겨난 것이므로, 한번도 사회계약을 체결한 적이 없는 전제군주에게 적용할 수 없다. 그는 사회 전체의 적이므로 괴물을 때려잡듯이 죽여야 한다. 이어서 생쥐스트는 왕이 사회의 적이라는 말은 왕을 사회와 대칭적인 위치에 놓고 왕에게 사회 전체와 동등한 무게

---

29) 린 헌트, 『프랑스 혁명의 가족 로망스』, 조한욱 옮김, 새물결, 1999, p. 87. 이 책은 루이 16세의 처형을 둘러싸고 혁명의 지지자들 사이에서 벌어진 논란을 자세히 서술한다.

를 부여하는 결과를 가져오므로 정정되어야 한다고 말한다. 왕은 사회의 적으로서가 아니라, 그에게 피해를 입은 개인들에 의해 개인적인 적으로서 제거되어야 할 것이다. 푸코는 생쥐스트의 발언을 자세히 요약한 후에 이 말이 '누구나 왕을 죽일 수 있다'는 의미라고 덧붙인다.[30] 말하자면 왕은 호모 사케르가 된 것이다(아감벤은 호모 사케르를 "살해 가능하지만 희생물로 바칠 수는 없는 생명체" "죽이더라도 살인죄로 처벌받지 않는 대상"으로 정의한다). 사적이고 집단적인 폭력 앞에 무방비로 노출되어 있다는 점에서 그의 처지는 나치 지배하의 유태인들과 비길 만하다. 푸코는 살육의 권한이 사회체 전체를 관통하고 있었다는 점이 나치체제의 특징이라고 말한다. 이 체제에서는 생사여탈권이 상당히 많은 개인들을(SA나 SS 같은)에게 주어져 있었으며, 사실상 모든 사람이 (밀고 등의 방법으로) 자기 이웃을 죽일 수 있었다.[31] 여기서도 전쟁의 수사학은 재판 없는 처형을 정당화하였다. 전쟁이란 일종의 "예외 상태"이며, 예외 상태에서는 주권자=인민이 법을 정지시키고 법의 바깥에서 자신의 의지를 실현하는 일이 허용되기 때문이다.[32]

이것은 공포정치와 나치즘을 이어주는 첫번째 연결선이다. 또 하나의 연결선은 넓은 의미의 인종주의, 즉 타자를 괴물로 만들어서 인류 공동

---

30) 미셸 푸코, 『비정상인들』, 박정자 옮김, 동문선, 2001, pp. 118~19.
31) 미셸 푸코, 『사회를 보호해야 한다』, 박정자 옮김, 동문선, 1998, p. 298.
32) 루소는 주권자와 인민의 관계를 다음과 같이 설명한다. "[사회계약의 결과 성립된 공적 인격에 대해] 구성원들은 이것이 수동적일 때는 국가État, 능동적일 때는 주권자Souverain라 부른다. [……] 또 이런 단체의 구성원들은 집합적으로는 인민Peuple이라고 불리고, 주권에 참여하는 개인이라는 뜻에서는 시민Citoyens, 국가의 법률에 종속된다는 의미로는 신민sujets이라 불린다"(장 자크 루소, 같은 책, pp. 21~22). [프랑스어판: Jean-Jacques Rousseau, *Du contrat social*, Paris: Flammarion, 1992를 참조하여 용어를 일부 수정하였다(한국어판에는 peuple이 '국민'으로 번역되어 있음)].

체의 바깥으로 추방하는 담론의 흐름인데, 푸코는 그 위에 대혁명기에 나타난 괴물의 도상학과 19세기의 범죄인류학을 나란히 배치한다. 왕과 왕의 가족에게서 법적 사람의 지위를 박탈하는 것과 그들을 표상의 차원에서 괴물로 만드는 일은 동시에 이루어졌다. 이 시기에 넘쳐났던 수많은 팸플릿은 루이 16세와 마리 앙투아네트를 굶주린 하이에나에 비유하며, 그들의 사치와 성적인 면에서의 비정상성(왕의 불능과 왕비의 난잡함)을 강조한다. 한편, 반혁명 세력은 그들대로 반란을 일으킨 민중들을 괴물로 묘사한다. 왕당파 가톨릭 문학에서 혁명군은 여자들을 강간하고 찢어 죽이고 인육을 먹는 식인귀로 그려진다. 푸코는 괴물의 이미지가 성과 음식에 관한 두 개의 커다란 금기를 중심으로 구축된다는 데 주의를 환기시키면서, 19세기에 새로운 앎/권력의 대상을 구성하는 괴물적 범죄자 역시 이 두 금기의 위반자로 나타난다고 지적한다.[33]

  푸코의 스케치는 흥미롭지만, 그리 탄탄해 보이지 않는다. 우선 루이 16세의 처형은 18세기 사법 개혁의 성격에 관한 푸코의 견해를 반박하는 예로 간주될 수 있다. 왕은 사회의 바깥에 있으므로 형법의 적용 대상이 아니라는 생쥐스트의 말은, 범죄자는 사회의 적이라는 루소의 단언이 결코 이 시대에 범죄와 형벌의 관계를 사고하는 일반적인 틀로 받아들여지지 않았음을 보여준다. 범죄자는 사회계약을 위반했지만, 여전히 사회 안에 있다. 그는 형법이 보장하는 피고의 권리들을 지닌 채, 재판을 거쳐 법이 정한 만큼만 벌을 받는다. 법 앞에 선다는 것은 범죄자의 권리인 것이다. 전쟁의 논리는 범죄자에게서 이 권리를 박탈한다. 절대적인 적으로 규정된다는 것은 일체의 환대가 철회된다는 것, 또는

---

33) 미셸 푸코, 『비정상인들』, pp. 113~28.

사회 바깥으로 자리가 옮겨진다는 것, 또는 같은 말이지만, 법적이고 도덕적인 차원에서 더 이상 사람이 아니라는 것을 뜻한다. 루이 16세가 참수되었던 것은 이러한 논리에 따라서였다(그가 형식적으로 재판을 받았다는 것은 중요하지 않다. 사형은 공동체로부터의 추방을 전제로 한다. 즉 사형은 그 자체로서 인격 박탈의 증거이다).

한편 19세기 후반의 범죄자=괴물 담론으로 말하자면, 우리는 롬브로소가 이끄는 '실증학파'가 베카리아와 벤담을 잇는 '고전학파'와 대립했다는 사실을 —— 전자는 사형제도에 찬성했지만 후자는 반대했다는 사실과 더불어 —— 기억해야 한다. 실증학파는 형벌을 범죄에 대한 처벌에서 범죄자에 대한 처벌로 (즉 행위에 대한 처벌에서 인격에 대한 처벌로) 바꾸고자 하였고, 이를 위해 교정 시설, 보호관찰제도, 부정기형 등 얼핏 보기에 인간적이고 진보적인 제도들을 고안하였다. '교정 불가능한' 범죄자는 더 무겁게 처벌하고, 우발적인 범죄자는 정상을 참작하여 형을 감해주며, 죄를 뉘우치는 정도에 따라 형기를 탄력적으로 조정하는 것이 이 제도들의 핵심이다. 형벌이 범죄의 성질에 엄격히 비례해서 주어져야 하며, 모든 사람이 자신의 행동에 응분의 책임을 져야 한다고 믿었던 고전학파는 실증학파의 주장을 사법적 이단으로 간주하였다.[34] 실증학파의 개혁안을 가장 적극적으로 수용한 나라는 미국인데, 스티븐 제이 굴드는 형량을 개인화하는 이런 제도들이 이 나라에서 인종적, 계급적인 억압 수단으로 악용되고 있다고 비판하였다. "위험한 사람들은 좀더 긴 형을 받고, 형기를 끝낸 후의 생활도 더 엄중하게 감시된다. 또한 부정기형제도 —— 롬브로소의 유산 —— 는 모든 측면에 걸쳐

---

34) 스티븐 제이 굴드, 『인간에 대한 오해』, 김동광 옮김, 사회평론, 2003, pp. 239~44.

복역자의 생활에 보편적이고 강력한 통제력을 행사한다. 그의 서류가 그의 수형 생활을 지배하고 연장한다. 그는 교도소 안에서 감시되고, 조기 석방이라는 당근을 눈앞에 둔 채 행동을 심사받는다. 게다가 이 제도는 위험을 격리한다는 롬브로소의 원래 의도대로 사용되고 있다. 롬브로소에게 위험이란 원숭이와 비슷한 낙인을 가진 선천적 범죄자를 의미했다. 오늘날 그것은 종종 반항자, 가난뱅이, 그리고 흑인을 뜻한다."[35]

베카리아는 루소와 다르고, 고전학파는 실증학파와 다르다. 푸코는 이들을 구별하지 않으며, 그 결과 사법 개혁의 역사는 하나의 통치 기술이 다른 통치 기술로 대체되는 일사불란한 과정으로 그려진다.[36] 그러나 사형에 반대하느냐 찬성하느냐, 처벌의 대상을 범죄로 보느냐 범죄자로 보느냐는 중요한 차이이다. 나는 베카리아의 사형폐지론이 사회

---

35) 스티븐 제이 굴드, 같은 책, p. 245(Steven Jay Gould, *The Mismeasure of Man*, New York: W. W. Norton & Company, 1981, p. 172를 참조하여 일부 수정).

36) 푸코는 역사를 권력투쟁의 관점에서 보아야 한다고 주장하지만 — 그는 정치를 전쟁의 연속 (다른 수단에 의한 전쟁)으로 이해한 불랑빌리에를 찬양한다 — 아이러니하게도 그의 역사 서술에는 갈등이나 투쟁이 거의 나타나지 않는다. 하나의 합리성에서 또 하나의 합리성으로의, 미리 짜 맞춘 듯이 조화로운 이행이 있을 뿐이다. 시스템 — 푸코는 장치dispositif라 는 단어를 더 즐겨 쓰지만 — 은 언제나 승리한다. 그리고 그 밑에 놓인 육체에는 희미한 저항의 흔적만 남는다. 마찬가지로 권력의 편재성과 미시적인 작용을 보여주려는 푸코의 기획들은 번번이, 무수한 권력-저항의 지점들을 한꺼번에 활성화하는 보이지 않는 중심의 존재를 암시하면서 끝난다. 푸코 자신이 적극적으로 암시하지 않는다 해도, 심지어 그런 중심은 없다고 단언한다 해도, 아무튼 독자들은 그런 게 있다고 느끼게 된다. 권력이 '편재한다'는 말이 '실핏줄처럼 퍼져 있다'는 의미라면, 실핏줄들이 심장과 연결되어 있다고 상상하는 것은 극히 자연스럽다. 기획 의도와 실제 분석 사이의 이 같은 괴리는 푸코의 영향을 받은 한 국 사회학자들의 연구에서도 볼 수 있는데, '근대적인 주체 형성 과정'을 미시적이고 일상적인 수준에서 보여주겠다면서 『감시와 처벌』의 테마를 다소 기계적으로 변주하는 이 연구들을 읽다보면, 우리는 연구자들의 의도와 다르게, 이 모든 변화를 지휘한 것은 조선총독부라는 인상을 받는다.

의 구성원리에 대한 깊은 통찰을 표현하고 있으며, 이 통찰의 빛이 18세기 이래 지금까지 사법 개혁을 둘러싼 모든 논의의 지평선을 밝히고 있다고 믿는다. 법이 정당성을 가지려면 환대가 선행되어야 한다는 생각이 그것이다. 환대란 타자를 도덕적 공동체로 초대하는 행위이다. 환대에 의하여 타자는 비로소 도덕적인 것 안으로 들어오며, 도덕적인 언어의 영향 아래 놓이게 된다. 사회를 만드는 것은 규범이나 제도가 아니라 바로 환대이다.

그렇다 하더라도 푸코의 비판은 여전히 중요하다. 그는 사회 안에서 어떻게 끊임없이 전쟁이 작동해왔는가를 보여주면서, 전쟁을 국경으로 몰아내는 것만으로는 사회를 절대적 환대의 공간으로 만들 수 없음을 암시한다. 전쟁이 하나의 가능성으로, 아직 도래하지 않았지만 언제나 대비하고 또 준비해야 하는 사건으로 남아 있는 한, 사람들은 그들의 자리의 안정성에 대해 확신할 수 없다. 그들은 언제라도 인민의 적으로 규정되어 성원권을 박탈당할 수 있다. 환대는 그러므로 전쟁의 문제를 해결해야 한다. 나는 여기서 환대에 관한 논의의 출발점으로 간주되는 칸트의 유명한 텍스트에 '영구평화론'이라는 제목이 붙어 있다는 점을 상기시키고 싶다. 칸트는 보편적인 환대를 영구평화의 조건으로 제시한 셈이지만, 우리는 그 역에 대해서도 말할 수 있을 것이다. 영구평화야말로 절대적 환대의 조건이라고 말이다.

신원을 묻지 않는, 보답을 바라지 않는, 복수하지 않는 환대. 사회를 만드는 것은 이런 의미에서의 절대적 환대이다. 누군가는 우리가 한번도 그런 사회에서 살아본 적이 없다고 말할지 모른다. 하지만 사회운동의 현재 속에 그런 사회는 언제나 이미 도래해 있다.

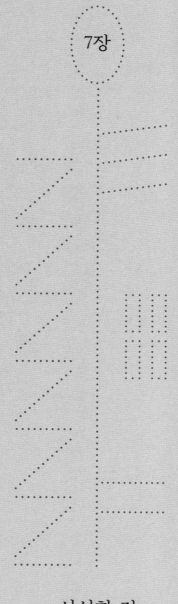

7장

신성한 것

나는 신성함에 대한 논의로 이 책을 마무리하고자 한다. 뒤르켐은 인격이 신성한 이유는 그것이 집합적 마나의 할당으로 간주되기 때문이라고 말하였다. 인격에 대한 의례는 개인에게 깃든 '사회적인 것'에 대해 경의를 표하는 행위이다. 하지만 개인의 내부에 있는, 혹은 그의 몸에 덧씌워진 이 '사회적인 것'의 정체는 무엇인가? 그것은 사회화를 통해 획득되는 가치관이나 행동 양식 또는 막연하게 '사회성'이라고 불리는, 친교와 협력을 추구하는 성향 같은 것일까? 그렇다면 인격에 대한 의례는 성공적인 사회화에 대해 주어지는 상징적인 보상일까('완성된 인격'이라고 말할 때와 같은 의미에서의 '인격'을 갖추지 못한 사람에게는 조금쯤 무례해도 되는 것일까)? 뒤르켐의 텍스트는 그러한 해석을 배제하지 않지만, 다른 접근의 가능성 역시 열어놓고 있다. 그는 인격의 개념을 영혼의 관념과 연결시키는데, 영혼이란 본디 문화의 습득과는 무관하게 모든 사람이 나면서부터 가지고 있다고 여겨지는 무엇이다. 영혼이 있다는 말은 신성하다는 뜻이며, 함부로 범할 수 없다는 뜻이다. 그런데 뒤르켐은 이 신성함이 사회로부터 온다고 말한다. 신성함의 원천은 개체의 내부가 아니라 외부에 있다. 갓난아기의 둘레에 금줄을 치고, 함부로 손댈 수 없음을 선언하는 것은 사회이다. 사람은 신성하기 때문에 의례의 대상인 게 아니라, 의례의 대상이기 때문에, 의례의 수행을 통해서 비로소 신성해지는 것이다.

하지만 인격에 대한 이 같은 수행적 관점은 여전히 윤리학적인 문제를 내포한다. 신성함을 부여하는 힘이 사회에 있다면, 사회는 그것을 박탈하는 힘 또한 가지고 있을 것이다. 사회가 한 개인에게서 신성함을 박탈하여 그를 어떤 금기의 보호도 받지 않는 벌거벗은 생명으로 만들려 할 때, 우리는 무슨 근거로 그것을 비판할 수 있을까? 이것은 '권리를 가질 권리'에 대해 논의하면서 아렌트가 예리하게 의식하는 문제이기도 하다. 나치스는 가치 있는 생명과 무가치한 생명을 구별하는 것은 주권자의 권한이며, '내재적 가치'나 '빼앗길 수 없는 존엄' 따위는 존재하지 않음을, 유태인들을 가스실로 보내고 그들의 몸을 비누나 성냥으로 만듦으로써 적나라하게 보여주었다. 신성함의 원천이 개인의 바깥에 있다는 말은 결국 이러한 관점에 동조하는 게 아닌가?

이 문제에 대한 나의 대답은 두 가지이다. 우선 사회는 주권자 — 국가나 총통 — 처럼 단일한 주체가 아니다. 사회를 이루는 것은 사람들이며, 그들 각자는 타자를 사회적 죽음으로부터 끌어내는 힘을 미약하게나마 가지고 있다. 그리고 자기를 위해 나서주는 제삼자가 한 사람이라도 있는 한, 벌거벗은 생명은 아직 완전히 벌거벗은 게 아니다(이는

246

발화의 장소성placedness이라는 주제로 우리를 이끄는데, 우리가 벌거벗은 생명들의 인권에 대해 아무리 열심히 이야기하더라도, 우리의 목소리가 그들에게 닿지 않는다면 그들은 사람이 될 수 없기 때문이다. 인권 담론의 취약성은 그것이 신학적 관념——'신은 자신의 모습을 본떠 인간을 창조하였다' 등등——에 기대고 있다는 사실보다는, 담론을 실천과 분리하여 비장소화한다는 사실에서 생겨난다).

다음으로, 신성함이 사회로부터 온다는 말은 결코 사회가 마음대로 그 구성원에게서 존엄을 박탈할 수 있음을 뜻하지 않는다. 오히려 구성원들을 절대적으로 환대하는 것, 그들 모두에게 자리를 주고, 그 자리의 불가침성을 선언하는 것이야말로 사회가 성립하기 위한 조건이다. 조건부의 환대는 어떤 식으로든 사회 안에 전쟁을 다시 끌어들이고, 그리하여 사회의 개념을 토대에서부터 무너뜨린다. 나는 이 점을 앞에서 충분히 설명했다고 생각하지만, 이 장에서 다시 한 번 강조하려 한다.

이 장은 공리주의의 사람 개념을 비판하는 두 편의 짧은 글로 이루어져 있다. 공리주의는 사람의 신성함을 부인한다. 공리주의적 관점에서 생명윤리를 재구성하려 하는 철학자들, 대표적으로 피터 싱어와 존 해리스는 사람을 둘러싼 금기들을 엄밀한 도덕적 추론을 방해하는 장애물로 간주하며, 그러한 금기들을 제거할 때 오히려 생명의 가치에 대한 존중이 더 잘 실현될 수 있다고 믿는다. 현대 의료윤리는 건강한 비비의 몸에서 장기를 적출하는 것을 아무렇지도 않게 여기면서, 무뇌아의 장기를 그런 식으로 사용하는 것은 엄격하게 금지한다. 싱어는 이러한 모순에 맞서서, 개체의 생김새가 아니라 정신적 특성을 사람(이라 불리는 특별한 윤리적 고려 대상)의 판별 기준으로 삼아야 한다고 주장한다. 이 새로운 분류법에 따르면 무뇌아는 사람이 아니지만, 건강한 원숭이는 사람이다. 한편 해리스는 "두 사람의 생명은 한 사람의 생명보다 더 가치 있고(혹은 두 사람의 고통은 한 사람의 고통보다 더 무겁고)" "죽게 내버려두는 것은 죽이는 것과 마찬가지"라는 공리주의의 전통적인 명제에 의지하여 '서바이벌 로터리'라는 흥미로운 사고실험을 전개한다. 이 사고실험의 의의는 장기이식을 둘러싼 사회적 금기들을 조롱하면서, 공리주의의 핵심 아이디어를 간결하게 전달하는 데 있다. 아래에 이어지는 두 편의 글에서 나는 싱어와 해리스의 논의를 차례로 검토하면서, 신성함의 관념을 도덕의 토대에서 완전히 제거하는 것이 과연 가능한지 되물을 것이다.

죽은 자의 자리

피터 싱어는 공리주의적 관점에서 칸트의 윤리학을 비판한다. 칸트는 인간과 사람을 동일시하면서 인간만을 윤리적 배려의 대상으로 보았다. 인간은 이성을 가진 자율적 존재이고 그 자체로 목적인 반면, 다른 동물들은 인간을 위한 도구에 지나지 않는다는 것이다. 칸트의 견해는 한편으로 아리스토텔레스와 연결되지만, 다른 한편으로 구약성서로 거슬러 올라가는 유대-기독교 전통을 이어받고 있다. 창세기는 하나님이 자신의 형상대로 인간을 창조하고 인간에게 바다와 공중과 땅의 모든 생물을 다스릴 권한을 주었다고 기록한다. 서구 문화는 여기에 근거하여 인간이 동물을 마음대로 이용하고 죽이고 먹는 것을 정당화해왔다. 인간의 생명을 신성하게 여기며 그 인간이 뇌가 있든 없든, 건강하든 고통 속에서 아무 희망도 없이 죽어가든, 살아 있다는 사실 자체에 절대적인 가치를 부여하는 태도 역시 동일한 종교적 관념에 기대고 있다. 싱어는 생명에 대한 지배와 조작이 일상화된 오늘날, 이 같은 낡은 시각은 더 이상 지탱될 수 없다고 믿는다. 그리하여 그는 위선과 자가당착을 초래하는 "진부한 계율들"을 버리고 새로운 계율들을 수립하려고 한다. 이는 사람의 개념을 재정의하는 데서 시작된다.

우선 싱어는 윤리적 배려의 대상을 고통을 느낄 줄 아는 존재들 전체로 확대해야 한다고 주장한다. 윤리적인 행동이란 타자의 이익을 고려하는 행동이라고 할 때, 이 '타자' 안에 사람뿐 아니라 소, 돼지, 침팬지, 물고기, 새우도 들어가야 한다. 이런 동물들 역시 쾌고감수능력이 있으며, 고통을 피하고 만족을 추구하는 데 '이익'을 가지고 있기 때문이다. 다음으로 그는 사람이냐 아니냐를 그 형상에 따라 판별하지 말고, 정신적인 능력에 의거하여 판별해야 한다고 말한다. 그는 사람이란 "다른 시간 다른 장소에서 그 자체, 즉 동일한 사유하는 존재로 간주될 수 있는" 이성과 반성을 가진 존재라는 로크의 정의를 원용한다. 사람은 스스로를 시간 속에서 인식할 수 있는 존재, 과거를 회상하고 미래를 계획할 수 있는 존재이다. 여기에 해당되지 않는 존재는 인간의 형상을 하고 있더라도 사람이 아니다. 마찬가지로, 이 기준에 부합하는 존재는 인간과 다르게 생겼더라도 사람이다. 이렇게 해서 그는 영장류는 사람이지만 무뇌아는 사람이 아니라는 결론에 도달한다.

어떤 생명체가 사람이냐 아니냐는 그 생명체의 삶과 죽음에 대한 우리의 개입 방식을 결정하는 중요한 기준이다. 만일 어떤 생명체가 쾌고감수능력이 있다면 그 생명체에게 고통을 주는 것, 예를 들어 비좁은 우리에 가두어 움직일 수 없게 한다든지, (밀집 사육되는 닭의 부리를 자르는 것처럼) 몸의 일부를 자른다든지, (실험용 동물들에게 그러는 것처럼) 일부러 병에 걸리게 하는 것은 도덕적으로 잘못이다. 하지만 그 생명체가 사람이 아니라면, 즉 스스로를 시간 속의 존재로 인식하지 못한다면, 그 생명체를 고통 없이 죽이는 것은 잘못이 아니다. 그 생명체는 내일의 관념을 갖고 있지 않으므로, 삶이 오늘 끝난다 해도 아무 불이익이 없다. 이는 어떤 조건(가축에게 최대한의 복지를 제공하며, 도살의 고통을 최소화한다는 조건)하에서는 육식이 허용될 수 있음을 함축한다(하지만 싱어는 현대적인 축산 시스템은 이런 조건을 충족시킬 수 없다고 말한다).[1] 동시에 비자발적 안락사나 '비가역적으로 의식이 소실된' 환자의 장기 이용을 도덕적으로 정당화할 가능성을 열어놓는다.

싱어의 주장은 커다란 반향을 일으켰지만, 그에 못지않은 반발에 부딪혔다. 공장식 축산에 대한 고발과 동물실험에 대한 반대,[2] 그리고 영장류에게 법적 인격을 부여하자는 제안[3]이 일반 대중과 전문적인 철학자들 모두에게 쉽게 반박하거나 우회할 수 없는 중요한 문제 제기로 받아들여졌다면, 장기이식이나 안락사에 대한 그의 견해는 좀더 격렬하고 감정적인 논쟁들을 유발하였다. 이 글에서 검토하려는 것도 후자이다. 우리는 공리주의적인 사람 개념이 내포하는 문제점을 분석하면서, 그가 제시하는 "새로운 계율"에 대한 저항을 낡은 종교적 관념의 탓으로만 돌릴 수 있는지 자문할 것이다.

싱어는 많은 책을 썼지만, 어떤 책에서나 대체로 일관된 논지를 펼치고 있다. 그러므로 우리의 검토 대상을 한 권의 책──『삶과 죽음』──으

1) 피터 싱어·짐 메이슨, 『죽음의 밥상』, 함규진 옮김, 산책자, 2008.
2) 피터 싱어, 『동물 해방』, 김성한 옮김, 인간사랑, 1999.
3) Paola Cavalieri & Peter Singer, *The Great Ape Project: Equality Beyond Humanity*, New York: St. Martin's Press, 1994.

로 한정해도 좋을 것이다. 낙태에서 안락사까지 생명의료윤리의 쟁점들을 광범위하게 다룬 이 책에서, 싱어의 입장을 이해하는 데 특히 도움이 되는 부분은 '샌 박사의 딜레마'라는 소제목이 붙은, 무뇌증 유아의 장기 공여에 관한 장이다. 무뇌증은 뇌 대부분이 소실되고 뇌간만 있는 상태를 말하며, 어린이 2천 명당 한 명 꼴로 발생한다. 초음파 진단으로 발견할 수 있으므로, 신생아 중의 비율은 훨씬 낮다. 무뇌아는 집중치료를 하지 않으면 생후 몇 시간 내에 사망하는 게 보통이다. 의사들이 무뇌증의 치료에 소극적이기 때문에 부모가 강력하게 원하지 않는 한, 이런 종류의 장애를 지니고 태어난 아이들은 대개 이른 시기에 조용한 죽음을 맞는다. 즉 무뇌증 자체는 생명의료윤리의 차원에서 그리 복잡한 문제를 제기하지 않는다. 싱어가 무뇌증에 초점을 맞추는 이유는 뇌사의 범위 확대라는 쟁점으로 나아가기 위해서이다.

싱어는 뇌사의 개념이 "편리한 허구"라고 지적한다. 인공적인 장치를 통해서이긴 하지만 신체 기능이 여전히 유지되고 있기 때문에, 겉으로 보았을 때 뇌사자는 일시적인 혼수상태에 빠진 사람과 구별하기 어렵다. 게다가 뇌사로 판정된 환자의 뇌도 여전히 어떤 활동을 수행한다. 그 증거로, 장기를 적출하기 위해 뇌사 환자를 절개했을 때, 혈압이 상승하고 심박동이 빨라진다. 뇌사자를 실제로 돌보는 간호사들은 자기가 맡은 환자가 정말로 죽었다고 생각하지 않는다. 뇌사의 개념이 수용된 이유는, 이 개념을 제안한 하버드 위원회의 보고서 초안에 분명하게 나타나 있듯이, 비가역적 혼수상태의 환자를 돌보는 부담을 줄이기 위해서, 그리고 이식용 장기를 확보하기 위해서였다. 죽음의 정의를 이렇게 바꾸는 것은 "환자에게 어떤 피해도 주지 않으면서 다른 사람에게 이익이 되기 때문에" 공리주의적 관점에서 보았을 때 최선의 결정이라고 할 수 있다.

싱어는 무뇌증 유아에 대해서도 이처럼 공리주의적인 결정을 할 수 있어야 한다고 믿는다. 무뇌아는 뇌간이 있기 때문에 뇌사자로 간주되지 않는다. 따라서 장기 공여자가 될 수 없다. 무뇌아의 부모들 중 일부는 아이를 포기하는 대신 다른 생명을 살리는 데 기여함으로써 자신들의 고통스러운 상황에 의미를 부여하고 싶어 한다. 하지만 법원은 이러한 소망을 받아들이지 않는다. 그 결과 많은 생명을 살릴 수 있었을 귀중한 장기들이 쓸모없이 버려진다. 뇌사를 '뇌 전체의 죽음'이 아니라 '의식의 비가역적 소실' 혹은 '대뇌피질의 죽음'으로 재규정한다면, 이 문제를 해결할 수 있을 것이다. 이는 물론 무뇌아뿐 아니라, 식물인간 상태의 환자들 모두가 장기 공여자가 될 수 있음을 의미한다. 1991년 멜버른의 왕립소아병원에서 열린 한 회합에서 이 병원의 중환자실 과장인 프랑크 샌 박사는 극적인 방식으로 이 문제를 제기하였다. 한 침대에는 심장이 죽은 것 외에 모든 것이 정상인 아이가 있고, 다른 침대에는 대뇌피질이 죽었지만 심장은 정상인 아이가 있다. 두 아이는 혈액형이 같아서 대뇌가 죽은 아이의 심장을 심장병 어린이에게 이식할 수 있다. 하지만 법적으로 이것은 허용되지 않는다. 얼마 지나지 않아 두 어린이가 모두 죽었다. 우리는 살릴 수 있는 생명을 죽인 것이 아닌가(**결과**의 측면에서 본다면, 죽게 내버려두는 것과 죽이는 것은 아무 차이가 없다)?

아직 '살아 있는' 아이의 몸에서 심장을 꺼낸다는 발상에 여전히 거부감을 느끼는 독자들에게 싱어는 그것을 건강한 비비의 몸에서 심장을 꺼내는 것과 비교해보라고 말한다. 1984년 캘리포니아에서 비비의 심장을 사람의 아기에게 이식하려는 시도가 있었다. 수술 후 3주 만에 아기가 죽었고, 수술을 집도한 의사는 일반 대중, 기자들, 그리고 생명의료 윤리학자들로부터 엄청난 비난을 받았다. 많은 사람들은 그것이 인간 실험과 다를 바 없기 때문에 나쁘다고 생각했다. 일부 평론가들은 이 수술이 너무 성급했으며, 종 교차 이식술cross-species transplant을 사람에게 적용하기 전에 먼저 다른 종들을 대상으로 실험을 했어야 한다고 비판하였다. 하지만 소수의 동물보호주의자들을 제외하면 아무도 심장이 제거된 비비에 대해 관심을 갖지 않았다. 싱어는 반문한다. "전통적인 생명의 신성성 윤리는 최소한의 의식조차 없는 사람을 죽여서 장기를 적출하는 것을 금지하고 있다. 어린이의 부모가 장기 기증을 원할 때도 이것은 거부된다. 동시에 이런 윤리는 비비나 침팬지를 죽여서 장기를 이용하기 위해 사육할 수 있다는 것을 의심 없이 받아들인다. 우리의 윤리가 사람과 다른 동물들 사이에 그토록 분명하게 선을 긋는 이유는 무엇인가?"[4]

결국 싱어는 의료 자원을 최대한 확보하고 효율적으로 분배해야 한다는 현실적인 요구 — 뇌사의 개념은 이러한 요구 때문에 도입되었으며, 의식이 없는 환자들로 넘쳐나는 병원과 만성적인 장기 부족은 뇌사를 판정하는 기준이 지나치게 엄격함을 시사하고 있다 — 앞에서, 죽음의 정의를 수정하는 데 그치지 않고 사람의 정의를 수정하자고 제의하는 셈이다. 자의식을 가지고 미래에 대해 생각할 수 있는 사람만이 진짜 사람이라면, 대뇌피질이 죽은 사람은 사람이 아니므로, 죽이거나 장기를 적출해도 도덕적으로 문제가 되지 않는다. 같은 이유로 싱어는 척추 이분증이나 소화기 결손 같은 심각한 장애를 가지고 태어난 아이에 대해서 안락사가 허용되어야 한다고 믿는다. 여러 차례의 수술은 아이에

---

4) 피터 싱어, 『삶과 죽음』, 장동익 옮김, 철학과현실, 2003, p. 207.

게 큰 고통을 준다. 반면 아이에게 아직 미래에 대한 관념이 없기 때문에, 죽음 자체는 고통이 아니다.

싱어의 주장은 합리적이고 도덕적으로도 나무랄 데가 없는 것처럼 보인다. 그의 해결책은 모두에게 이익이 되며, 누구에게도 불이익을 주지 않는다. 안락사와 같이 한 사람의 목숨과 관련된 문제를 비용의 관점에서 논의한다는 것이 비인간적으로 느껴질 수 있지만, 무수히 많은 아이들이 몇 달러에 불과한 항생제나 백신이 없어서 죽어간다는 사실을 떠올린다면, 그 반대의 시각도 가능하다. 수백 명을 살릴 수 있는 돈을 단 한 사람의 삶—그것도 당사자에게는 더 이상 의미가 없는 삶—을 연장하는 데 다 써버린다면, 그것이야말로 비인간적인 일이 아니겠는가? 제한된 자원을 효율적으로 이용하여 최대한 많은 생명을 살린다는 생각은 의사의 직업윤리의 핵심 요소이다. 하지만 많은 사람들은 여전히 이 해결책을 받아들이기를 주저하며, 싱어의 논리에서 어딘가가 잘못되었다고 느낀다. 그 이유는 무엇일까?

사실 자발적 안락사와 비자발적 안락사, 사후의 장기 기증과 아직 죽지 않은 사람의 장기 적출 사이에는 본질적인 차이가 있다. 이것은 결코 연장선에 있는 두 지점, "미끄러운 경사로"의 위쪽과 아래쪽이 아니다. 하나에서 다른 하나로 넘어가려면, 우리는 그저 어떤 판단의 기준들을 완화하고 변경하는 게 아니라 도덕의 기초 자체를 재고해야 한다.

싱어는 무뇌아나 대뇌피질이 죽은 사람은 사람이 아니므로 장기를 적출해도 된다고 주장한다. 하지만 뇌사자의 몸에서 장기를 적출할 수 있다는 것이 곧 뇌사자는 사람이 아니라는 의미는 아니다. 우리는 어떤 사람이 죽은 뒤에도 사회 안에 여전히 그 사람의 자리가 남아 있다고 믿는다. 다른 말로 하면 그 사람과 우리의 관계가 여전히 어떤 식으로든 유지된다고 믿는다. 죽은 사람을 위해 무덤을 만들고 꽃을 갖다놓는 것은 이 때문이다. 죽은 사람의 '뜻'을 확인하려 하고, 그의 '명예'를 지키려 하는 것 역시 이런 믿음에서 비롯된다. 뇌사자의 장기 적출은 이런 맥락에서 해석되고 정당화되어왔다. 우리는 뇌사자가 아무 '이해관계'도 갖지 않기 때문에 그의 몸을 마음대로 훼손해도 된다고 생각하지 않는다. 그보다는 뇌사자가 세상을 '떠나면서' 그의 몸이 유용하게 쓰이기를 바랐으며, 그의 의지를 존중하는 것이 그를 '위하는' 길이라고 생각한다. 즉 뇌사자의 장기 적출은 유언의 집행이라는 틀 안에서 이루어진다. 장기의 기증은 죽음을 앞둔 사람이 사회와의 유대감을 표현하는 행위이며, 죽은 뒤까지 자신에 대한 기억을 남기고, 그럼으로써 사회 안에 자신을 위한 상징적 장소를 남기려는 시도이다. 우리는 그의 마지막 선물을 받음으로써 이 유대를 확인한다.

어떤 이들은 죽은 사람에게 자리를 만들어주는 것이 도덕적으로 아무 의미가 없다고 반박할지도 모른다. 그것은 관습의 문제일 뿐, 도덕의 문제가 아니라고 말이다. 하지만 모든 종류의 관습적인 사고를 경멸하는 사람들도 「변신」의 결말을 읽을 때 충격을 받는다. 소설의 첫 페이지에서 벌레로 변한 채 잠에서 깨어나는 그레고르 잠자는 — 이 '변신'은 뇌졸중으로 온몸이 마비된 사람의 상태를 연상시키기도 하는데 — 오랜 뒷방 생활 끝에 아버지가 던진 사과를 등에 맞고 욕창이 생겨서 숨을 거둔다. 파출부가 와서 그레고르의 죽음을 알리자, 가족들은 오랜만에 휴일을 맞은 듯이 홀가분하게 소풍을 간다. 만일 죽은 사람은 사람이 아니기 때문에 아무렇게나 다루어도 된다면, 어째서 우리는 파출부가 빗자루로 그레고르를 툭툭 칠 때 마음이 아픈 것일까? 그리고 그녀가 잠자 부인에게 "옆방의 물건을 치우는 일에 대해선 걱정 안 하셔도 됩니다. 벌써 치워버렸으니까요."라고 말할 때 화가 나는 것일까? 그럴 때 우리가 느끼는 감정이 관습의 산물에 지나지 않으며 도덕과는 무관하다고 과연 말할 수 있을까?

아니다. 우리는 죽은 사람을 어떻게 대하느냐야말로 도덕의 문제라고 생각한다. 죽은 사람은 우리가 무엇을 준들 갚을 수 없기 때문이다. 이 세상에서 우리가 맺었던 관계의 본질은 우리가 더 이상 남들에게 아무것도 줄 수 없게 되는 시점에 받게 될 대접을 통해 확인된다. 물론 죽은 사람의 몸 자체는 그 사람이 아니다. 죽은 사람의 '사람'은 몸과 분리되어 어딘가 다른 곳에 가 있을 것이다. 하지만 우리는 그 사람에게서 온 무언가가, 그 사람의 존재 혹은 부재에 대해 생각하게 만드는 어떤 힘이, 그가 두고 간 이 껍데기 속에 깃들어 있음을 느낀다. 그가 남긴 다른 유품들과 마찬가지로, 이 껍데기는 팔거나 버리거나 아무에게나 넘겨주어서는 안 되는, "간직할 의무가 있는 물건"[5]이다. 우리는 이 물건을 의례의 대상으로 삼음으로써 망자와의 관계를 지속한다.

죽은 사람과 산 사람 사이에 의례적인 관계가 지속된다는 것은 죽은 사람이 여전히 사회의 구성원임을 뜻한다. 사회는 산 자들로만 이루어진 게 아니다. 죽은 자들 역시 사회 안에 자리를 가지고 있다. '시계의 시간,' 즉 일상의 산문적 시간이 지속되는 동안 우리는 이 사실을 잊고 지낸다. 하지만 축제와 기념일은 동질적인 시간의 흐름을 폭파하고, 기억의 시곗바늘을 매번 같은 자리로 돌려놓아, 죽은 자들이 산 자들의 시간 속으로 들어올 수 있게 한다. 축제와 애도의 의례가 어딘가 닮아

---

5) Jean Bazin, "La chose donnée," *Critique*, n° 569~97, Paris: Les Éditions de Minuit, 1997, pp. 7~24.

있는 것은 이상하지 않다. 축제에는 죽은 자들도 초대된다. 산 자들이 퍼레이드를 벌일 때, 죽은 자들 또한 그 대열 속을 함께 걸어가는 것이다.[6)]

사람의 개념은 이처럼 사회에 대한 상상과 연결되어 있다. 대뇌피질이 죽은 사람은 사람이 아니라는 싱어의 주장이 논란을 일으키는 이유는 그 때문이다. 우리는 대뇌피질이 죽은 사람은 실제로 죽은 것과 마찬가지라는 말에 동의할 수 있다. 하지만 그래서 그 사람이 더 이상 윤리적 배려의 대상이 아니라는 말에는 그처럼 쉽게 동의할 수 없다. 그런 주장은 사회적 유대의 본질에 대한 우리의 직관과 깊은 곳에서 충돌하는 것 같다.

서구 문화에서 사회관계의 도덕적 기초를 이루는, 사람의 신성함에 대한 관념은 싱어가 생각하는 것만큼 유대-기독교적 교의에 빚지고 있지 않다. 자살에 대한 태도가 그 증거이다. 기독교에서는 인간의 생명은 신에게 속하므로 개인이 마음대로 처분할 수 없다고 가르친다. 하지만 독실한 가톨릭 신자를 제외하면, 오늘날 자살이 죄악이라고 생각하는 사람은 많지 않다. 오히려 자살은 절망한 사람이 할 수 있는 마지막 선

---

6) "역사의 연속성을 폭파시키고자 하는 의식은 행동을 개시하려는 순간의 혁명적 계급에 고유한 것이다. 프랑스대혁명은 새로운 달력을 도입하였다. 이 새로운 달력의 첫날은 역사의 저속 촬영기와 같은 기능을 하고 있다. 기억의 날로서 국경일의 모습을 하고 언제나 다시 되돌아오는 그날은 따지고 보면 항상 동일한 날인 것이다. 따라서 달력은 시계처럼 시간을 계산하고 있지 않다"(발터 벤야민, 「역사철학테제」, 『발터 벤야민의 문예이론』, 반성완 옮김, 민음사, 1983, p. 353). 이 구절은 광주항쟁 이후의 모든 대규모 집회가 어째서 축제이면서 동시에 애도의 형식을 띠었는지 설명해준다. 광주항쟁은 새로운 연대기의 시작을 알리는 "달력의 첫날"이자, 그것에 선행하는 시간을 압축하는 "역사의 저속 촬영기"였으며, 축제(1987년과 1990년 군중이 애도 공동체를 형성했던 대규모 시위들, 2007년과 2008년의 촛불집회들)의 모습을 하고 되돌아왔던 "항상 동일한 날"이었다. 축제가 만들어내는 '절대 공동체' 속에서 역사의 연속성은 폭파되며, 죽은 자의 시간과 산 자의 시간이 뒤섞인다.

택이고, 부조리한 현실에 맞서서 자신의 존엄과 자유를 주장하는 최후의 수단이라는 시각이 더 일반적이다.[7] 자살을 범죄로 규정하는 법조항들은 1960년대 이후 서구에서 거의 완전히 사라졌으며, 말기 환자가 무의미한 연명 치료를 거부할 권리나 의사의 도움으로 편안하게 죽을 권리─자발적 안락사─를 인정하는 나라도 늘어나고 있다. 현대 문화와 도덕에 대한 기독교의 영향은 쇠퇴하고 있으며, 생명에 대한 관점도 예외가 아니다. 하지만 이러한 변화에도 불구하고, 사람의 신성함에 대한 관념 자체는 바뀌지 않았다. '죽을 권리'가 널리 인정되고 있는 것과 달리, 타인의 생명을 뺏는 것과 관련해서는 여전히 엄격한 금기가 작동한다. 싱어가 비판했듯이 심한 뇌손상을 입어서 의식을 영구히 상실한 사람이라도, 한번 사람으로 인정된 이상 다른 사람과 똑같이 생명을 보호받는다. 사람의 신성함에 대한 관념이 기독교적 교의에서 비롯된 것이라면, 자발적 안락사의 허용─이는 미끄러운 경사로의 위쪽에 있는 방지턱이 제거되었음을 의미한다─은 자연스럽게 비자발적 안락사로 미끄러질 것이다. 하지만 이런 미끄러짐은 나타나지 않는다. 비자발적 안락사, 즉 자살할 의사를 밝히지 않은 환자에 대한 안락사는 모든 나라에서 엄격하게 금지되어 있다.[8]

낙태에 대한 태도 역시, 기독교는 싱어의 제안이 현실화되는 것을 막는 진짜 장애물이 아니라는 것을 보여준다. 낙태는 현재 대부분의 선진국에서 합법화되어 있다. 반면에 영아 살해가 허용되는 나라는 하나도

---

7) 알베르 카뮈의 『시지프스의 신화』는 이러한 시각을 대표한다. 하지만 자살과 자유를 연관시키는 전통은 훨씬 이전으로 거슬러 올라간다. 노예는 죽음과 자유를 맞바꾼 자라는 관념은 자살이 자유임을 증명하는 수단이라는 생각을 함축한다.

8) 예외적으로 네덜란드에서는 무뇌증처럼 심각한 장애를 가진 신생아에 대해서 비자발적 안락사를 허용한다.

없다. 임신 후반기의 태아가 조산아와 아무 차이가 없다는 점을 생각하면, 이러한 차별은 부조리하게 느껴질 수 있다. 그렇더라도 이 부조리함을 기독교 탓으로 돌릴 수는 없다. 기독교는 바로 이러한 부조리를 지적하며 낙태에 반대하는 중이기 때문이다.

현대 사회의 도덕의 기초에 있는 것은 기독교가 아니라 절대적 환대의 원리이다. 즉 태어나는 모든 인간 생명에게 자리를 주어야 하고, 어떤 명목으로도 이 자리를 빼앗아서는 안 된다는 생각이다. 사람의 신성함이란 바로 이 원리를 말하는 것이다. 사람이라는 것은 사회 안에 자리가 있다는 것이며, 신성하다는 것은 이 자리에 손댈 수 없다는 뜻이다. 낙태의 합법화는 이 원리를 — 위반하기는커녕 — 다시 한 번 확인한다. 태아에게 장소를 줄 수 있는 사람이 엄마뿐이기 때문에, 태아를 환대할 권리 역시 엄마에게만 있다. 사회가 엄마의 의지와 무관하게 태아를 환대하기로 결정하고 엄마에게 임신을 유지하도록 강제한다면, 이는 한 사람의 몸을 다른 사람을 위한 도구로 사용하는 셈이 된다. 즉 엄마의 사람자격을 부정하는 결과를 가져온다. 따라서 절대적 환대의 원리를 일관성 있게 적용하기 위해서는, 태아가 아직 사회 바깥에 있으며, 태아를 사회 안으로 들여보내는 것은 엄마의 결정에 달려 있다고 말해야 한다.[9]

---

9) 주디스 톰슨은 사고실험을 통해 낙태라는 쟁점을 환대와 연결시킨다. 신장이 고장난 어떤 바이올리니스트의 몸과 내 몸이 연결되어 있고, 내 신장의 활동 덕택에 그가 생명을 유지한다고 해보자(바이올리니스트의 열렬한 팬들이 내가 자는 사이에 이런 짓을 했다고 상상하자. 그리고 9개월 뒤에 연결 장치가 제거될 예정이라고 하자). 나는 이 사람을 전혀 모른다. 하지만 이 사람은 내가 없으면 죽는다. 내가 그를 떼어내는 것은 잘못일까? 톰슨은 환대는 정의의 영역이 아니라 동정의 영역에 속하기 때문에, 바이올리니스트가 죽든 말든 연결 장치를 제거하는 것은 나의 자유라고 주장한다(Judith Thompson, "A Defense of Abortion," *Philosophy & Public Affairs*, vol. 1, no. 1, 1971, pp. 47~66). 하지만 이 결론은 의심스럽

이것은 비자발적인 안락사가 어떤 경우에도 허용될 수 없음을 뜻하지 않는다. '식물인간' 상태에 있는 환자에게 어떤 '이해관계'도 인정하지 않음으로써 그를 도덕적 배려 대상에서 제외하려고 했던 싱어와는 반대로, 우리는 그런 환자에게도 죽을 권리가 있음을 주장함으로써 이 문제에 접근할 수 있다. 의식을 회복할 수 없다는 게 분명한데도, 몇 년이고 침대에 누워서 사랑하는 가족에게 커다란 고통을 준 후에 세상을 떠나는 것을 원하는 사람은 없을 것이다. 우리는 인생의 줄거리가 그런 식으로 망쳐지는 것을 원하지 않는다. 우리는 제때 죽을 권리가 있고, 원하는 방식으로 인생이라는 드라마를 완성할 권리가 있다.

장기이식 대기자 명단에 이름을 올린 채 몇 년이고 차례를 기다리다가 죽는 환자들의 문제나 의식이 없는 환자들로 넘쳐나는 병원 같은 문제는 우리 문화가 죽음에 대해 더 개방적으로 토론하고 유언장을 쓰는 관행을 확산시킨다면 쉽게 해결할 수 있다. 그러려면 죽음을 나쁜 것으로만 여기지 않고 삶의 일부이자 완성으로 여기는 태도가 필요한데, 이는 죽은 후에도 자신의 삶이 '이야기'로 남을 것이며, 자신의 인격이 이 이야기 속에서 계속 살아갈 거라는 믿음이 있어야 가능하다.

다. 톰슨의 사고실험을 변형한 다음과 같은 사고실험을 해보자. 대양 한가운데서 배에 밀항한 사람을 발견했다. 9개월이 지나야 뭍이 나온다. 식량은 밀항자를 포함한 모든 사람이 먹기에 충분하다. 이 사람을 물에 빠뜨리느냐 육지가 나올 때까지 데리고 가느냐는 전적으로 원래 배에 탄 사람들(적법한 승선자들)의 마음에 달린 것인가? 밀항자는 이 경우에 '살 권리right to life'를 갖지 않는가? 실제로 이와 같은 일이 일어난다면, 밀항자를 바다에 던진 사람들은 살인죄로 처벌을 받을 것이다. 사람이 된다는 것은 **환대의 권리** ─ 환대할 권리와 환대받을 권리 ─ 를 갖는다는 것이다. 톰슨은 환대를 자의적인 문제로 본다. 즉 그것을 제공하는 사람의 변덕에 달려 있다고 본다. 하지만 환대가 결코 권리의 문제가 아니라면, 어떤 영토에도 속하지 않은 난민들은 살 권리가 없다는 결론이 나온다. 톰슨은 태아가 사람이라고 치더라도 엄마에게는 낙태의 권리가 있음을 보여주기 위해 이 사고실험을 고안하였다. 하지만 이 실험을 통해 우리는 역설적으로, 낙태가 가능하려면 태아는 사람이 아니어야 한다는 결론에 도달한다.

서바이벌 로터리

서바이벌 로터리는 생명윤리학자인 존 해리스가 고안한 가상의 장치이다.[10] 그는 다음과 같은 상황을 가정하면서 논의를 시작한다. 긴급하게 장기이식을 해야 하는 두 명의 환자가 있다. 한 명은 심장이 필요하고 다른 한 명은 폐가 필요하다. 의사는 그들에게 안됐지만 여분의 장기가 없어서 수술을 해줄 수 없다고 말한다. 그러자 환자들은 의사의 무책임함을 비난하며 이렇게 묻는다. "지나가는 사람을 아무나 붙잡아서 장기를 적출하면 될 것 아닌가? 희생자는 한 명이고 우리는 두 명이다. 두 사람의 목숨이 한 사람의 목숨보다 중하지 않은가?" 의사는 놀라서 대꾸한다. "죽어가는 사람을 내버려두는 것과 멀쩡한 사람을 죽이는 것은 다르다. 당신들을 살리자고 무고한 사람을 죽일 수는 없다." 그들이 즉시 반박한다. "아무 죄도 짓지 않았는데 죽어야 하는 건 우리도 마찬가지이다. 그리고 결과라는 관점에서 보았을 때 죽게 내버려두는 것과 죽이는 것은 하나도 다르지 않다. 당신이 우리를 살릴 수 있으면서 죽게 내버려둔다면, 우리는 당신 때문에 죽는 셈이다." 의사가 다시 대답한다. "내가 의사로서 할 일을 소홀히 했기 때문에 당신들이 죽는다면 그건 내 잘못이다. 하지만 나는 살인이 의사의 할 일에 포함된다고 생각하지 않는다. 다른 사람과 마찬가지로 내게도 사람을 죽이는 것은 금지되어 있다."

이리하여 사고실험은 공공복리를 위하여 의사에게 살인을 허용하는

---

10) John Harris, "The Survival Lottery," *Bioethics: An Anthology*, Peter Singer & Helga Kuhse(eds.), Oxford: Blackwell Publishing, 1999, pp. 399~403. 이 논문은 원래 *Philosophy*, vol. 50, 1975에 발표되었다.

경우에 대한 검토로 나아간다. 두 명의 환자는 만일 사회가 의사에게 두 사람을 살릴 수 있을 때마다 한 사람을 죽일 권한을 주면 어떻겠느냐면서, 다음과 같은 시스템을 생각해보라고 말한다. 모든 사람이 자신의 장기에 대한 정보를 관리센터에 등록하고 번호를 하나씩 받는다. 장기이식이 필요한 환자가 두 명 이상 발생할 때마다 관리센터는 적합한 장기를 가진 사람들을 검색하여 그중 한 명을 무작위로 골라낸다. '당첨된' 사람은 생명을 포기하고 자신의 장기를 이식용으로 제공해야 한다.

한 사람의 몸에서 적출한 장기로 여러 사람을 살릴 수 있으므로, 이 시스템 아래서 사람들은 손해를 볼 확률보다 이득을 볼 확률이 높다. 만일 이런 보험 상품이 있다면, 무조건 가입하는 것이 합리적이다. 사보험의 환급률이 보통 60~70퍼센트 선에 머무르는 데 비해, 이 보험은 가입자들이 지불한 것의 몇 배를 돌려주기 때문이다(가입자들이 한 명의 목숨을 지불할 때마다 보험회사는 그 몇 배의 목숨을 되돌려준다). 사회 전체로 본다면, 이 제도의 도입은 평균수명의 증가와 각종 건강지표의 향상, 나아가 보건 재정의 개선을 가져오리라 기대된다(길게 보았을 때 장기이식은 다른 의료적 처치보다 비용이 적게 든다. 예를 들어 만성신부전 환자에게 신장이식은 투석보다 훨씬 경제적인 대안이다).

물론 문제점도 있다. 이 시스템은 잠재적인 희생자들 — 결국 모든 사람 — 에게 불안과 공포를 유발한다. 언제 '그들'이 현관문을 두드리며 '당첨'을 통보할지 모른다! 하지만 이것은 익숙해지기에 달려 있다. 당신은 아침에 차를 몰고 집을 나설 때마다 교통사고로 죽을까봐 걱정하는가? 아마도 그렇지 않을 것이다. 연간 교통사고 사망자 수를 생각한다면 걱정을 할 만도 한데 말이다. 어차피 죽음의 위험은 도처에 널려있으며, 우리는 매일매일 제비뽑기를 하고 있다.

장기를 적출하는 의사들이 겪을 스트레스— 이른바 양심의 가책—역시 고려해야 한다. 하지만 해리스는 '양심의 가책'이 우리를 언제나 올바른 방향으로 인도하는 것은 아니라고 말한다. 선을 행하고 싶다면 우리는 이 신뢰할 수 없는 안내자보다는 이성의 목소리를 따라야 한다. 이성적으로 따져보았을 때, 장기를 적출하는 것이 하지 않는 것보다 더 많은 사람을 살리는 길이다. 사람을 죽이는 것에 대한 우리의 본능적 거부감— 죽이는 것과 죽게 내버려두는 것이 하나도 다르지 않은데도— 은 지속적인 교육과 홍보를 통해 서서히 극복될 수 있을 것이다.

마지막으로 희생자의 저항이라는 문제가 있다. 해리스는 이 시스템이 지배하는 사회는 자기희생이 의무화된 사회일 거라고 말한다. 모든 사람은 필요할 때면 자신의 생명을 타인을 위해 포기할 수 있어야 한다. 그것을 거부하는 사람은 살인자로 간주될 것이다. 우리는 이런 사회를 원할 수도 원치 않을 수도 있다. 하지만 이런 사회가 우리 사회보다 비윤리적이라고 단정지을 수는 없다.

해리스는 이 사고실험을 통해 무엇을 말하려는 것일까? 그가 일관되게 공리주의적 (혹은 결과주의적) 입장을 고수하고 있음을 알지 못하는 독자라면 이것을 공리주의에 대한 조롱이라고 여길 수도 있겠다. 실제로 그의 논문은 공리주의자들 사이에서도 반발을 불러일으켰다. 공리주의적 신념을 지닌 핀란드의 한 생명윤리학자는 해리스가 공리주의를 괴물로 만들어놓았으며, 이는 이 이론의 반대자들이 생각하던 모습 그대로라고 비난하였다. 공리주의를 "생명의 가치에 대한 단순한 계산을 바탕으로 약자의 희생과 무고한 사람의 살해를 허용하는 비인간적인 이론"이라고 고발해온 사람들은 그들의 기소를 유지할 결정적인 증거를 얻은 셈이다.[11] 하지만 해리스는 이에 대해 사뭇 신경질적인 어조로, 자신은 결과주의의 원칙에 충실했을 뿐이며, 이 원칙에 동의하지 않는다면 공리주의자인 척하지 말아야 한다고 대꾸하였다.[12]

기상천외하며, 그만큼 사변적으로 느껴지는 이 논의의 바탕에는 실용적인 관심이 있다. 해리스는 장기이식을 만성질환으로 고생하는 환자들을 위한 획기적인 대안으로 간주하고 있으며, 기증에만 의존하여 장기를 확보하는 현행의 방식이 이 기술의 더욱 광범위한 적용을 막고 있다고 믿는다. 이식용 신장의 확보와 관련하여 그는 서바이벌 로터리처럼 환상적이지는 않지만, 현행법에 비추어 여전히 파격적인 시스템을 제안하기도 하였다. 국가가 희망자로부터 신장을 사들이고 가장 필요한 사람에게 공급하는 방식이다.[13] 신장의 암거래가 이미 널리 행해지고 있다는 점, 개인 대 개인의 거래보다는 국가를 통한 거래가 더 안전하다는 점, 신장 기증자가 적절한 보상을 받지 못한다는 점 — 이는 장기매매를 지지하는 논거로 자주 언급된다. 환자는 새 장기를 얻고 의사는 돈을 번다. 하지만 정작 장기를 기증한 사람은 아무 보상도 받지 못한다[14] — 그리고 무엇보다 기증되는 신장이 수요에 비해 터무니없이 적다는 점은 그의 제안에 합리성을 부여한다. 그가 보기에, 이 합리적 기획의 실현을 가로막는 가장 큰 장애물은 장기 매매와 관련된 우리의 편견과 위

---

11) Tuija Takala, "Utilitarianism shot down by its own men?," *Cambridge Quarterly of Healthcare Ethics*, Vol. 12, 2003, pp. 447~54.

12) John Harris, "Response to 'Utilitarianism shot down by its own men' by Tuija Takala," 같은 잡지, Vol. 13, 2004, pp. 170~78.

13) John Harris, "This won't hurt… your bank balance," *The Guardian*, December 4, 2003.

14) James F. Blumstein, "Legalizing Payment for Transplantable Cadaveric Organs," 같은 책, Peter Singer & Helga Kuhse(eds.), pp. 390~98.

선이다. 우리는 신체의 일부를 판다는 생각에 혐오감을 느끼며, 자세히 따져보지도 않고 그것이 비윤리적이라고 단정짓는다. 그러면서 장기이식에 마지막 희망을 걸고 기약 없이 자기 차례를 기다리는 수많은 환자들의 고통을 외면한다. 하지만 자신의 신체 조직을 나누어주어 타인의 생명을 구하는 행동은 동기와 관계없이 그 자체로 선하며, 사회는 오히려 적절한 보상을 통해 선한 행동을 장려해야 한다. 서바이벌 로터리는 이런 맥락에서 이해할 수 있다. 통념을 뒤엎는 극단적인 주장을 통해 해리스는 장기이식이라는 영역에서 공적 담론을 지배하는 "신성한 토템들과 거룩한 암소들"[15] ― 피터 싱어와 헬가 쿠제의 표현 ― 을 비웃고 싶었는지도 모른다. 우리가 이 쟁점과 관련하여 좀더 이성적이 되려면 일종의 충격요법이 필요하다는 생각에서 말이다.

그러면 이 사고실험은 어디가 잘못된 것일까? 투이야 타칼라 ― 앞서 언급한 핀란드의 생명윤리학자 ― 는 해리스가 제한된 자원의 합리적인 분배라는 명분을 내세워서 행위자들의 의사 및 그 의사가 형성되는 문화적 맥락을 무시한다고 비판한다. 서바이벌 로터리가 아무리 공공복리의 측면에서 긍정적인 효과를 가져온다 하더라도, 행위자들은 그들의 문화적 신념에 따라 그것을 거부할 자유가 있다. 윤리학의 과제는 당사자들을 대신하여 결정을 내리는 것이라기보다, 그들이 결정을 내리는 데 도움을 주는, 토론을 위한 틀을 제공하는 것이다. 하지만 해리스 역시 서바이벌 로터리의 강제적 실행을 주장하는 게 아니기 때문에, 이런 비판은 부당해 보인다. 그는 진정한 공리주의는 "합리성에 대한 다양한 관점을 허용"해야 한다는 타칼라의 주장에 맞서서, 무엇이 합리적

---

15) James F. Blumstein, 같은 글, p. 390.

인지를 논증하는 것과 그것을 사람들이 민주적 합의에 의해 채택하는 것은 별개라고 지적한다. 이는 우리가 합리성에 대해 편협한 시각을 견지하면서도 여전히 민주주의자일 수 있음을 뜻한다. 이 지점에서 우리는 오히려 타칼라의 문화상대주의가 윤리학의 입지를 좁히고 있는 것은 아닌지 자문해볼 수 있다. 그녀는 문화적인 합의가 존재한다면 서바이벌 로터리를 도입할 수도 있음을 시사함으로써, 이 장치가 반드시 비윤리적인 것은 아니라는 해리스의 주장에 결과적으로 배서한다. 참된 것과 합의된 것을 동일시하는 이러한 입장은 사람들이 잘못된 선택을 할 경우 비판의 가능성을 봉쇄해버린다. 그러므로 우리는 (격렬하게 대립하는 것처럼 보이지만 사실은 그리 다르지 않은) 두 입장의 공통된 기반, 즉 공리주의 자체를 문제 삼아야 한다.

타칼라의 비판과 달리, 해리스의 논문은 공리주의의 기본 아이디어를 충실하게 요약한다. 선善은 쾌락과 고통의 총량이라는 관점에서 가장 잘 정의될 수 있다거나, 전체의 이익을 위해서는 소수를 희생시킬 수 있다는 생각이 그것이다. 이 생각 자체는 우리에게 낯설지 않다. 예를 들어 전쟁이라는 제도—그것을 제도라고 부를 수 있다면— 는 바로 여기에 기초해 있다. 모든 전쟁은 민간인과 군인을 구별하며, 수적으로 더 많은 전자를 보호하기 위해 후자를 희생시킨다. 도덕적인 차원에서 전쟁이 제기하는 진짜 문제는—적을 죽인다는 데 있다기보다—자기 편을 죽게 내버려둔다는 데 있는 것 같다. 비슷한 예로 '후쿠시마 원전 결사대'를 들 수 있다. 사고의 처리에 동원된 노동자들이 수년 내에 치명적인 암에 걸릴 가능성이 매우 높지만, 언론은 이 점에 대해 언급을 회피한다. '누군가는' 원전에 들어가야 하며, 그러지 않으면 더 많은 사람의 생명이 위험해진다는 논리에서이다(다시 한 번, "죽게 내버려두는 것은 죽이는 것과 같다"). 하지만 그 '누군가'를 결정하는 방식에 있어서 서바이벌 로터리보다 후쿠시마 원전의 경우가 더 공정하다고 할 수 있을까? 원전 노동자들이 주로 하층계급에서 충원되는 데 비해, 서바이벌 로터리는 적어도 사회 계급과 무관하게 무작위적으로 불운을 배분한다는 미덕이 있다.

그러니까 핵심은 이것이다. 우리는 전쟁의 논리나 원전 결사대의 논리를 비판할 수 있을까? 아래에서 나는 서바이벌 로터리의 모순을 검토함으로써 이 질문에 대답하려고 한다. 공리주의를 비판하는 철학자들은 공리주의적 해결책이 우리의 도덕적 직관과 충돌하는 상황을 사고실험의 형태로 제시한 뒤에, 그것으로써 이 이론을 충분히 반박했다고 믿는 경향이 있다. 구명보트에서 굶어 죽어가는 선원들의 딜레마─한 명을 죽여서 고기를 나누어 먹고 나머지 사람들의 생존을 도모해야 하느냐 아니면 다 같이 죽음을 기다려야 하느냐─에 대한 샌델의 논의가 그러한 예이다.[16] 사람이 사람을 잡아먹는다는 생각은 우리의 도덕적 감수성에 너무나 큰 불쾌감을 초래하기 때문에, 이런 상황을 가정하는 것만으로도 공리주의 반대자들은 유리한 고지를 점하게 된다. 하지만 이 사례를 그만큼 극단적이지 않은 다른 사례로 바꾸어놓는다면, 가령 고장난 열기구에 타고 있는 사람들의 딜레마─한 사람을 떨어뜨려서 무게를 가볍게 하고 여행을 계속하느냐 아니면 모두 바다에 빠져 죽느냐─나 자일로 몸을 서로 연결한 채 절벽에 간신히 매달려 있는 등반가들의 딜레마─자일을 끊어서 그중 몇 명이라도 생명을 구하느냐 아니면 다 같이 떨어져 죽느냐─로 이를 대신한다면, 우리의 직

---

16) 마이클 샌델, 『정의란 무엇인가』, 이창신 옮김, 김영사, 2010, pp. 51~54.

관은 약화되고 도덕적 판단은 다시 어려워질 것이다. 해리스는 반공리주의 진영의 전략을 비웃기라도 하듯이, 지금까지 공리주의를 비판하기 위해 제출된 어떤 사고실험보다 그로테스크한 상황을 가정한다. 그러면서 우리가 느끼는 당혹감이 단지 사고 습관의 문제임을 보이려 한다. 논리와 직관을 (잘못) 대립시키는 이러한 구도에서 빠져나갈 수 있는 유일한 방법은 논리로 직관을 뒷받침하는 것이리라.

서바이벌 로터리의 결정적인 결함은 그것이 실제로 작동하려면 "신성한 토템들"이 필요하다는 점이다. 해리스는 그가 구상 단계에서 추방하였던 형이상학적 관념들을 실행 단계에서 다시 불러와야 한다. 이 점을 이해하려면 '배신자'를 처리하는 문제, 즉 처음에는 게임에 참여하는 데 동의했다가 막상 자기가 희생자로 지목되자 장기의 제공을 거부하는 사람을 제재하는 방법에 대해 잠시 숙고해보는 것으로 충분하다. 해리스는 그런 배신 행위는 살인으로 간주되어야 한다고 목소리를 높인다(희생자를 대신해서 다른 사람들 — 장기이식을 기다리는 환자들 — 이 죽어야 하므로). 하지만 희생자의 입장에서 본다면, 이것은 제재로서 큰 의미가 없다. 도망치다가 붙잡혀서 살인죄로 기소된다 하더라도, 그가 받게 될 벌은 기껏해야 사형이기 때문이다. 배신을 하지 않으면 무조건 목숨을 잃게 되고, 배신을 하면 목숨을 건질 가망이 조금이라도 생기는 상황에서, 합리적인 행위자라면 당연히 배신하는 쪽을 택할 것이다. 이는 쾌락의 극대화와 고통의 최소화라는 관점에서 이루어진 개개인의 합리적인 선택을 서바이벌 로터리의 토대로 삼을 수 없음을 뜻한다.

서바이벌 로터리가 어떤 식으로든 자발성에 기초하려면 — 이는 해리스가 이 게임의 실행 조건으로 내걸고 있는 것이다 — 행위자들이 합리적인 선택을 하는 것을 막는 문화적인 신념이 작용해야 한다. 예를 들어 희생자들에게 '사후의 명예'라는 관념을 심어준다면, 그들이 '자발적으로' 죽음을 택하게 만들 수 있을 것이다. 우리는 타인을 위해 자신의 장기를 내주는 것은 고귀한 행동이며 공동체는 영원히 그들의 희생을 기억할 것이라는 말로 그들을 설득할 수 있다. 마치 이 세상에 더 이상 존재하지 않게 되었을 때도 세상과 관계를 맺는 일이 여전히 가능하다는 듯이 말이다. 전쟁이나 원전 결사대는 실제로 이 같은 상징조작에 의지하고 있다. 우리는 희생자들이 몸을 잃어버린 후에도 여전히 법적이고 도덕적인 주체일 수 있는 것처럼 이야기한다. "비록 그들의 몸은 스러졌지만, 넋은 영원히 우리 곁에 있을 것"이라고 엄숙하게 선언하며, 우리의 진지함을 증명하기 위해 훈장을 추서하고 기념비와 동상을 세우고 꽃다발을 바친다. 실로, 죽음과 더불어 자신과 사회를 연결하는 일체의 끈이 끊어진다고 믿는 사람에게는 사회를 위해 희생을 요구할 수 없을 것이다. 모든 희생 담론은 개인이 죽은 후에도 어떤 방식으로든 공동체 안에서 계속 살아간다는 믿음을 전제한다. 그의 육신이 소멸한 후에도 성원권은 소멸되지 않는다는 것, 달리 말해서 그의 자리가 공동체 안에 계속 남아 있다는 것(무덤, 기념비, 동상, 위패 등은 바로 이 자리를 표시한다) — 이는 그가 죽은 후에도 사람자격을 유지한다는 말도 된다. 사람이 된다는 것, 사람자격을 얻는다는 것은 곧 공동체 안에서 자리를 갖는다는 말과 같기 때문이다

하지만 이런 종류의 문화적 신념이야말로 공리주의자들이 없애려고 하는 "신성한 토템"이 아닌가? 개인이 죽은 후에도 사람자격을 유지한다는 생각은 사람의 소멸을 육신의 소멸과 동일시하는 공리주의의 시각과 양립할 수 없다. 앞에서 보았듯이 공리주의는 사람을 신체에 기반

을 둔 인격적 특성들과 동일시하며, 이 특성들이 소멸함에 따라 개인은 사람자격을 상실한다고 본다. 자의식이나 스스로를 시간 속의 존재로 인식하는 능력은 이 인격적 특성의 가장 기본적인 요소로 여겨진다. 영아 살해에 대한 마이클 툴리의 정당화[17]나 무뇌아의 장기 적출에 대한 피터 싱어의 지지는 바로 이 같은 입장에 근거한다. 이들의 대담한 주장은 많은 논란을 불러일으켰다. 하지만 (보수주의와 자유주의 양쪽에서 모여든) 공리주의의 반대자들이 문제의 핵심을 정확히 파악하고 있었는지는 분명하지 않다. 문제는 바로, 공리주의자들이 "신성한 토템"의 도움 없이 윤리학의 토대를 다시 만들고자 하였다는 점이다.

그들의 기획을 내가 이해하는 바대로 요약하면 다음과 같다. '인간에 대한 선험적이고 형이상학적인 규정 대신 경험적이고 과학적인 지식에 의지하면서, 우리가 **해야 하는 것**이 아닌, **원하는 것**에서 출발하여 윤리학적 명제들을 끌어내야 한다. 윤리학이란 우리가 어떤 것을 원한다면 **논리적으로** 동시에 원해야 하는 것에 대해 설명하는 학문 외에 다른 게 아니기 때문이다.' 이 훌륭한 기획의 맹점은 '우리'라는 단어에 있다. 우리는 누구인가? 우리는 어떻게 해서 우리가 되는가?

공리주의자들은 '우리'가 언제나 이미 우리인 것처럼 이야기한다. 그들은 사회를 주어진 것으로 간주하며, 연대의 문제를 제기하지 않는다. 그 결과 사회는 인구, 즉 숫자라는 관점에서 파악된 인간 개체들의 집합으로 환원된다. 사회에 대한 이러한 시각은 사람의 관념과 동전의 양면을 이룬다. 공리주의자들은 사람자격이 하나의 성원권이라는 것, 우리

---

17) Michael Tooley, "Abortion and Infanticide," *Philosophy & Public Affairs*, vol. 2, no. 1, 1972, pp. 37~65.

가 사회에 의해 사람으로 **임명된다**는 것을 이해하지 못한다. 그들은 사람이라는 것이 생물학적인 사실에 속한다고 믿는다. 개인은 타인의 인정과 관계없이 자기 안에 내재된 특성에 의해서 사람이 될 수 있다고 말이다. 하지만 역설적으로 그 때문에 어떤 사람이 실제로 사람인지 아닌지 판정하는 일, 다시 말해 그의 사람자격을 심사하는 일이 중요해진다.

그러나 누가 그것을 판정하는가? 어떤 기준으로? 싱어의 말대로 자신을 시간 속의 존재로 인식하지 못한다는 것이 사람이 아니라는 증거라면, 신생아는 모두 사람자격을 잃을 것이다. 따라서 그들을 죽이는 것이 ─ 고통을 주지 않는다는 조건하에 ─ 원칙적으로 가능해진다. 물론 사람이냐 아니냐를 떠나 신생아를 **함부로** 죽이지 말아야 하는 이유는 많이 있다. 아기가 태어나기까지 산모를 포함한 가족이, 나아가 공동체 전체가 적지 않은 투자를 했으므로, 또 아기는 하나의 생명이고 모든 생명은 귀중하므로…… 하지만 함부로 죽이면 안 된다는 것은 경우에 따라 죽일 수도 있다는 뜻이다. **살 권리**를 인정한다는 말이 아니다. 살 권리를 갖지 못한 채 다만 **가치 있는** 존재이기 때문에 보호받는다면, 가축과 다를 게 없다.

싱어는 과연 아기에게 태어나자마자 살 권리를 부여하는 데 반대한다. 그는 출생과 성원권의 부여 사이에 시간 간격이 있었던 고대 그리스를 예로 들면서, 부모가 "매우 나쁘게 시작된 생명을 유지시키지 않는 편이 낫다고 결정"할 수 있도록 28일간의 유예기간을 제안한다.[18] 하지만 왜 28일인가? 어떤 생명이 "매우 나쁘게" 시작되었다는 것을 28일이 지난 후에 알게 되면 어떻게 하는가? 자폐증과 같이 생후 몇 년이 지

───────────

18) 피터 싱어, 『삶과 죽음』, p. 271.

나야 확실한 진단이 가능한 질환들도 있다. 심한 자폐 증세를 보이는 3세 아동이 자신을 시간 속의 존재로 의식한다고 믿기는 어렵다. 이는 28일이라는 유예기간이 불충분함을 시사하는가? 아니면 "매우 나쁘게 시작된 생명"은 유예기간과 관계없이 "유지시키지 않기로 결정"할 수 있어야 함을 의미하는가?

공리주의적 관점에서 본다면, 살 권리를 갖느냐 갖지 않느냐는 개체의 특성에 달려 있으므로, 유예기간은 사실 중요하지 않다. 인구를 관리하는 차원에서 임신 3기 이후 낙태를 금지하는 것과 비슷한 방식으로, 자의적인 경계를 설정하여 그 바깥에서는 영아 살해를 허용하지 않으면 그만이다. 하지만 그렇게 만들어진 경계선에 출생이나 세례가 지니고 있는 것 같은 신성함을 부여할 수는 없을 것이다. 이 경계선은 순전히 법적인 것으로서 아무런 문화적 의미도 지니지 않으므로, 공동체의 합의에 따라 쉽게 옮길 수 있다. 이것은 영아 살해의 관행을 가진 전근대 사회들과의 차이점이다. 이 사회들에서 영아 살해의 합리적 동기는 관습의 힘 뒤에 감추어져 있었다. 사람들은 동기에 대해 내놓고 말하지 않았고, 관습의 언어로만 그것을 지시했다. 그러므로 동기에 대한 합리적 토론을 통해 관습을 수정하는 것은 가능하지 않았다. 신생아에게 사람자격을 부여하는 통과의례들은 진정한 문지방을 형성하여, 일단 그것을 넘어간 사람의 살 권리가 계속해서 의문에 부쳐지는 것을 막아주었다. 싱어가 제안하는 28일이라는 경계선은 이런 역할을 할 수 없다. 스스로 사람자격을 가지고 있음을 증명하는 데 실패한 신생아는 이 경계선을 통과한다 하더라도 여전히 살 권리를 의심받을 것이다. "스스로를 시간 속의 존재로 인식하는 능력"은 상당한 수준의 지능을 전제하기 때문에, 이 지능에 도달하지 못한 개인들은 ― 사고나 질병으로 지능이 낮아진 경우를 포함하여—나이와 상관없이 동일한 운명에 처할 것이다. 달리 말하면 우리는 살 권리에 대한 토론이 '미끄러운 경사 길'을 따라 굴러내려 가는 것을 막을 수 없다. 그 길의 입구를 가로막고 있었던 "신성한 토템들"을 치워버린 탓이다.

서바이벌 로터리로 돌아가자. 도덕적 발화는 그것을 듣는 '우리'의 존재를 전제로 한다. 도덕이란 '우리' 각자가 서로에게 지고 있는 의무에 대해 말하는 것이기 때문이다. 도덕적 발화를 듣는 사람이 자기가 '우리'에 속하는지 어떤지 알 수 없다면, 그 발화는 효력을 잃을 것이다. 그런데 해리스는 도덕의 이름으로 구성원들의 성원권이 언제든지 박탈될 수 있는 공동체에 대해 이야기하고 있다. 여기에 모순이 있다. 서바이벌 로터리에서 공동체는 불운한 당첨자의 장기를 강제로 적출하면서 **동시에** 그가 공동체에 대해 계속 도덕적 연대감을 갖기를 기대할 수 있을까? 이것은 개를 잡아먹으면서 그 개가 여전히 자기를 사랑하기를 바라는 주인의 태도만큼이나 부조리해 보인다. 인간은 개가 아니기 때문에, 그런 경우 자기를 잡아먹으려는 자들에 대한 충성심을 버리고 '그들'로부터 도망치려 하기 마련이다. '그들'은 물론 도덕적 비난을 퍼부음으로써 그를 구속하려 하겠지만("개만도 못한 인간" 등등), 그 말은 이미 아무 효력이 없다. 앞서 말했듯이 도덕적 발화가 효력을 갖는 것은 그것을 듣는 사람이 발화자와 동일한 도덕적 공동체에 속해 있다고 믿을 때에 한해서이기 때문이다. 실제로 공동체가 그의 몸을 물건처럼 소비한다는 것은 그의 사람자격이 박탈되었음을 의미한다. 서바이벌 로터리의 희생자는 싱어가 무뇌아에게 부여하려고 하는 것과 정확히 동일한 지위를 갖게 되는 것이다.

서바이벌 로터리의 부조리함은 다음과 같은 상황[19]을 상상해본다면 쉽게 깨달을 수 있다. 망망대해를 떠다니는 구명보트 위에서 네 사람이 구조를 기다리고 있다. 수평선에는 배의 그림자도 보이지 않고, 식량이 떨어진 지 오래되어 다들 굶어 죽기 직전이다. 마침내 그들은 가위바위보를 해서 진 사람을 잡아먹기로 한다. 한 명이 보를 내고 나머지는 가위를 낸다.

A(보를 낸 사람): 사람을 잡아먹다니, 너희는 사람도 아니야.

B: 우리는 약속대로 하는 것뿐이야. 네가 이겼으면 너도 다른 사람을 잡아먹었을 거 아니야?

C: 우리 모두 죽는 것보다는 너 혼자 죽는 게 나아. 그러니까 이건 도덕적이야.

D: 사람이 아닌 건 우리가 아니라 너야. 너는 이제 우리의 식량이니까.

이렇게 해서 한 명이 먹히고 세 명이 남는다. 하지만 여전히 배는 보이지 않는다. 며칠 뒤 그들은 다시 가위바위보를 해서 한 명을 잡아먹는

---

19) 이 상황은 샌델의 『정의란 무엇인가』 2장 도입부에 나오는 사례를 변형한 것이다. 1884년에 구명보트 한 척에 의지하여 남대서양을 표류하던 영국 선원들이 24일 만에 구조된 사건이 있었다. 그들은 원래 네 명이었는데, 구조되었을 때는 세 명으로 줄어 있었다. 굶주림 끝에 한 명—고아였고 가장 어렸던 선원—을 잡아먹었기 때문이다. 그들은 본국으로 돌아가자마자 체포되어 재판을 받았는데, 자기들의 죄를 시인하면서도 정황상 어쩔 수 없었다고 주장하였다. 샌델은 재판의 결과를 알려주지 않은 채, 우리에게 판사의 입장이 되어 판결을 내려보라고 권한다. 나는 샌델이 이 사례가 제기하는 윤리학적 질문들을 충분히 깊게 다루지 않았다고 생각한다. 그는 선원들이 육지에 도착했을 때 어떤 처벌을 받아야 하는지에 초점을 맞추었고, 그들끼리 자기들의 행위를 어떻게 정당화할 수 있었을 것인지에 대해서는 묻지 않았다. 그 결과 선원들이 처한 상황은 도덕적 딜레마라는 관점에서만 이해되었고, 그 안에 내포된 도덕적 위기—도덕적 발화의 효력 조건 자체가 한계에 처해 있다는 의미에서—는 간과되었다.

다. 이제 두 사람이 남았다. 두 사람은 마지막으로 가위바위보를 한다.

　C: 내가 졌군. 하지만 너는 나를 잡아먹을 수 없을걸.

　D: 왜?

　C: 내가 너보다 힘이 세니까.

　D: 이건 불공정해. 진 사람이 잡아먹히기로 약속했잖아.

　C: 내가 공정하게 행동하면 너는 나를 잡아먹을 거잖아.

　D: 두 명이 죽는 것보다 한 명이 죽는 게 낫잖아? 우리를 위해서 네가 희생해야 해.

　C: 내가 죽으면 너만 남는데, 우리라니, 무슨 말을 하는 거야?

　이 가상의 대화는 '모두가 죽는 것보다 한 사람만 죽는 게 낫다'는 공리주의적 계산법의 모순을 폭로한다(고 나는 믿는다). '낫다'는 것은 누구에게 그렇다는 뜻인가? 희생자는 희생이 결정된 순간부터 더 이상 '우리'에 속하지 않는다. 그러므로 이 말은 결국 '죽지 않기로 결정된 사람들의 입장에서 본다면 죽지 않는 것이 낫다'는 의미이다. 죽기로 결정된 사람에게 이 말은 완전히 공허하게 들릴 것이다. 사실 위와 같은 상황에서 공리주의적 계산법의 용도는 희생자들을 설득시키는 것보다 살아남은 사람들의 양심을 위로하는 데 있는 것 같다. 그러한 계산법은 도덕적 발화가 더 이상 의미를 가질 수 없게 되었다는 사실을 은폐하는 데 도움이 된다. 식인과 같이—도덕적 공동체의 존립 조건을 파괴한다는 의미에서—**한계적인** 행위가 저질러진 후에도, 살아남은 사람들이 자기들끼리 질서를 유지하려면 여전히 도덕이 필요하므로, 이러한 기만은 어쩔 수 없는 것이기도 하다. 하지만 생존자가 두 명으로 줄어들어서 살아남게 될 사람을 더 이상 "우리"라고 부를 수 없게 되었을 때, 사태의 본질은 분명해진다. 도덕은 이미 거기에 없다. 먹고 먹히는 싸움이 있을 뿐이다.

　다시 말하지만, 공리주의가 이러한 모순에 빠지는 이유는 사람을 인구人口 —— 이 한자어는 '입'이라는 의미소를 포함하는데, 이 입은 '먹는 입'[20]이다 —— 로 환원하기 때문이다. 즉 사람을 사회관계로부터 끌어내어, '그 자체로서 가치 있는' 생명으로 환원하기 때문이다. 사람의 생명이 더하거나 뺄 수 있는 단위들로 바뀌는 것은 이렇게 해서이다. 두 사람의 생명은 한 사람의 생명보다 두 배의 가치가 있다고 말하면서, 공리주의는 사람의 생명을 특수한 성격의 재산처럼 취급한다. 서바이벌 로터리가 보험의 일종이라면, 가입자들의 생명은 보험회사가 관리하는 자산이다. 만일 서바이벌 로터리가 국가의 은유라면, 그것은 푸코적인 의미에서 생명을 관리하는 국가일 것이다 —— '살게 하고 죽게 내버려두는' 국가. 이 국가는 구성원들의 생명을 보호하는 것을 가장 큰 과제로 삼지만, 동시에 바로 그것을 구실로, 그들로부터 언제든지 성원권을 박탈할 권한을 갖는다. 다른 말로 하면, 이 국가의 구성원들은 사람의 지위를 빼앗기고 벌거벗은 생명의 상태로 떨어질 위험에 항상 노출되어 있다. 물론 이러한 박탈은 구성원들의 안전을 위한 비상조치라는 명목으로 이루어진다. 마치 그것이 소수에게만 해당되는 예외적인 조치이고, 나머지 사람들은 각자의 사람자격에 대해 걱정하지 않아도 된다는 듯이 말이다. 하지만 사람은 본래 물건과 대립하는 개념이다. 그들의 생명이 재산처럼 관리되고 있다면, 그들은 어떤 의미에서 이미 사람이 아

---

20) 인구가 '먹는 입'이라는 점은 맬더스의 『인구론』이 인구와 식량의 관계를 다룬다는 사실에 단적으로 나타난다. '먹는 입'과 '말하는 입'의 대립에 대해서는 김항, 『말하는 입과 먹는 입』, 새물결, 2009 참조.

니다.

　이제 노예를 벌거벗은 생명과 비교한다면, 두 경우 모두 사회적인 죽음이 그들의 상태를 규정하는 근본적인 요소임을 깨달을 수 있다. 어떤 사람으로부터 사람의 지위를 박탈하는 일은 법의 제정과 집행만으로 가능하지 않다. 그 이전에, 그가 어떤 일을 당하건 그를 위해서 나서주는 사람이 한 명도 없도록, 그를 둘러싼 사회적 연대 자체를 해체해야 한다. 만일 어떤 사회에서 구성원들이 아무 때나 주권자의 명령만으로 벌거벗은 생명의 상태로 떨어질 수 있다면, 그 사회는 이미 사회가 아니며, 구성원들은 사람이 아니다. 그들이 법적으로 어떤 지위를 가지고 있건—시민권자이건 등록 외국인이건—그들 사이의 연대가 모두 파괴되어 그들이 다만 인구로서 존재함이 분명하기 때문이다.

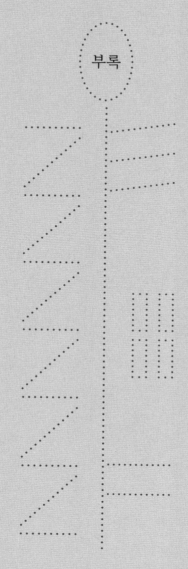

부록

장소에 대한 두 개의 메모

장소/자리의 의미
여성과 장소/자리

장소/자리의 의미

'장소'라는 단어는 여기서 영어의 place에 대응한다. 콜린스 영어사전에 따르면 place는 건물, 지역, 도시, 나라 등 어떤 지점point에 대해서도 사용할 수 있다. any, no, some, every 뒤에 이 단어가 쓰이면 각각 anywhere, nowhere, somewhere, everywhere를 의미한다. 이 단어는 무언가가 속해 있거나, 있어야 한다고 생각되는 자리를 가리키기도 하고, 누군가가 점유할 수 있는 위치position를 가리키기도 한다.

이런 의미에서의 '장소'를 갖지 못한 사람들, 즉 자신들이 속한 곳이나 있어야 한다고 생각되는 곳이 어디인지 알 수 없는 사람들, 또는 그들이 머물러도 좋은 자리, 점유할 수 있는 위치를 이 세계 안에서 발견할 수 없는 사람들이 점점 늘어나고 있다. 장소 상실placelessness은 한때 특정한 범주의 사람들에게만 해당되는 예외적인 상황으로 인식되었지만, 지금은 대부분의 사람들에게 현실적인 위협으로 다가오고 있다.

물론 원래의 장소에서 뿌리 뽑혀 내동댕이쳐지는 경험은 근대가 무수한 이들의 기억 속에 남긴 근본적인 충격이기도 하다. 그러나 근대는 역으로 누구나 자기가 원하는 곳에 보금자리를 만드는 시대가 열렸다고 선전함으로써, 이 외상적外傷的인 경험을 효과적으로 은폐해왔다.

마르크스는 근대의 거짓 약속을 꿰뚫어본 대표적인 사상가이다. 그는 아이러니한 말투로 땅의 속박으로부터 자유로워진다는 것이 실제로 무엇을 의미했는가를 지적하였다. 마르크스는 근대가 가져다준 이 자유를 진정한 의미에서의 자유라고 생각하지 않았다. 그가 프롤레타리아트를 "잃을 것이 사슬밖에 없는 계급"으로 정의했다는 사실에서 이 점은 분명하게 드러난다. 그는 봉건제의 굴레에서 벗어나 도시로 모여든 이 계층을 새로운 형태의 노예로 보았던 것이다.

마르크스는 장소를 갖는 것과 자유의 연관을 분명히 인식하고 있었음이 틀림없다. 고대 그리스의 시민들은 누구나 거처를 가지고 있었으며, 자신의 거처에서는 온전히 주인의 권리를 누렸다. (노예와 식솔, 집과 땅으로 구성된) 사적인 영토가 있다는 사실은 그들이 누린 공적 자유의 기반이었다(place에는 집 혹은 거처라는 의미도 있다). 근대의 이중혁명은 타인의 영토에 예속된 신분으로서 생계를 영위해오던 무수한 사람들을 그들이 있던 곳에서 뿌리 뽑아 미지의 공간으로 내던진다. 하지만 이러한 던져짐이 곧 자유의 획득을 의미하는 것은 아니라고 마르크스는 말한다. 왜냐하면 법적으로 예속된 신분에서 벗어나는 것과 이 세상에서 살아갈 터전을 갖게 되는 것은 별개이기 때문이다.

하지만 프롤레타리아트의 구성원들이 모두 이러한 진실을 깨달았던 것은 아니다. 근대의 신화는 이들에게 그들도 원한다면 이 드넓은 세계

속에 자기 집을 가질 수 있다고 속삭였다. 근대인의 자기구성 설화는 알을 깨고 날아올라 둥지를 짓는 새의 이미지 속에 요약되어 있다. 집 home을 얻는 것은 아메리칸 드림의 종착점이다. 그리고 이론적으로 집은 그가 원하는 어떤 장소에나 세워질 수 있다. 인간이 바글거리는 더러운 대륙을 떠나 광활한 신천지로, 아니면 갑갑한 고향 마을을 떠나 번화한 대도시로, 아니면 또 문명의 불빛을 등지고 인적이 드문 황야로 용감하게 발을 내딛었던 사람들, 거기서 사랑을 구하고 집을 지었던 이름 없는 영웅들의 이야기는 얼마나 많은 이들을 매혹해왔던가! 자기가 있는 곳에서 편안함을 느끼지 못하는 — 영어에서 이러한 상태는 '자기 집에 있지 않다not at home'라는 말로 표현된다 — 모든 사람들은 그런 이야기에서 얼마나 자주 희망의 근거를 발견했던가! 구대륙의 프롤레타리아트에게는 아메리카가 있었고, 미국의 프롤레타리아트에게는 서부가 있었다. 어디론가 떠날 수 있다고 생각되는 동안은 근대의 신화가 여전히 지탱되었다. 지구가 무한히 크다고 여겨지는 동안은.

『생태발자국』[1]의 저자들은 고전 경제학의 모델이 땅이 평평하다는 가정 위에 세워져 있다고 지적한다. 다시 말해 고전 경제학은 땅이 사방으로 무한히 뻗어 있고, 자원이 무궁무진하다고 가정한다는 것이다. 자원의 고갈과 생태 위기는 이러한 전제에 대한 근본적인 수정을 요구하고 있다. 경제학자들은 더 늦기 전에 '평평한 땅 가설'에서 '둥근 땅 가설'로 이행해야 한다.

고전적 자유주의 역시 이런 의미에서 평평한 땅을 가정한다. 사회계약론자들은 사회에 속하거나 속하지 않는 것이 선택의 문제인 것처럼

---

1) 마티스 웨커네이걸·윌리엄 리스, 『생태발자국』, 이유진·류상윤 옮김, 이매진, 2006.

이야기하는데, 이는 사회에 속하기를 원치 않는 사람에게 어디론가 갈데가 있음을 전제한다. 하지만 현실은 이와 다르다. 칸트가 말했듯이 "지구는 둥글고 그 표면적이 제한되어 있기 때문에 우리는 함께 살아가는 법을 배워야 한다."[2]

세계화의 진전 속에서 우리는 어느 때보다도 지구가 둥글다는 사실을 의식하게 되었다. globalisation의 문자 그대로의 의미는 '둥글게 하기'이다. 실로, 세계화와 더불어 지구는 둥글어졌다. 무한한 공간에 대한 상상은 더 이상 지탱될 수 없는 것이다.

지구는 둥글어졌을 뿐 아니라 점점 더 작아지고 있다. 마치 벤야민의 글에 나오는 꼽추 난쟁이의 저주에 걸린 것처럼. "난쟁이가 나타나는 곳에서는 나의 손실을 멍하니 보고 있을 수밖에 없었다. 1년 만에 정원이 조그만 뜰로, 넓은 방이 좁은 방으로, 큰 의자가 작은 의자로 줄어드는 것을. 물건들은 오그라들었다. 마치 거기서 혹이 자라나서 난쟁이 세계의 일부로 화하는 것처럼. 난쟁이는 어디서나 나를 앞질렀다. 나를 앞지르며 내 길을 가로막았다."[3] 벨 에포크에 태어나 청년기의 문턱에서 제1차 세계대전을 맞고, 그 뒤를 이은 초인플레이션과 공황으로 점철된 시기에 나머지 생을 보냈던 벤야민은, 그의 동시대인들이 흔히 그랬듯이 풍요로운 어린 시절이 지나간 뒤에 집과 가구와 정원이 자꾸자꾸 축소되는 것을 보아야 했다. 어떤 면에서 우리는 그의 경험을 반복하고 있는 것 같다. '잔치는 끝났다'고 경제학자들은 입을 모아 말한다. 우리를 기다리는 것은 끝을 알 수 없는 거대한 위기이다. 벤야민이 느꼈던 상실

2) 임마누엘 칸트, 『영원한 평화를 위하여』, 이한구 옮김, 서광사, 1992.
3) 발터 벤야민, 「꼽추 난쟁이」, 『발터 벤야민―베를린의 유년시절』, 박설호 옮김, 솔출판사, 1992.

감을 우리는 모두 느끼고 있다. 녹아내리는 빙산, 줄어드는 삼림, 거대한 쓰레기장으로 변해가는 바다를 보면서. 난쟁이는 어디서나 우리를 앞지르고 있다.

둥글어지고 작아지는 지구 위에서 자리를 갖는 일, 또는 자리를 지키는 일은 지난하기만 하다. 그리하여 우리는 도처에서 장소를 둘러싼 투쟁이 벌어지는 것을 본다. 죽음을 무릅쓰고 국경을 넘는 난민들, 골프장 건설에 반대하며 포클레인 앞에 드러누운 농민들, 구조조정에 저항하며 연좌 농성을 벌이는 노동자들…… 투쟁의 형식들은 어딘가 닮아 있다. 점거, 누워 있기, 앉아 있기, 아니면 장소를 원래 정해진 것과 다른 방식으로 사용하기(계산대 위에서 잠을 자는 홈에버 노동자들)…… 몸 자체가 여기서는 언어가 된다. 몸은 문제의 장소 위에 글자처럼 씌어진다. '나는 여기 있을 권리가 있다'고 말하기 위하여. '우리가 수없이 입으로 말했을 때 당신들은 듣지 않았다. 이제 우리는 몸으로 글씨를 쓴다. 이 글씨를 읽어달라.' 그러므로 장소에 대한 투쟁은 존재에 대해 인정을 요구하는 투쟁이기도 하다. 마찬가지로 장소에 대한 권리를 부정하는 상징적 행동들(내쫓기, 울타리 둘러치기, 문 걸어잠그기, 위협이나 욕설 등)은 상대방의 존재 자체에 가해지는 폭력이 되곤 한다. '여기 당신을 위한 자리는 없다. 당신은 이곳을 더럽히는 존재이다.'

그런데 장소를 위한 투쟁이 끊이지 않는 것은 단지 지구가 너무 좁기 때문만은 아니다. 인간은 자신이 한번 의미를 부여한 장소를 쉽게 잊지 못하는 존재이기 때문이다. 장소는 우리의 정체성을 구성하는 요소이다.

이 점은 자주 간과되어왔다('부정되어왔다'고 하는 편이 더 정확할 수도 있겠다). 왜냐하면 우리 시대 — 근대라고 불리는 시대, 또는 그 연장선에 있는 시대 — 는 코즈모폴리턴의 이상을 찬양하기 때문이다. 코즈모폴리턴의 사전적 의미는 '어느 나라에서나 다름없이 살아가는Qui vit indifferemment dans tous les pays' '세계를 집으로 삼는' '세계의 모든 부분에 속하거나 모든 부분을 대표하는belonging to or representative of all parts of the world' 등등이다.

하지만 세계를 집으로 삼는 사람 역시 어딘가에 집이 있지 않을까? 모든 장소에 속한다는 말은 어느 장소에도 속하지 않는다는 말과 마찬가지가 아닐까? 올해는 이 나라에서 일하고 내년에는 저 나라에서 일하는 사람, 오늘은 이 도시에서 아침을 맞고 내일은 저 도시에서 밤을 맞는 사람은 아마 세계화 시대에 자본이 원하는 인간형이겠지만, 우리가 주위에서 쉽게 찾아볼 수 있는 유형은 아니다. 현실의 인간은 그처럼 가볍게 삶의 근거지를 바꿀 수 없다. 그는 가는 곳마다 기억의 무거운 짐을 끌고 다녀야 하는데, 한 장소에서 다른 장소로 옮겨갈 때마다 이 짐은 점점 불어나기 때문이다. 쉽게 떠나는 인간이 되기 위해, 우리는 쉽게 잊을 수 있는 인간이 되어야 한다.

리처드 세넷은 신자유주의가 노동자들에게 지나치게 이동성을 강요함으로써 생겨나는 정신적인 고통들에 대해 이야기한다. 노동자에게 전근 발령은 그동안 정들었던 이웃과 헤어지고 낯선 곳에서 삶을 새로 시작하는 것을 의미한다. 그러나 사용자들은 노동자가 겪는 상실감을 고려하지 않고 너무 쉽게 이러한 결정을 내린다.[4] 사람들은 과거를 억지로 잊고 애착을 끊음으로써 새로운 상황에 적응하려 한다. 하지만 이러한 시도는 성공적으로 이루어진다 해도 정체성에 변화를 가져오게 된다. 의도적인 망각과 인간관계의 급격한 재편성은 자아가 불연속적이라는

---

4) 리처드 세넷, 『신자유주의와 인간성의 파괴』, 조용 옮김, 문예출판사, 2002.

느낌을 불러일으킨다. 한 장소를 떠나는 것은 그 장소에 속한 다른 모든 사람들을 떠나는 것이며, 우리의 자아를 구성하는 것은 우리의 기억뿐 아니라 우리를 기억하는 다른 사람들의 기억이기도 하기 때문이다.

우리가 '장소'의 의미에 천착하는 것은 이 모든 이유들에서이다.

여성과 장소/자리[1]

Woman, place, and the social — 이 세 단어는 어떻게 연결되는 것일까? 아니 그 이전에 어떻게 번역해야 하는 것일까? 단수로 사용된 woman과 place, 그리고 society라고 말하기를 망설이는 것처럼 형용사형으로 남겨진 the social. 첫째 단어가 나머지 두 단어와 맺는 불안정한 관계를 이해하기 위해, 나는 먼저 place의 두 가지 의미를 환기하고자 한다. 이 영어 단어는 장소로도, 자리로도 번역할 수 있다. 즉 물리적인 의미의 장소와, 상징적인 자리로 말이다. 여성은 장소들 속에서 어떻게 자신의 자리를 발견하는 것일까? 그리고 사회(적인 것)는 여기

---

1) 2011년 서울국제여성영화제 '라운드 테이블: 여성, 장소, 소셜'에서 발표한 글을 부분적으로 수정하였다.

서 어떤 역할을 하는가? 이렇게 묻는 이유는, 사회 안에서 우리가 갖는 자리가 장소들에 대한 권리 속에서 또는 우리의 몸이 장소들과 맺는 관계 속에서 표현되기 때문이다. 물리적인 의미에서 사회는 하나의 장소이며, 사회의 구성원이 된다는 것은 곧 이 장소에 대해 권리를 갖는다는 것, 손님이자 주인으로서 환대받을 권리와 환대할 권리를 갖는다는 것이다.

예를 들어 서울역의 노숙자들 — 그들은 갈 데가 없어서 거기 있는 것인데, '갈 데가 없다'는 표현은 그들이 이 사회 안에서 갖고 있는 자리의 위태로움을 드러낸다. 그들의 자리는 심지어 행정 서류상에서도 말소되어 있곤 한다(말소된 주민등록증). 법적으로는 존재하지 않기로 되어 있지만, 부당하게도 공간을 차지하고 있는 중이기에, 그들은 가능한 한 스스로를 눈에 띄지 않게 하려고 애쓴다. 나뭇가지로 변신하는 벌레들처럼, 종이상자나 신문지를 덮고 꼼짝 않고 누워서 무생물처럼 보이게 하는 것이다. 지나가는 사람들 역시 그들을 못 본 체함으로써 이러한 노력에 호응한다. 비가시화는 여기서 전략이자 규범이다.

마찬가지로 장소의 점거는 사회 안에서 우리가 가지고 있는 자리를 확인하는 보편적인 방식이다. 축제와 시위와 집단적 애도의 광경이 서로 닮아 있는 것(군중의 물리적 현전, 행진, 음악, 깃발……)은 놀랍지 않다. 우리는 길거리나 광장같이 공적 가시성의 공간이자 사회의 환유이기도 한 장소들을 점거함으로써, 우리의 존재를 드러내고 주장하며 우리가 하나의 사회에 속함을, 아니 우리가 바로 사회임을 천명하는 것이다. 서로를 환대하는 (즉 서로에게 자리를 주는) 몸짓과 말을 통해, 수행적으로 사회를 있게 하는 것이다.

그러므로 처음의 질문으로 돌아가, 여성과 — 여성이라는 젠더가 할

당된 몸들과 ── 장소/자리의 관계에 대해 생각해보기로 하자. 공공장소에서, 공원이나 카페나 기차역처럼 누구나 자유롭게 드나들 수 있고, 시민권을 가진 거주자들뿐 아니라 잠시 머무는 이방인들에게도 열려 있는 공간에서, 여성은 오랫동안(어쩌면 한번도) 남성과 동등한 정도로 편안함을 누리지 못하였다. 여성은 인도의 달리트처럼 또는 민권운동이 시작되기 전 미국의 흑인들처럼 어떤 구역이나 건물에 출입이 금지된 것은 아니었지만, 옷차림이나 행동거지와 관련된 다양한 금기를 통해 더욱 미묘한 통제를 받았다. 여성이 길에서 담배를 피우면 안 된다는 규칙이 그러한 예이다. 내가 대학에 다닐 때만 해도 길에서 담배를 피우는 여자는 무수히 쏟아지는 노골적인 비난의 시선을 각오해야 했고, 심지어 모르는 남자에게 뺨을 맞더라도 항변할 수 없었다. 그 시절의 남자들은 남자라는 것만으로도 자기에게 모르는 여자의 일탈을 훈계할 자격이 있다고 믿었던 것이다. 이것은 이슬람 국가에서 남자라면 누구든 히잡을 쓴 여자 아무에게나 다가가서 "히잡을 똑바로 써!"라고 야단칠 수 있는 것과 마찬가지이다(영화 「페르세폴리스」에 그런 장면이 나온다). 히잡을 쓴다는 것은 단지 신체의 일부를 가린다는 것이 아니라, 언제든지 이런 식으로 모욕당할 수 있다는 것을 뜻한다. 1980년대의 우리는 히잡을 쓰지 않았지만, 언제든지 모욕당할 수 있었다는 점에서 히잡을 쓴 여인들과 비슷했다.

그런데 여성은 이른바 사생활의 영역인 집에서도 장소 상실 ── 자신을 위한 자리가 없다는 느낌, 자신이 그 장소를 더럽히는 존재라는 느낌, 언제 '더럽다'는 비난을 들을지 모른다는 불안감을 이렇게 명명해도 좋다면 ── 을 겪곤 한다.

파리 유학 시절 알고 지낸 모로코 출신의 어떤 친구가 나에게 고향

집의 기묘한 구조에 대해 불평을 늘어놓은 적이 있다. 집 자체는 작다고 할 수 없지만, 대부분의 공간을 거실이 차지하고 있다는 것이다. 그런데 거실은 손님맞이를 위한 공간이라 평소에는 깨끗이 정돈된 채 비워져 있고, 일상생활은 좁고 갑갑한 방에서 이루어진다. 손님은 으레 남자이고, 그를 맞이하는 주인도 남자이다. 가부장주의가 공간의 배분을 통해 표현되었던 것이다.

이 이야기를 들었을 때 나는 내가 부모님과 함께 살았던 집도 다르지 않다고 생각했다. 거실이 가족의 공간으로 꾸며져 있기는 했다. 예를 들어 커다란 텔레비전이 한가운데를 차지하고 있었다(현대 가정에서 텔레비전은 벽난로의 기능을 대신한다고 한다). 하지만 우리 형제들은 부모님과 텔레비전을 보기보다는 각자 방에 틀어박혀 있는 것을 더 좋아했다. 엄마가 과일을 먹으라고 부르면 잠깐 얼굴을 내밀 뿐이었다. 엄마로 말할 것 같으면, 나는 엄마가 일일 연속극을 볼 때를 제외하면—그 짧은 휴식조차 가족을 위한 서비스(과일을 깎는 일 따위)로 중단되기 일쑤였지만—거실에서 쉬는 모습을 본 적이 없다. 엄마에게 거실은 휴식을 위한 공간이 아니라 노동을 위한 공간이었다. 아니 거실뿐 아니라 집 안 전체가 그렇다고 말할 수 있겠지만. 엄마는 온종일 집 안을 돌아다니며 치우고 털고 쓸고 닦으셨다. 강박적이라고 해도 좋을 정도로. 마치 그렇게 끊임없이 청소를 하지 않으면 주부의 자격이 없어진다는 듯이, 그렇게 쉬지 않고 일을 한다는 조건하에서만 집에 있을 권리가 생긴다는 듯이(나는 엄마의 이런 결벽증이 유별난 것이라고 생각하지 않는다. 그렇기는 커녕 요즘도, 자기에게 결벽증이 있음을 반쯤 자랑하듯이 털어놓는 여자들을 보곤 한다. 난 내가 생각해도 피곤한 성격이다, 남편이 설거지를 해놓으면 너무 어설퍼서 다시 한다 등등. 이런 이야기 속에서 나는 '더럽다'는 핀잔을 혹시라도 들게 될까봐 두려워하는 그녀들의 마음을 읽는다. 그래서 슬퍼진다. 더럽다는 것은 여자로서 자격이 없다는 뜻이다. 따라서 엄마로서도 아내로서도 자격이 없다는 뜻이다. 한마디로 가족을 가질 자격이 없다는 뜻이다. 왜냐하면 우리는 가족을 갖기 위해 — 부모님이 만들어준 가족이 아닌 우리 자신의 가족을 갖기 위해 — 먼저 여자가 되어야 하기 때문이다). 무엇보다 나는 엄마가 이렇게 열심히 치운 집에서 친구들을 맞이하는 모습을 본 기억이 별로 없다. 어쩌다 놀러 오신 엄마의 친구들은 아버지가 퇴근할 시간이 다가오기 전에 서둘러 자리에서 일어나셨다. 그러면 엄마는 허둥지둥 집을 치우고 저녁을 준비하셨다. 엄마의 친구들을 위해서 아빠가 음식을 차리는 광경은 당연히 상상할 수도 없었다.

그래서 나는 이주 노동을 다룬 어떤 책에서 홍콩의 필리핀 가정부에 대해 읽었을 때, 나도 모르게 그 가정부들과 엄마를 비교해보지 않을 수 없었다. 그 책에 따르면, 낯선 가정에서 일하게 된 이 외국인 가정부들에게는 가족을 위한 공간(거실, 침실, 식당)과 구별되는 별도의 공간이 주어진다(방일 때도 있지만, 안 쓰는 물건을 쌓아두는 창고 비슷한 곳일 때도 있다). 집안일을 할 때를 제외하면 그녀들은 가족을 위한 공간에 머물러서는 안 된다. 소파에 앉거나 눕는 것은 엄격히 금지된다. 어떤 집에서는 식탁에서 같이 식사한 후에 일어날 때 의자를 닦으라고 요구하기도 한다. '이 집에 너를 위한 자리는 없다'는 메시지를 이보다 더 확실하게 전달하는 방법은 없을 것이다.

물론 엄마의 처지를 아무리 과장한다 하더라도, 엄마와 이 가정부들 사이에는 한 가지 결정적인 차이가 존재한다. 바로, 가정부는 가족사진에 나오지 않는다는 사실이다. 사진 속에서 엄마는 언제나 가운데 있다. 아이들에게 둘러싸여 웃으며, 아니면 아들의 졸업식에서 학사모를 쓰고, 아니면 이국적인 풍광을 배경으로 아빠와 다정하게. 엄마는 언제나 식구들을 기다리면서 집에 있어야 하는 사람이지만, 동시에 그 집에서 어떤 공간도 온전히 자신의 것으로 누릴 수 없는 사람이기에, 엄마와 '집'이라는 장소의 이 모순적인 관계를 은폐하기 위하여, 가족 안에서의 엄마의 자리가 이처럼 때때로 상징적인 수준에서 확인되어야 하는 것이다. 하지만 바로 그 때문에 엄마의 처지는 가정부보다 더 나쁘다. 가족을 위해 보이지 않는 존재가 되어야만 가족으로 인정받을 수 있다는 모순적인 명제가 엄마의 행동을 이중구속으로 몰아넣으며, 엄마의 일생 전체를 하나의 질문으로 변형시키기 때문이다. '가족 안에서 나의 진짜 자리는 어디인가?'

이런 것은 모두 엄마 세대에나 해당되는 이야기일까? 페미니즘의 물결 속에서 나고 자란 세대로서 우리는 그런 문제가 저개발 국가의 여성들 또는 이주 여성들에게나 해당되며, 우리 자신과는 무관하다고 당당하게 말할 수 있을까? 우리는 남자들과 똑같이 공부했고, 학위와 자격증을 땄고, 직업을 얻었다. 하지만 우리는 여전히 '일이냐 가정이냐' 따위의, 남자들에게는 전혀 문제가 아닌 문제 앞에서 고민하지 않는가? 더 이상 우리에게 차림새나 행동거지를 보고 뭐라고 하는 사람은 없다. 우리는 미니스커트를 입고, 담배를 피우고, 염색을 하고, 피어싱을 한다. 우리는 우리가 입고 싶은 대로 입고, 하고 싶은 대로 한다. 하지만 우리는 여전히 성폭행을 두려워하며 밤거리를 걷지 않는가?

나는 여성의 지위 향상을 너무 과장해서는 안 된다고 생각한다. 성공한 여성과 성공하지 못한 여성의 차이는 성공한 흑인과 성공하지 못한 흑인의 차이와 비슷하다. 그들은 결국 여성이며, 흑인인 것이다. 성폭행당하는 여성의 수가 백인우월주의자에게 습격당하는 흑인의 수보다 더 많다는 점에서, 여성은 흑인보다 못한 처지라고 할 수도 있다. KKK단의 린치가 인간의 공격 본능으로 설명될 수 없는 것처럼, 성폭행은 남성의 성욕으로 설명될 수 없다. 성폭행은 남성 지배 사회가 조장하고 묵인하는 일종의 의례이며, 린치와 마찬가지로 피해자에게 '교훈'을 주는 것을 목표로 한다.

여성에 대한 사회적 환대는 여전히 조건적이다. 여성은 어디서나 모욕의 위협에 노출되어 있으며, 멋진 옷과 가방도, 자격증도, 명패와 직함도 완전한 보호막이 되어주지 못한다. 여성은 그런 의미에서 여전히 이등 시민이다. 흑인 변호사나 흑인 교수 심지어 흑인 대통령의 존재가 전체 흑인의 지위를 판단하는 데 별다른 영향을 줄 수 없듯이, 몇몇 성공한 여성이 있다고 해서 이 사회에서 여성의 지위가 근본적으로 달라졌다고 말하기는 어렵다. 여성은 자리를 위한 투쟁을 계속해야 한다. 환대의 권리 — 환대받을 권리와 환대할 권리 — 는 그러므로 당분간 우리의 어젠다를 구성할 것이다.

감사의 말

먼저 나는 연세대 문화인류학과의 김현미 선생님과 지금은 퇴임하신 조한혜정 선생님께 여러 해에 걸친 환대에 대해 감사드리고 싶다. 두 분의 배려 덕택에 나는 내가 관심 있는 주제를 가르치면서 강의와 저술 사이를 자유롭게 오가는 특권을 누릴 수 있었다. 조한혜정 선생님은 또 나를 이런저런 자리에 초대하여 발언의 기회를 주셨는데, 이를 통해 나는 질문을 확장하고 사유를 한층 더 진전시킬 수 있었다.

나는 연세대 사학과의 백영서 선생님께도 빚이 있다. 이 책의 부록에 실린 「장소/자리의 의미」는 선생님께서 던진 "사회인문학이란 무엇인가"라는 화두에 답하는 과정에서 나온 것이다. 이 짧은 글에서 출발하여 마침내 한 권의 책을 쓰게 되었다. 나의 문제의식에 진지한 관심을 보여주신 선생님께 감사드리며, 한동안 중단되었던 대화가 이 책을 계기로 다시 이어졌으면 한다.

　이제 책의 내용에 좀더 직접적인 기여를 한 사람들에게 감사할 차례이다. 김찬호 선생님과의 대화는 모욕에 관한 장을 완성하는 데 큰 도움이 되었다. 김혁 선생님은 조선 시대의 신분제도에 대해 궁금한 점들을 시원하게 설명해주셨다. 미네소타 대학의 유경수 선생님은 미국인들의 경칭 사용과 관련하여 나의 귀찮은 질문에 답해주셨다. 이문희 선생님은 남아프리카 공화국의 아파르트헤이트에 대한 부분을 검토해주셨다. 이 자리에 정승모 선생님의 이름을 쓰지 못하는 것이 몹시 안타깝다. 선생님께 이 원고를 보여드렸다면, 해박한 지식에서 우러나는 날카로운 통찰력으로, 잘못된 부분들을 가차 없이 지적하셨을 텐데…… 나의 게으름 탓으로 영영 때를 놓치고 말았다. 삼가 고인의 명복을 빈다.

　원고를 써나가면서 강의를 통해 피드백을 받을 수 있다는 것은 커다란 행운이다. 나는 내 수업에 들어와준 학생들 모두에게 진심으로 고마움을 느낀다. 이들 중 일부는 내 블로그에도 자주 놀러왔는데, 이런 저런 일로 지쳐 있던 시기에 그들의 존재가 큰 위안이 되었다. '피드백'이라는 단어를 썼지만, 사실 내가 받은 것은 그 이상이다. 2006년 서울대에서 내 강의를 들었던 김민재, 명수민, 김겨레에게 특별한 고마움을 표하고 싶다. 이들 덕택에 나는 전에는 생각해보지 않았던 문제들에 대해 생각할 수 있었고, 그냥 지나쳤을 책들을 읽게 되었다.

　하지만 내가 누구보다도 고마워해야 할 사람은 내 인생의 동반자이자 내 공부의 후원자, 나의 영원한 대화 상대인 이상길이다. 그의 격려와 조언, 그리고 조용한 배려가 없었다면 나는 결코 이 책을 끝마치지 못했을 것이다.

　편집자에 대한 감사의 말은 마지막에 오는 것이 보통이다. 하지만 마지막이라는 것이 덜 중요하다는 뜻은 아니다. 이 책을 문학과지성사에서 내도록 힘써준 주일우 선배님과 편집을 선뜻 맡아준 김현주 선생님께 감사드린다. 덕택에 많은 오류가 교정되었고, 문장도 한결 자연스러워졌다.

끝으로 이 책의 출간을 누구보다도 기다리셨을 아버지께 한마디 하고 싶다. 아빠, 고마워요!